Am 3. Oktober 1990, vier Tage vor ihrem 41. Jahrestag, hörte die DDR auf, als Staat zu existieren. In den Köpfen der Menschen lebt die Erinnerung an das, was war, immer noch fort – im Osten wie im Westen. Um die Zukunft zu gestalten, bedarf es dieser Erinnerung, die frei von neuen oder alten Legenden sein sollte. Ulrich Mählert skizziert die Geschichte der DDR in den Grundlinien, aber mit sicherem Blick für wesentliche Details.

Dr. Ulrich Mählert, geb. 1968, ist Referent bei der Stiftung zur Aufarbeitung der SED-Diktatur in Berlin. Buchveröffentlichungen: *Die Freie Deutsche Jugend 1945–1949.* Paderborn 1995; *Vademekum DDR-Geschichte.* Berlin 2002; zusammen mit Hermann Weber (Hrsg.): *Terror. Stalinistische Parteisäuberungen 1936–1953.* Paderborn 1998; gemeinsam mit Rainer Eppelmann und Bernd Faulenbach: *Bilanz und Perspektiven der DDR-Forschung.* Paderborn 2003; *Der 17. Juni 1953.* Bonn 2003.

Ulrich Mählert

Kleine Geschichte
der DDR

Verlag C.H.Beck

Mit 29 Abbildungen

1. Auflage. 1998
2. Auflage. 1999
3. Auflage. 2001

Originalausgabe

4., überarbeitete Auflage. 2004
© Verlag C. H. Beck oHG, München 1998
Gesamtherstellung: Druckerei C. H. Beck, Nördlingen
Umschlagabbildung: 40-Jahrfeier der DDR. Bundesarchiv
Bild 183/1998/1003/28
Umschlagentwurf: +malsy, Bremen
Printed in Germany
ISBN 3 406 47550 7

www.beck.de

Inhalt

Vorwort zur vierten Auflage

Mit dem 3. Oktober 1990 wurde die Deutsche Demokratische Republik Geschichte. War sie nur eine Episode, eine „Fußnote" in der Entwicklung des deutschen Nationalstaates, die 1871 ihren Anfang genommen hatte und die nach 1949 fast bruchlos von der Bundesrepublik Deutschland fortgesetzt wurde? Vieles spricht dafür, diese Frage zu bejahen. Der westdeutsche Teilstaat hatte die Rechtsnachfolge des 1945 untergegangenen Deutschen Reiches angetreten und auch im Bewußtsein vieler Zeitgenossen kam die DDR 1990 irgendwie „nach Deutschland" zurück. Und dennoch: Die Zweistaatlichkeit und ihre unmittelbare Vorgeschichte hatten 1990 mehr als ein Drittel des Zeitraumes angedauert, in dem Deutschland als Nationalstaat überhaupt existierte. Bei der ersten deutschen Vereinigung vor nunmehr 133 Jahren brachte das Preußische Königreich annähernd zwei Drittel der Fläche und der Bevölkerung in das Deutsche Reich ein. In der durch den Beitritt der DDR vergrößerten Bundesrepublik leben etwas mehr als ein Fünftel der Einwohner in den „neuen Bundesländern", die knapp ein Drittel des Staatsgebietes stellen. 1871 war etwas Neues entstanden. Und 1990? Trat an die Stelle der alten Bundesrepublik eine neue? Vordergründig scheint dies nicht der Fall zu sein. Der Vereinigungs- und Transformationsprozeß war vermeintlich allein Sache der Ostdeutschen, setzte auf deren rasche Anpassung, während der Westen am Status quo festhielt. Anfangs erregte dies zwischen Elbe und Oder auch keinen Widerspruch. Man war es leid, DDR-Bürger zu sein, und bereit, in jeder Hinsicht Bundesbürger zu werden. Als ab 1990 im Ostteil Berlins die alten KfZ-Kennzeichen umgetauscht werden konnten, standen die Menschen vor der Zulassungsstelle Schlange. Doch die massiven wirtschaftlichen Schwierigkeiten und der damit einhergehende dramatische Anstieg der Arbeitslosigkeit ließen östlich der Elbe bald das Gefühl aufkommen, im Abseits zu stehen. Auf einmal wurden die alten DDR-Personalausweise oder -Reisepässe, die erst Ende 1995 ihre Gültigkeit verloren, mit trotzigem Stolz vorgezeigt. Mit wachsendem Befremden registrierte man im Westen, wie sich im Osten eine DDR-Identität äußerte, die in dieser Form zu Zeiten der SED-Diktatur nie existiert hatte. DDR-Produkte – die längst von westdeutschen Firmen produziert werden –, Popmusik und Schlager, ja selbst die Insignien der untergegangenen DDR, die die meisten Ostdeutschen zu Wendezeiten weder gehört noch mit spitzen Fingern angerührt hatten, erlebten ein ungeahntes Comeback. Was vom Westen als „Ostalgie" verbucht wurde, ging mit einem zunehmend verklärten Blick auf die DDR-Geschichte einher. Für viele einstige DDR-Bürger war das Leben vor 1989 nicht von jenen menschenverachtenden Zügen des SED-Regimes bestimmt gewesen, die das in den Medien gezeichnete Bild des untergegangenen Staates kennzeichnen und die Vorstellungswelt im Westen prägen.

„Wir waren alle gleich, und wir hatten alle Arbeit – darum war es eine schöne Zeit." Diesem Statement stimmte bei einer Umfrage im Sommer 2001 fast jeder zweite Ostdeutsche zu.

Kennzeichnend für die heutige Situation ist eine auf beiden Seiten vorhandene Unkenntnis der Geschichte der deutsch-deutschen Teilung im allgemeinen und der Geschichte der DDR im besonderen. Im Westen verstellt der Fokus auf den „Unrechtsstaat" DDR den Blick auf die Lebensrealität des fremdgewordenen Nachbarn. Im Osten ist es die Fixiertheit auf den Alltag, dessen Unbill in der Erinnerung immer mehr verblaßt, die die Sicht auf die diktatorische Herrschaftspraxis der SED verdunkelt.

In dieser Situation gewinnt die Arbeit der Historiker eine selten so greifbare gesellschaftliche Relevanz. Ihnen obliegt es, auf der Grundlage der im Übermaß zur Verfügung stehenden Quellen, den Versuch zu unternehmen, die Vergangenheit in all ihrer Vielschichtigkeit zu rekonstruieren. Solange gegenseitiges Mißverstehen das Miteinander trübt, darf die Beschäftigung mit der deutsch-deutschen Geschichte nicht auf wenige Jahrestage beschränkt bleiben.

Die vorliegende „Kleine Geschichte der DDR" ist für jene gedacht, die sich einen Überblick über die andere deutsche Nachkriegsgeschichte verschaffen wollen. Als Skizze der DDR-Entwicklung kann und will sie nicht den Anspruch erheben, diese Geschichte in all ihren Facetten zu erzählen. Hinweise auf weiterführende Literatur und thematische Internetangebote im Anhang des Bandes sollen dazu anregen, tiefer in dieses Thema einzusteigen.

Im Herbst 2004 jährt sich die friedliche Revolution in der DDR zum 15. Mal. Aus diesem Anlass erscheint die *Kleine Geschichte der DDR* in nunmehr vierter, überarbeiteter Auflage. Anstoß gab die Absicht des Brandenburger Bildungsministers Steffen Reiche, dieses Buch den Schülerinnen und Schülern seines Bundeslandes zu überreichen, die im Jahr der friedlichen Revolution geboren worden sind.

Das Buch bleibt dem Mannheimer Nestor der DDR- und Kommunismusforschung, Prof. Dr. Dr. h. c. Hermann Weber, gewidmet, dem der Autor als sein akademischer Schüler freundschaftlich verbunden ist.

Berlin, im Mai 2004 *Ulrich Mählert*

1. Der Weg in die Diktatur

Für keinen der Parteiführer war es der erste Aufenthalt in Moskau. Die Altkommunisten Wilhelm Pieck, Walter Ulbricht und Fred Oelßner hatten während der nationalsozialistischen Diktatur viele Jahre im – wie es in der Propaganda hieß – „Vaterland aller Werktätigen" verbracht. Auch der einstige Sozialdemokrat Otto Grotewohl, der gemeinsam mit Pieck der SED vorstand, war schon mehrfach in geheimer Mission im Kreml gewesen. Und dennoch dürfte die Anspannung der vier Funktionäre groß gewesen sein, als sie am 16. September 1949 überstürzt nach Moskau flogen. Am Vortag hatte der westdeutsche Bundestag Konrad Adenauer zum Bundeskanzler gewählt. Jetzt, da die staatliche Teilung Deutschlands besiegelt schien, erwartete die ostdeutsche Delegation endlich „grünes Licht" zur Gründung „ihres" Staates. Doch in Moskau angekommen, mußten die deutschen Gäste – übrigens nicht zum ersten Mal – erleben, daß sie kaum mehr als Bauern auf dem Schachbrett der Stalinschen Europapolitik waren. Nicht genug damit, daß der Generalissimus die Delegation überhaupt nicht empfing, er ließ sie auch tagelang in der Regierungsdatsche Kunzewo bei Moskau warten. Denn anders als für die SED-Führung war die nun im Osten bevorstehende Staatsgründung für Stalin keineswegs ein Grund zur Freude. Schließlich war die sowjetische Deutschlandpolitik seit Mitte der vierziger Jahre darauf ausgerichtet, dauerhafte militärische Sicherheit vor Deutschland zu erlangen, Reparationslieferungen aus den westlichen Industrierevieren zu erhalten und zu verhindern, daß das deutsche Potential ganz oder überwiegend in die Hände der Westmächte fiel. Doch genau dies trat nun ein. Was die politische Ordnung Deutschlands anging, zeigte sich die Sowjetunion durchaus realistisch. Das Minimalziel war ein neutrales, der Sowjetunion nicht feindlich gesinntes Deutschland mit einer bürgerlichen Demokratie, in der die Kommunisten an der Macht beteiligt sein sollten. Auf dieser Grundlage wollte man schließlich das Maximalziel anvisieren, das 1945 außerhalb der Reichweite lag: die Installierung des eigenen Systems in Deutschland.

Vier Jahre nach dem hart erkämpften Sieg über das „Dritte Reich" befand sich die Sowjetunion statt dessen in einem neuen – wenn auch noch kalten – Krieg. Den Konflikt mit den einstigen Verbündeten hatte die geschwächte UdSSR nicht gewünscht, dessen Eskalation jedoch wesentlich mit zu verantworten. Mit der im Herbst 1949 abgeschlossenen Weststaatsgründung standen die sowjetischen Deutschlandpolitiker vor einem Scherbenhaufen. Die Frontlinie des Kalten Krieges zog sich mitten durch Deutschland und ließ das Gespenst eines neuerlichen Schlagabtauschs mit dem alten Gegner wiederauferstehen, der diesmal – so die Angst – verbündet mit der Atommacht Amerika ins Feld ziehen würde. Angesichts dieser düsteren Perspektive verfolgten die Sowjets zwei widersprüchliche deutschlandpolitische Optionen. Einerseits hoffte der Kreml weiterhin, die Westmächte irgendwie doch noch dazu zu bringen, Deutschland als Pufferstaat zu neutralisieren. Andererseits schien es die eigene militärische Sicherheit Ende der vierziger Jahre zu verlangen, zumindest den Teil Deutschlands zum Bollwerk gegen den Westen auszubauen, dessen man 1945 habhaft geworden war. Mit der bei Kriegsende gehegten Absicht, in der eigenen Besatzungszone durch die Wiederzulassung von Parteien und Verbänden sowie den Aufbau von zentralen Verwaltungsstrukturen vollendete Tatsachen zu schaffen und damit ein Modell für ganz Deutschland zu etablieren, war die Sowjetunion 1949 jedenfalls gründlich gescheitert. Ihre Besatzungspolitik trug nicht nur mit zur Entstehung des Kalten Krieges bei, sondern hatte die Sowjets auch bei der Mehrheit der Bevölkerung in Ost- wie in Westdeutschland diskreditiert. Dabei waren es nicht so sehr die seit Sommer 1945 unter dem Leitsatz der „antifaschistisch-demokratischen Umwälzung" durchgeführten strukturverändernden Maßnahmen in der ostdeutschen Wirtschaft und Gesellschaft, die den größten Widerspruch hervorriefen. Dazu zählten die Bodenreform, die Enteignungen in der Industrie sowie Reformen im Bildungswesen, mochten sie auch später die Grundlage für das kommunistische Herrschaftssystem bilden. Vielmehr war es der Besatzungsalltag östlich der Elbe, der die Politik der sowjetischen Okkupanten beim größten Teil der Bevölkerung frühzeitig in Verruf brachte: die unaufhörlichen Demontagen, die zahllosen Übergriffe der Besatzungsmacht, die Verhaftungsaktionen der sowjetischen Geheimdienste, die erzwungene Vereinigung von KPD und SPD zur SED und deren Protektion durch die Militärregierung, die mit einer rücksichtslosen Indienstnahme der Partei für die eigenen Interessen einherging, der immer stärker werdende Druck auf die politische Opposition, später die Berlin-Blockade und der zunehmende Gleichschaltungsdruck in der Gesellschaft. All dies mündete schließlich 1948 in der unverhüllten Sowjetisierung von Politik, Wirtschaft und Gesellschaft der SBZ.

Der offensichtliche Widerspruch zwischen dem politischen Wollen und dem Handeln der Sowjets hatte vielerlei Ursachen. Zum einen war Deutschland nur ein – wenn auch wesentlicher – Schauplatz im Kalten Krieg, der die einstigen Verbündeten zu unerbittlichen Feinden werden ließ. Die Blockkonfrontation konnte Deutschland nicht unberührt lassen. Zum anderen resultierte der Widerspruch aus Fehleinschätzungen und Fehlwahrnehmungen der sowjetischen Besatzungsmacht. Moskau überschätzte nicht nur den Stellenwert, den die Frage der staatlichen Einheit im Bewußtsein der deutschen Bevölkerung und ihrer Politiker hatte. Bis in die fünfziger Jahre hinein glaubte der Kreml, daß die Aussicht auf die Wiedervereinigung die Westdeutschen so manche politische Kröte schlucken ließe. Weiterhin machte man sich lange Zeit über die Schlagkraft der westdeutschen Kommunisten und die Zugkraft der eigenen Ideologie Illusionen. Beide – davon war man in Moskau fest überzeugt – hätten sich in Westdeutschland lediglich aufgrund der Repressionen der westlichen Besatzungsmächte nicht entfalten können. So wurden die Verantwortlichen in Moskau zum Teil Opfer ihres eigenen Wunschdenkens. Andererseits konnte die Sowjetunion nicht verstehen, wieso die politische Realität in der SBZ vielen als undemokratisch galt. Schließlich hatte man in dieser Hinsicht – gemessen am eigenen Staatswesen – in Ostdeutschland geradezu unvorstellbare Zugeständnisse gemacht. Und offenbar liegt darin *ein* Schlüssel zum Verständnis für die ostdeutsche Nachkriegsentwicklung verborgen: Aufgewachsen in einer Diktatur, sozialisiert zur Zeit des politischen Terrors in der Sowjetunion der dreißiger Jahre und von der Richtigkeit der eigenen politischen Dogmen überzeugt, verfolgten und beförderten die meisten Besatzungsoffiziere – ob bewußt oder unbewußt – immer eine Politik, die dem eigenen Denken am nächsten kam. Darin wurden sie bald von jenen Kräften in der SED bestärkt, die erkannt hatten, daß eine Einigung der Siegermächte in der deutschen Frage beinahe zwangsläufig mit dem eigenen Machtverlust einhergehen würde. Spätestens seit dem Jahreswechsel 1947/48 galt für die SED-Strategen ein Leitsatz, der eigentlich im Westen geprägt worden war: „Lieber das halbe Deutschland ganz als das ganze Deutschland halb." Dies darf jedoch nicht darüber hinwegtäuschen, daß die Weststaatsbildung in großer Übereinstimmung mit der betroffenen Bevölkerung erfolgte. Im Osten war das nicht der Fall.

Kriegsende 1945

Vier Jahre vor der Moskaureise der SED-Delegation im September 1949 war diese Entwicklung keineswegs vorhersehbar gewesen.

Mit der bedingungslosen Kapitulation des Oberkommandos der deutschen Wehrmacht am 7. bzw. 8. Mai 1945 endete der Zweite Weltkrieg in Europa, dessen tödliche Bilanz sich jeglicher Vorstellungskraft entzieht. 19 Millionen Soldaten waren auf den europäischen Schlachtfeldern gefallen oder galten als vermißt. Zu den 15 Millionen Ziviltoten kommen mehr als 6 Millionen von Deutschen ermordete Juden. Allein 20 Millionen Kriegsopfer hatte die Sowjetunion zu beklagen. Tod und

Abb. 1: Blick auf das zerstörte Berlin, Mai 1947

Zerstörung waren längst auf jene zurückgefallen, die sechs
Jahre zuvor in bis dahin ungekannter Hybris daran gegangen
waren, die Welt zu erobern. 6,5 Millionen Deutsche starben an
der Front, während der Luftangriffe, auf der Flucht oder waren in den Konzentrationslagern ermordet worden. Als die
Waffen endlich schwiegen, hatten 25 Millionen Deutsche als
Flüchtlinge, Evakuierte oder Ausgebombte ihre Heimat verloren.

Katastrophale Verhältnisse herrschten in dem von sowjetischen Truppen besetzten Teil Deutschlands, in dem bis zuletzt
erbittert gekämpft wurde. Die Flüchtlingsströme aus den deutschen Gebieten östlich der Oder und Neiße und der späteren
Tschechoslowakei ließen die Zahl der Einwohner gemessen am
Vorkriegsstand bis Ende 1945 um eine Million auf rund 16
Millionen ansteigen. Im Herbst 1946 hatte schließlich jeder
vierte der mittlerweile über 17 Millionen Einwohner seine
Heimat verloren. Die akute Wohnraumnot vergrößerte das

Flüchtlingselend. Rund 650 000 Wohnungen – ca. 14 Prozent des Vorkriegsbestands – waren infolge der Luftangriffe stark oder vollkommen zerstört worden.

Nachdem die Roh- und Grundstofflieferungen aus den westdeutschen Industrierevieren ausgeblieben waren und systematische Luftangriffe die Verkehrswege zerstört hatten, war in den letzten Kriegswochen schließlich auch das Wirtschaftsleben in den von der weiterverarbeitenden Industrie geprägten Wirtschaftszentren in Sachsen, Sachsen-Anhalt, Thüringen und Berlin zum Erliegen gekommen.

Insbesondere die junge Generation war vom Krieg hart getroffen. Im Nachkriegschaos zwischen Elbe und Oder lebten Ende 1945 rund zweieinhalb Millionen Jugendliche im Alter zwischen 14 und 25 Jahren. Der Krieg hatte von den Jahrgängen 1920 bis 1928 einen hohen Tribut gefordert. Rechnerisch kam auf drei junge Frauen im Alter zwischen 17 und 25 Jahren lediglich ein männlicher Altersgenosse. Die Heranwachsenden litten besonders unter den Versorgungsmängeln und den durch Krieg und Flucht zerrütteten häuslichen Verhältnissen. Nachdem in den letzten Kriegswochen das Versorgungs- und Rationierungssystem zusammengebrochen war, erfolgte die Lebensmittelversorgung bis zum Herbst 1945 nur unregelmäßig und auf der Basis provisorischer Bestimmungen. In Berlin erhielten Kinder und Jugendliche von neun bis 17 Jahren 1945 zunächst 1388, ab Oktober 1550 Kalorien am Tag. Dies bedeutete – abhängig von Alter und Geschlecht – ein Defizit von 300 bis 1800 Kalorien täglich. Der ständige Hunger führte bei jungen Menschen bald zu einer allgemeinen körperlichen und geistigen Unterentwicklung. Zahn-, Augen- und Haltungsschäden, Kreislaufschwächen und Infektionskrankheiten bestimmten das Bild, Erschöpfungszustände wurden ‚laufend‘ festgestellt. Im Vergleich zur Vorkriegszeit verdoppelte sich die Sterblichkeitsziffer im Verlauf des ersten Friedensjahrs in Berlin auf 30 pro tausend Einwohner. Die Säuglingssterblichkeit lag bei vierzig Prozent. Die Ernährungssituation war ein gesamtdeutsches Problem und sollte sich in der ersten Nachkriegszeit noch verschlechtern.

Der Zusammenbruch der Infrastruktur, die Produktionsumstellung der bis zuletzt an den Erfordernissen der Kriegswirtschaft ausgerichteten Industrie und die beginnenden Demontagen ließen im Herbst 1945 die Zahl der Erwerbslosen rasch ansteigen. Zwar konnte die Arbeitslosigkeit bis Sommer 1946 weitgehend überwunden werden, dies änderte jedoch nichts am mangelnden Facharbeiternachwuchs. 1945 war das Ausbildungssystem zum Erliegen gekommen. Hinzu kam, daß viele Jugendliche ganz oder teilweise für den Unterhalt ihrer Familie sorgen mußten und deshalb die Hilfsarbeit in der Fabrik einer schlecht entlohnten Lehre vorzogen. Da Autoritäten in der Erwachsenenwelt kaum mehr existierten, blieb die Jugend sich selbst überlassen. Hamsterfahrten auf das Land, Schiebereien auf dem Schwarzmarkt und Diebstahl gehörten zum Alltag. Prostitution und Geschlechtskrankheiten breiteten sich aus. Es galt, das eigene Überleben und das seiner Familie zu sichern. Was gestern war, wurde zur Vergangenheit.

In den Tagen und Wochen zwischen dem Zusammenbruch der nationalsozialistischen Herrschaftsstrukturen in den Städten und Gemeinden und der Etablierung eines funktionsfähigen Besatzungsregimes entstanden überall im Deutschen Reich Ausschüsse, Ligen, Komitees, Bewegungen, deren gemeinsames Kennzeichen die Bezeichnung als „antifaschistisch" war. Ein kleiner Teil dieser Antifa-Ausschüsse ging aus bereits bestehenden Widerstandsgruppen hervor, andere bildeten sich unmittelbar vor dem Einmarsch der alliierten Truppen und sorgten für die kampflose Übergabe ihrer Ortschaften. Die übrigen entstanden unmittelbar nach der Besetzung. Zu den Initiatoren dieser Zusammenschlüsse zählten zumeist Überlebende der organisierten Arbeiterbewegung von vor 1933, aber auch bürgerliche und christliche Demokraten. Im kurzzeitig entstandenen Machtvakuum begannen die Ausschüsse mit der Auflösung des lokalen nationalsozialistischen Machtapparats, der Entnazifizierung der Verwaltung sowie der Wiederherstellung der öffentlichen Ordnung. Es galt, die Nahrungsmittelversorgung zu sichern, die lethargische Bevölkerung zu ersten Wiederaufbauarbeiten heranzuziehen, Wohnraum für Obdachlose zu beschaffen sowie zur Ingangsetzung der örtlichen Wirtschaft beizutragen.

Unbeeinflußt von politischen Generallinien und Exilplanungen waren die Antifa-Ausschüsse spontaner Ausdruck eines Willens zum politischen Neuanfang von unten, dem nicht lange Raum gegeben werden sollte. Durch Krieg und Genozid hatte das deutsche Volk das Recht auf politische Selbstbestimmung für viele Jahre verspielt.

Besatzungsherrschaft

Das Schicksal Deutschlands lag in den Händen der vier Siegermächte USA, Sowjetunion, Großbritannien und Frankreich, die mit ihrer „Berliner Erklärung" am 5. Juni förmlich die oberste Regierungsgewalt in Deutschland „einschließlich aller Befugnisse der deutschen Regierung, des Oberkommandos der Wehrmacht und der Regierungen, Verwaltungen oder Behörden der Länder, Städte und Gemeinden" übernahmen.[1]

Am 17. Juli 1945 begannen in Potsdam die Beratungen der Siegermächte – unter dem Ausschluß Frankreichs – über das weitere Schicksal Deutschlands. Grundlage bildeten die Vereinbarungen der alliierten Konferenzen von Teheran (November/Dezember 1943) und Jalta (Februar 1945). Trotz einer Reihe von Differenzen herrschte zwischen dem Präsidenten der Vereinigten Staaten, Harry S. Truman, dem sowjetischen Partei- und Regierungschef Josef Stalin und dem britischen Premier Winston S. Churchill, an dessen Stelle nach dem Wahlsieg der Labour Party Clement Attlee treten sollte, über die nächsten Aufgaben der Besatzungsherrschaft Einigkeit. Im „Potsdamer Abkommen" vom 2. August 1945 vereinbarten die Alliierten, Deutschland zu demokratisieren, zu entnazifizieren und zu entmilitarisieren sowie wirtschaftlich derart zu schwächen, daß von ihm niemals wieder eine militärische Bedrohung ausgehen könne. Bis zu einer Friedenskonferenz wurde Ostpreußen der sowjetischen und als Ausgleich für die Westverschiebung Polens die einstigen deutschen Gebiete östlich von Oder und Neiße der polnischen „Verwaltung" unterstellt. Zugleich beschloß man die Umsiedlung der in diesen Territorien verbliebenen Deutschen. Ohne sich auf eine Höhe festzulegen, wurde insbesondere der Sowjetunion das Recht zugestanden, durch Reparationen einen Teil ihrer immensen Kriegsopfer wiedergutzumachen.

Die alliierten Siegermächte bekundeten im Potsdamer Abkommen zwar ihre Absicht, die oberste Regierungsgewalt bei allen „Deutschland als ein Ganzes betreffenden Angelegenheiten" gemeinsam auszuüben,[2] klare Aussagen zur staatlichen Zukunft Deutschlands trafen sie jedoch nicht. Für gesamtdeutsche Angelegenheiten schuf man den Alliierten Kontrollrat, der am 30. Juli 1945 zum ersten Mal zusammentrat. Die geplante Einrichtung fünf deutscher Zentralverwaltungen scheiterte am Einspruch Frankreichs, das die Vereinbarungen des Potsdamer Abkommens im nachhinein anerkannte.

Für die deutsche Nachkriegsentwicklung erwies sich der Grundsatz als bedeutsam, daß die Ausübung der obersten Gewalt in den Besatzungszonen in den Händen der dortigen Oberbefehlshaber lag, die früh damit begannen, ihr eigenes System auf den von ihnen besetzten Teil zu übertragen. In der Sowjetischen Besatzungszone war dies die Sowjetische Militäradministration in Deutschland (SMAD), die am 9. Juni ihre Arbeit aufgenommen hatte.

Demokratischer Neuanfang?

Zunächst schien ausgerechnet die Sowjetische Besatzungszone zum Motor eines demokratischen Neuanfangs in Deutschland zu werden. Bereits fünf Wochen nach der Kapitulation – also noch vor der Potsdamer Konferenz – erließ die SMAD ihren Befehl Nr. 2 vom 10. Juni, der „die Bildung und Tätigkeit aller antifaschistischen Parteien" auf „dem Territorium der sowjetischen Besatzungszone in Deutschland" gestattete, „die sich die endgültige Ausrottung der Überreste des Faschismus und die Festigung der Grundlage der Demokratie und der bürgerlichen

Freiheiten in Deutschland" zum Ziele setzten. Darüber hinaus gewährte er der „werktätigen Bevölkerung [...] das Recht zur Vereinigung in freien Gewerkschaften". Die Parteien hatten „unter der Kontrolle" und entsprechend den von der SMAD „gegebenen Instruktionen" zu arbeiten und waren auf die Begriffe „antifaschistisch" sowie „Demokratie" und „bürgerliche Freiheiten" festgelegt.[3]

Als erste Partei konstituierte sich die Kommunistische Partei Deutschlands (KPD), deren Gründungsaufruf vom 11. Juni der Öffentlichkeit wie eine Abkehr von der revolutionären Vergangenheit der Partei erscheinen konnte. Ohne den Begriff „Sozialismus" überhaupt zu verwenden, forderte die KPD die „Vollendung" der vom Bürgertum getragenen Revolution von 1848. Explizit erklärte sie es für falsch, Deutschland unter den damaligen Bedingungen „das Sowjetsystem aufzuzwingen", und bekannte sich zur „parlamentarisch-demokratischen Republik mit allen Rechten und Freiheiten für das Volk". Im Bereich der Ökonomie trat sie sogar für die „Entfaltung des freien Handels und der privaten Unternehmerinitiative auf der Grundlage des Privateigentums" ein.

Anders die SPD, die in ihrem Gründungsaufruf vom 15. Juni 1945 klar für „Demokratie in Staat und Gemeinde, Sozialismus in Wirtschaft und Gesellschaft" eintrat und sich zunächst an den radikalen Thesen ihres „Prager Manifests" aus dem Jahre 1934 orientierte. Den Wunsch der SPD nach „der organisatorischen Einheit der deutschen Arbeiterklasse" lehnte die KPD zu diesem Zeitpunkt aus taktischen Erwägungen ab.

Mit der Christlich-Demokratischen Union (CDU) konstituierte sich am 26. Juni eine bürgerliche Sammlungsbewegung, die sich zu christlicher, demokratischer und sozialer Politik bekannte. Während sich die CDU für die Enteignung der Schlüsselindustrie und der Bodenschätze aussprach, unterstrich die am 5. Juli gegründete Liberal-Demokratische Partei (LDP) die Notwendigkeit von Privateigentum, einer freien Wirtschaft sowie eines unabhängigen Berufsbeamten- und Richtertums.

Damit knüpften SPD, KPD, CDU und LDP – unter dem Ausschluß der extremen Rechten – programmatisch, organisa-

torisch und personell an das traditionelle deutsche Parteien-
spektrum von vor 1933 an. Mitte Juli beschlossen die vier Parteien „unter gegenseitiger Anerkennung ihrer Selbständigkeit
die Bildung einer festen Einheitsfront der antifaschistisch-
demokratischen Parteien, um mit vereinter Kraft die großen
Aufgaben zu lösen".[4] Diese „Einheitsfront der antifaschistisch-
demokratischen Parteien" (Antifa-Block), die ihre Beschlüsse
nur einstimmig fassen konnte und in der gesamten SBZ bis auf
Ortsebene nachvollzogen wurde, war „etwas völlig Neues in
der deutschen Parteiengeschichte". Die KPD und später die
SED versuchten auf diese Weise, „jede Koalitionsbildung ohne
oder gar gegen" sie zu verhindern.[5]

Die frühzeitige Zulassung politischer Parteien sollte über die
Grenzen der Sowjetischen Besatzungszone hinaus Signalwir-
kung haben. Die Sowjetunion hoffte, mit dem Parteiensystem
einschließlich der „Blockpolitik" und der neuen Rolle der
Kommunisten ein Modell für ganz Deutschland zu konzipie-
ren. Sollte es den vier Parteien zudem gelingen, ihren gesamtdeutschen Anspruch zu verwirklichen, versprach sich die sowjetische Besatzungsmacht „nicht nur bessere Kontrollmög-
lichkeiten der politischen Kräfte in ihrer Zone, sondern auch
die Entstehung eines zentralen deutschen Parteiensystems, auf
das sie (Instruktionen und Kontrolle durch die SMAD!) Einfluß nehmen konnte."[6]

Angesichts der drängenden Gegenwartsprobleme sowie der
verhängnisvollen Zerstrittenheit der demokratischen Kräfte
vor 1933, zu denen die KPD damals allerdings kaum gezählt
werden konnte, erschien eine enge Zusammenarbeit allen politischen Kräften folgerichtig.

Wichtig für das Verständnis dieser Zeit ist der Umstand, daß
die Erinnerung an das Versagen der bürgerlichen Mitte und des
Konservativismus vor 1933 europaweit zu einem Linksruck
und zu einem starken Einheitsdrang innerhalb der Arbeiterbewegung geführt hatte. Nicht zuletzt der Labour-Wahlsieg in
Großbritannien mochte bei vielen politisch interessierten
Deutschen im Sommer 1945 dazu geführt haben, daß eine wie
auch immer geartete sozialistische Orientierung beim Wieder-

aufbau Deutschlands unausweichlich und für nicht wenige auch richtig erschien.

Die Startbedingungen der Parteien waren jedoch von Beginn an unterschiedlich. Die KPD-Parteispitze und mit ihr einige hundert deutsche Kommunisten hatten sich im sowjetischen Exil auf ihren Einsatz im Nachkriegsdeutschland vorbereitet. Ihnen standen Tausende ehemaliger deutscher Kriegsgefangene zur Seite, die sogenannte Antifa-Schulen durchlaufen hatten und an der neuen kommunistischen Generallinie ausgerichtet worden waren. Diese kehrten schubweise im Verlauf der späten vierziger Jahre in die SBZ zurück, wo sie in Funktionen in Politik, Staat, Wirtschaft und Gesellschaft eingesetzt wurden.

Bereits in den letzten Kriegstagen hatte die Sowjetarmee drei Gruppen deutscher Kommunisten nach Deutschland eingeflogen. Sie sollten die Besatzungsmacht bei der Wiederingangsetzung der Verwaltung und Versorgung unterstützen. Wolfgang Leonhard, das jüngste Mitglied der „Gruppe Ulbricht", berichtete später, daß bei dem Versuch, in jenen Maitagen geeignete Antifaschisten für die Berliner Bezirksverwaltungen auszuwählen, die Direktive Walter Ulbrichts gegolten habe: „Es muß demokratisch aussehen, aber wir müssen alles in der Hand halten."[7] Auf diese Weise gelang es den Kommunisten, wichtige Schlüsselstellungen innerhalb der Verwaltung mit ihren Leuten zu besetzen. Hinzu kam, daß die Besatzungsmacht die KPD auch materiell, zum Beispiel mit Papier für Zeitungen und Flugblätter, bevorzugte.

Unter den Mitgliedern von SPD und KPD war im Sommer 1945 der Drang groß, die schmerzlich empfundene Spaltung der Arbeiterbewegung zu überwinden. Mit ihr erklärten viele den Sieg der Nationalsozialisten im Jahre 1933. Doch die KPD-Führung lehnte ein entsprechendes Angebot der SPD zur Vereinigung der beiden Parteien Ende Juni 1945 ab.

Die Moskauremigranten, die in der KPD den Ton angaben, wollten zunächst die eigene Partei wiederaufbauen und an der neuen Generallinie ausrichten. Nicht mehr Oppositionspolitik wie in der Weimarer Republik, sondern Regierungspolitik sollte fortan auf der Tagesordnung stehen. Für revolutionäre

Losungen und Politik war kein Platz. Schließlich wollte man im bürgerlichen Lager erfolgreich einen Keil zwischen „Reaktionäre" und „Fortschrittliche" treiben. Das in der Sowjetunion auf den „Marxismus-Leninismus-Stalinismus" eingeschworene Funktionärskorps sah sich vor einer ungeheuren Erziehungsaufgabe. Die KPD sollte nach dem Willen der Exilführung sofort „möglichst breite Massen in sich aufnehmen", auch „wenn diese [...] noch nicht völlig mit der alten, teils kleinbürgerlichen, sozialdemokr.[atischen], teils sogar faschistisch-imperialistischen Ideologie gebrochen haben". Wollte man verhindern, „daß sie von den anderen Parteien eingefangen werden", konnte man nicht warten, bis „diese Massen völlig umgeschult und für unsere Grundsätze voll gewonnen werden", wie Wilhelm Pieck im Oktober 1944 vor KPD-Parteischülern erläutert hatte.[8] „Die Tore der Partei" würden im Nachkriegsdeutschland weit geöffnet sein, hatte Pieck bereits damals angekündigt. „Alle Teile des werktätigen Volkes", zu dem fortan der Arbeiter ebenso wie der Bauer, der Angestellte wie der Beamte sowie ganz allgemein der „Mittelstand" und die religiös gebundenen Bürger gezählt wurden, wolle man in der Nachkriegs-KPD willkommen heißen. Einzige Bedingung war das Bekenntnis zu dem im Exil vorbereiteten „Aktionsprogramm" der Partei, in dem weder die Diktatur des Proletariats noch die Forderung nach der sozialistischen Revolution Erwähnung fand. Die KPD-Führung hoffte bei Kriegsende, die Sozialdemokratie, die sie für diskreditiert erachtete, beerben zu können. So ließ man sich lediglich dazu herab, mit dem ungeliebten Bruder eine enge Zusammenarbeit zu vereinbaren.

Im September ordnete die SMAD die erste tiefgreifende Umstrukturierung der Gesellschaftsordnung an: Durch eine Bodenreform wurden Großbauern, die über 100 Hektar Boden besaßen, sowie ehemals führende Nationalsozialisten entschädigungslos enteignet. Die Notwendigkeit einer Bodenreform, die von den beiden Arbeiterparteien begrüßt und vorangetrieben wurde, betonten auch die bürgerlichen Parteien. Dort stieß jedoch das Wie auf heftige Kritik. Die CDU forderte eine Entschädigung der Enteigneten. Auf Druck der SMAD mußten deshalb der CDU-Parteivorsitzende Andreas Hermes und sein Stellvertreter Walter Schreiber ihre Ämter im Dezember 1945 niederlegen. Ihre Nachfolge traten Jakob Kaiser und Ernst Lemmer an.

Im Oktober brachte man die Schulreform mit dem Ziel auf den Weg, alte Bildungsprivilegien zu überwinden. Nach einem Volksentscheid im Juni 1946 wurden in Sachsen, bald darauf auch in den anderen Ländern der SBZ, die bereits im Herbst 1945 von der SMAD beschlagnahmten Betriebe von „Kriegs- und Naziverbrechern" entschädigungslos verstaatlicht. Unter der Losung „Enteignung der Kriegsverbrecher" erfolgte bis 1948 in der gesamten SBZ die Verstaatlichung von fast 10 000 Unternehmen. All dies bereitete den Boden für die spätere Planwirtschaft.

Einheitsdrang? – Einheitszwang!

Im Herbst 1945 bahnte sich eine grundlegende Veränderung im Parteiensystem an. Seit September trat die KPD-Führung für eine rasche Vereinigung der beiden Arbeiterparteien ein. Die hatte sie noch zwei Monate zuvor brüsk abgelehnt. Der plötzliche Sinneswandel hatte unterschiedliche Gründe: Zwar war es den Kommunisten in der Zwischenzeit gelungen, ihren Parteiapparat auszubauen, sie mußten jedoch feststellen, daß sie nicht über den erhofften Rückhalt innerhalb der Bevölkerung verfügten. Zudem hatte die SPD mit zunehmendem Selbstbewußtsein einen politischen Führungsanspruch formuliert. Die Sozialdemokraten reagierten uneinheitlich auf die KPD-Initiative. Die Parteiführung um Otto Grotewohl stand dem Einheitsdrängen in den letzten Wochen des Jahres 1945 immer ablehnender gegenüber. Indessen befürworteten zahlreiche Sozialdemokraten an der Basis sowie nicht wenige „Landesfürsten" ein Zusammengehen mit den Kommunisten. Hatten sie nicht Seite an Seite mit den kommunistischen Genossen gegen Hitler gekämpft und in den Konzentrationslagern gelitten? Das Bekenntnis der KPD zur Demokratie schien

Abb. 2: Die erzwungene Fusion von SPD und KPD bestimmte im
Frühjahr 1946 die politische Propaganda

frühere Gegensätze verwischt zu haben. Viele Sozialdemokraten glaubten, daß sie aufgrund ihrer zahlenmäßigen Überlegenheit und ihres Ansehens innerhalb der Bevölkerung in der
gemeinsamen Partei den Ton angeben würden. Mitte Dezember 1945 war noch nichts entschieden. Immer häufiger gingen
in der Berliner Parteizentrale Berichte ein, daß Einheitsgegner
von der Besatzungsmacht unter Druck gesetzt und einige sogar
verhaftet wurden. Kurt Schumacher, der damals führende
SPD-Politiker in den Westzonen, lehnte eine Verschmelzung
der Parteien kategorisch ab.

Wenige Tage vor dem ersten Friedensweihnachtsfest gab die
SPD-Führung dem vereinten Druck von SMAD und KPD

sowie einheitswilligen Parteiverbänden auf Bezirks- und Landesebene nach. Mit der These vom „besonderen deutschen" und „demokratischen" Weg zum Sozialismus war die KPD den Sozialdemokraten ideologisch entgegengekommen. Nur in der Viermächtestadt Berlin gelang es, eine Mitgliederbefragung zur Parteifusion durchzusetzen. Dabei sprachen sich 82 Prozent der Teilnehmer gegen eine sofortige Verschmelzung mit der KPD aus.

Am 21. und 22. April 1946 beschlossen 507 Delegierte der KPD und 548 der SPD auf dem „Vereinigungsparteitag" im Berliner Admirals-Palast die Gründung der Sozialistischen Einheitspartei Deutschlands, der SED, in der SBZ. Noch schien der Weg der SED zur späteren stalinistischen Staatspartei nicht zwingend vorgezeichnet. Zentrale Funktionen waren in der neuen Partei mit ehemaligen Kommunisten und Sozialdemokraten paritätisch besetzt. In der Mitgliedschaft hatten einstige Sozialdemokraten sogar ein leichtes Übergewicht. Dem von den Sowjets unterstützten Vormachtanspruch der Kommunisten und deren einheitlichem Auftreten sollten die Sozialdemokraten in der gemeinsamen Partei indes bald nur noch wenig entgegensetzen können.

Doch zunächst mochten die Wahlen im Herbst 1946 als ein weiterer Schritt in Richtung Demokratie gedeutet werden. In Mecklenburg, Thüringen und Sachsen errang die SED gemeinsam mit den Stimmen der von ihr kontrollierten „Vereinigung der gegenseitigen Bauernhilfe" (VdgB) eine knappe Mehrheit in den Landesparlamenten. Dagegen erzielten CDU und LDP in Brandenburg und Sachsen-Anhalt ein hauchdünnes Übergewicht. Die Hoffnung aber, die Parteien würden im demokratischen Meinungsstreit auf ein einheitliches, demokratisches Deutschland hinarbeiten, sollte sich als trügerisch erweisen.

Brüchige Normalität

Während die Akteure auf der politischen Bühne um den richtigen Weg stritten, machte sich im Alltag vieler Menschen endlich wieder ein Stück Normalität breit. Die schlimmsten Versorgungsmängel wurden nach und nach überwunden. Eine zeitgenössische Betrachtung der sozialen Lage im zerstörten Berlin konstatierte: „Der Durchschnittslohn eines voll bezahlten Arbeiters oder das Monatsgehalt eines Angestellten oder eines Lehrers reicht in der Regel aus, um neben den rationierten Lebensmitteln die Miete, Gas und Licht zu bezahlen, die wenigen Zentner zugeteilte Kohle, das zugeteilte Holz zu kaufen, eine Zeitung zu abonnieren und die laufenden Ausgaben im Haushalt zu bestreiten. Auch einige Kinobesuche, das eine oder andere Gebrauchsstück auf Bezugschein lassen sich noch einschieben, oder, wenn es hoch kommt, 1 Brot oder 1 Pfund Mehl vom schwarzen Markt. Verdienen mehrere Familienmitglieder, so können zusätzliche Lebensmittel öfter erworben werden, falls nicht, wie im Winter 1946/47, die Verdiener durch wochenlange Stillegung ihrer Betriebe arbeitslos werden oder die Preise des schwarzen Marktes übermäßig anziehen (ein Brot z. B. statt 40 RM 60 RM kostet). [...] Am günstigsten stehen sich heute vielfach Handwerker und Facharbeiter, weil sie durch ihre praktischen und oft vielseitigen Fertigkeiten hochbegehrte Leute sind, die durch Nebenverdienste ihre festen Einnahmen erheblich auffüllen können. Sind Nebeneinnahmen nicht möglich, so müssen entweder noch Ersparnisse oder Tauschwerte vorhanden sein oder anderweitige Hilfsquellen (Geldunterstützungen durch Verwandte, Auslandspakete, ländliche Beziehungen usw.), um die Lebenshaltung der Familie wirksam zu verbessern."[9]

Für viele deutsche und westalliierte Beobachter kam insbesondere der kulturelle Neubeginn in der Sowjetischen Besatzungszone überraschend. Bereits im Juli 1945 stellte die amerikanische Militärbehörde fest, „daß für die russische Führung die Wiederbelebung des Kulturlebens eine Aufgabe ersten Ranges war, nicht nur, weil sie die beruhigende Wirkung auf die Bevölkerung brauchte, sondern auch, weil sie von der Notwendigkeit eines solchen Kulturlebens für die Menschheit ganz überzeugt ist, ganz gleich wie unnormal die Zeiten sonst auch sein mögen. Folglich brachten die Russen gleich nach

Abb. 3: Ansicht des ehemaligen sowjetischen Speziallagers Buchenwald,
zwei Jahre nach dessen Auflösung 1950

ihrem Einzug in Berlin Theaterleiter, Schauspieler, Bühnenar-
beiter zusammen und verlangten, daß die Theater innerhalb
weniger Tage geöffnet würden. Sie fanden auch einige Dirigen-
ten, die ihre Musiker zusammenbringen mußten, um mit Konzerten zu beginnen. [...] Charakteristisch für die russische
‚Das-Spiel-muß-weitergehen‘-Politik ist es, daß sie bisher noch
immer keine allzu kritische Einstellung gegenüber dem ver-
wendeten Personenkreis haben. [...] Das heißt nun nicht, sie
wollten bei den Künstlern nicht ‚säubern‘. Viele sind einge-
sperrt worden, und manche werden überhaupt nicht mehr
spielen dürfen. Aber im großen und ganzen werden die
Künstler aufgefordert, aus ihren Verstecken zu kommen und
wieder mit der Arbeit zu beginnen.“[10] Rund ein Dutzend
Theater, eine wachsende Zahl von Kabaretts, zwei Opernen-
sembles, fünf große und mehrere kleine Symphonieorchester
hatte der amerikanische Besatzungsoffizier zwei Monate nach
Kriegsende in Berlin gezählt.

Doch die Schattenseite der ersehnten Normalität waren Zwang und Repression, die seit Kriegsende zur politischen Realität in der Ostzone gehörten, in der Öffentlichkeit jedoch nicht diskutiert werden konnten. Unmittelbar nach Kriegsende hatte die sowjetische Siegermacht in ihrer Besatzungszone zehn sogenannte „Speziallager" sowie eine Anzahl Gefängnisse eingerichtet. Entsprechend alliierten Vereinbarungen sollten solche Lager in ganz Deutschland zur Internierung von NS-Belasteten, aktiven Nationalsozialisten und Funktionsträgern des NS-Systems sowie für „Personen, die den Besatzungsmächten gefährlich werden könnten", eingerichtet werden. Allerdings waren die Lager in der SBZ mit den Internierungslagern der westlichen Siegermächte kaum vergleichbar. Die Speziallager unterstanden den sowjetischen Geheimdiensten. Die Lebensbedingungen in den Lagern waren menschenunwürdig und führten zum Tode von etwa einem Drittel der ca. 150 000 Frauen und Männer durch Hunger und Krankheiten. Tausende als arbeitsfähig klassifizierte Gefangene wurden zum Arbeitseinsatz in die UdSSR deportiert. In den ersten Nachkriegsmonaten trafen die – oftmals durch Denunziationen angestoßenen – Verhaftungen vor allem tatsächliche und vermeintliche NS-Belastete. Zu letzteren zählten Tausende Jugendliche. Sie standen unter dem Verdacht, dem „Werwolf" anzugehören, einer von den Nationalsozialisten kurz vor Kriegsende geplanten, doch in letzter Konsequenz nicht verwirklichten terroristischen Untergrundorganisation.

Die Verhaftungspraxis wandelte sich innerhalb kürzester Zeit. Ab 1946 dienten die Lager zunehmend der Sicherung der sowjetischen Machtpolitik in Deutschland. Die Verhaftungen und nachfolgenden Verurteilungen durch sowjetische Militärtribunale richteten sich nun in der Mehrzahl gegen Personen, die der Besatzungsmacht oder der Politik der SED kritisch gegenüberstanden und als „Oppositionelle" jeglicher Art eingeschätzt wurden. Die Willkür und Haltlosigkeit vieler Verhaftungen verdeutlicht auch die Ende 1946 von sowjetischen Stellen intern ausgesprochene Empfehlung, 35 000 der damals noch 80 000 Lagerinsassen aufgrund der Geringfügigkeit ihrer

Belastungen zu entlassen. Doch erst im Sommer 1948 öffneten sich die Lagertore für eine größere Zahl der Verschleppten. Für einige sollte die Leidenszeit auch mit der Auflösung der Lager im Jahre 1950 nicht enden. Sie wurden den deutschen Behörden zur „weiteren Verbüßung ihrer Strafen" übergeben und mußten noch viele Jahre in DDR-Gefängnissen zubringen.

Die „Teilung der Welt"

Das Schicksal Deutschlands wurde in dieser Zeit auf internationalem Parkett entschieden. Dort begann 1947 die Allianz der einstigen Verbündeten unter dem Eishauch des sich abzeichnenden Kalten Krieges zu zerbrechen. Von nun an wollten die einen der „Salami-Taktik" der „Sowjetisierung" Osteuropas und die anderen der „Versklavung" Europas durch den „US-Imperialismus" Einhalt gebieten. Sowohl die USA als auch die Sowjetunion forcierten die schrittweise Umformung ihrer Einflußsphären in Europa zu zwei politischen, ökonomischen und – schließlich – militärischen Blöcken. Im März 1947 kündigten die USA mit der Truman-Doktrin die Unterstützung der „freien und unabhängigen Nationen zur Erhaltung ihrer Freiheit" an und initiierten im Juni mit dem Marshallplan das Wiederaufbauprogramm für Europa. Truman-Doktrin und Marshallplan bildeten den Kern der „Eindämmungs"-Politik (Containment-Policy), mit der der Westen auf die als expansiv wahrgenommene Außenpolitik der Sowjetunion reagierte. Diese wiederum deutete den Marshallplan, der sich ausdrücklich auch an die osteuropäischen Staaten richtete, als Versuch der Amerikaner, diese Staaten aus dem sowjetischen Einflußbereich herauszulösen. Diesem Bestreben der „Imperialisten", Europa ökonomisch zu „versklaven", begegnete Moskau mit einer zunehmenden Blockbildung, deren äußerer Ausdruck die Gründung des Kommunistischen Informationsbüros (Kominform) im September 1947 war. Auf der Gründungssitzung in Polen, zu der die SED nicht eingeladen wurde, formulierte Andrej Shdanow die Zwei-Lager-Theorie, nach der sich in der

Welt ein imperialistisches und antidemokratisches Lager unter Führung der USA und ein antiimperialistisches und demokratisches Lager mit der Sowjetunion an der Spitze herausgebildet hatten. Aufgabe der Kommunisten sei es nun, alle „wirklich patriotischen Elemente" zu unterstützen und den Kampf gegen die „amerikanischen Expansionspläne zur Versklavung Europas" zu führen. Diese Lagerpolitik beendete in der Folgezeit alle nationalen, „besonderen Wege" zum Sozialismus und bildete den Ausgangspunkt der „Sowjetisierung" Osteuropas.

Die bipolare Blockkonfrontation, die durch „eine scharfe, aber nichtkriegerische Spannung bestimmt [war], die auf nahezu alle Ebenen der jeweiligen Innenpolitik und der gegenseitigen Beziehungen" zurückwirkte[11], fand ihren unmittelbarsten Ausdruck in der Teilung Deutschlands.

Dissens in der Deutschlandpolitik

Nachdem die Sowjetunion im Verlauf des Jahres 1946 amerikanische Initiativen zur Schaffung eines entmilitarisierten, neutralen Deutschlands unter alliierter Kontrolle obstruiert und sich jenseits des Atlantiks zunehmend der Eindruck verfestigt hatte, der einstige Verbündete strebe eine Sowjetisierung Osteuropas an, lösten die Amerikaner zum Jahreswechsel 1946/47 ihre bis dahin auf Kooperation mit der Sowjetunion angelegte Deutschlandpolitik durch eine Politik der Eindämmung ab. Diese sollte dem ursprünglich auf ökonomischen Erwägungen beruhenden Zusammenschluß der amerikanischen und britischen Besatzungszone zur Bizone am 1. Januar 1947 eine politische Dimension verleihen.

Angesichts dieser Entwicklung sah die Sowjetunion wesentliche deutschlandpolitische Interessen bedroht. Die östliche Siegermacht mußte nicht nur befürchten, daß die westdeutschen Industriereviere endgültig dem Zugriff ihrer Reparationsforderungen entzogen sein würden, sondern daß dieses Zusammenrücken der Westalliierten lediglich der Beginn einer Entwicklung war, an deren Ende der überwiegende Teil Deutschlands in den Einflußbereich des „kapitalistischen Lagers" eingebunden sein würde. Damit drohte ein zentrales sowjetisches Kriegsziel, nämlich dauerhafte Sicherheit vor einer erneuten deutschen Aggression, zu scheitern.

Als die sowjetische Führung daraufhin in der ersten Jahreshälfte 1947 eine größere Bereitschaft zeigte, mit ihren ehemaligen Verbündeten eine deutschlandpolitische Übereinkunft zu suchen, liefen ihre propagandistischen und diplomatischen Bemühungen ins Leere. Ihr Vorstoß auf der Moskauer Ratstagung der Außenminister im April 1947, durch die Bildung gesamtdeutscher Zentralverwaltungen die bevorstehende Gründung der Bizone zu verhindern, bestärkte die amerikanische Politik in ihrem Verdacht, Moskau strebe die Vorherrschaft in ganz Deutschland an. Diese Vermutung sollte sich für den Westen aufgrund der widersprüchlichen sowjetischen Deutschlandpolitik binnen Jahresfrist zur Überzeugung erhärten.

Am Vorabend des Kalten Krieges in Deutschland

Mitte 1947 war die Blockkonfrontation in allen Zonen Deutschlands nicht mehr zu übersehen. In der SBZ zeichnete sich eine Verschärfung des innenpolitischen Klimas ab. Während die Einheitsrhetorik in der ostdeutschen Propaganda neue Blüten trieb, forderte Oberst Tjulpanow, Chef der SMAD-„Verwaltung für Information", die SED Mitte Juli 1947 hinter verschlossenen Türen dazu auf, mehr „Kampfgeist", ideologische Geschlossenheit und ein deutlicheres Bekenntnis zur Sowjetunion an den Tag zu legen.[12] Was darunter zu verstehen war, hatte die SED-Führung bereits im Monat zuvor demonstriert, als sie die gesamtdeutsche Konferenz der Ministerpräsidenten im Juni 1947 in München bereits am Tag der Eröffnung an Verfahrensfragen scheitern ließ. Doch noch gebot die sowjetische Deutschlandpolitik im Innern der SBZ Zurückhaltung. Im Dezember 1947 stand die Londoner Außenministerkonferenz auf dem diplomatischen Kalender. Dort wollte Moskau eine Einigung in der deutschen Frage herbeiführen.

Dieser Schwebezustand sorgte im Jahre 1947 innerhalb und außerhalb der SED für heftige Turbulenzen. Analysen der Parteiführung und der Besatzungsmacht konstatierten einerseits neben dem Vordringen sozialdemokratischer Politikauffassungen, die als „Schumacher-Ideologie" diffamiert wurden, daß selbst große Teile der SED-Mitgliedschaft der Ablehnung des Marshallplans kein Verständnis entgegenbrachten, andererseits aber auch „linkssektiererische" Abweichungen, die ein Ende der bisherigen Rücksichtnahmen auf kleinbürgerliche Interessen forderten.

Vor diesem Hintergrund begannen die CDU und die LDP ab Herbst 1947, sich zunehmend gegen den kaum mehr verhüllten Führungsanspruch der SED zu wehren. Es war vor allem die CDU, die unter der Führung Jakob Kaisers in eine immer offenere Opposition zur Politik der SED und der Besatzungsmacht trat. Die christdemokratische Vorstellung, Deutschland könne die Funktion einer „Brücke zwischen Ost und West" übernehmen, hatte sich als unrealistisch erwiesen. Auf dem II. Parteitag der ostdeutschen CDU im September 1947 forderte Jakob Kaiser seine Partei dazu auf, zum „Wellenbrecher des dogmatischen Marxismus" zu werden. Gleichzeitig sprach er sich für die Teilhabe Gesamtdeutschlands am Marshallplan aus. Mit seiner „kämpferischen Opposition gegen den SED-Führungsanspruch" gab Kaiser zu verstehen, „daß er schon die ersten Schritte zur Ostintegration nicht tolerieren würde".[13] Gleiches galt für die – bis dahin gegenüber der SED konzessionsbereitere – LDP, die sogar mit dem Austritt aus dem Parteienblock drohte. Auch innerhalb der SED gärte es. An der Basis machten viele Sozialdemokraten aus ihrer Enttäuschung über den Verlauf der Parteiverschmelzung seit dem Frühjahr 1946 keinen Hehl. Für die SED-Führung eine bedrohliche Situation, konnte sie sich doch nicht einmal auf die eigene Hausmacht in der SBZ verlassen.

Als sich die Außenminister der vier Siegermächte nach wochenlangen Beratungen über eine gemeinsame Deutschlandpolitik am 15. Dezember 1947 in London ohne Ergebnis auf unbestimmte Zeit vertagten, schien die dauerhafte Teilung

Deutschlands vorgezeichnet. In Ostberlin und Moskau zeigte man sich desillusioniert: „An der Zerreißung Deutschlands in zwei Zonen kann nicht mehr gezweifelt werden", konstatierte Grotewohl auf der Parteivorstandssitzung vom 14./15. Januar 1948.[14] Gegenüber jugoslawischen und bulgarischen KP-Funktionären prophezeite Stalin im Februar 1948: „Der Westen wird sich Westdeutschland zu eigen machen, und wir werden aus Ostdeutschland unseren eigenen Staat machen."[15]

Nachdem die sowjetische Besatzungsmacht vor und während der Londoner Konferenz Ende 1947 auf die innenpolitischen Turbulenzen in der SBZ mit Zurückhaltung reagiert hatte, um ihre Verhandlungsposition nicht zu schwächen, schienen Rücksichtnahmen nach dem Scheitern der Beratungen nicht mehr notwendig. Jetzt bestimmte zunehmend der Ungeist der „Zwei-Lager-Theorie" die Politik der SED-Parteiführung und der Besatzungsmacht. Diese setzten ihre politischen Ziele mit dem Begriff „Fortschritt", die dagegen vorgebrachten Vorbehalte des politischen Gegners jedoch mit dem der „Reaktion" gleich. Die Zeit des Ausgleichs und der Kompromisse schien vorbei.

Mit der Absetzung des CDU-Vorsitzenden Jakob Kaiser und seines Stellvertreters Ernst Lemmer am 20. Dezember 1947 forcierte die SMAD den als Transformationsprozeß bezeichneten Verlauf der Machterringung und Herrschaftssicherung der SED im politischen System der SBZ. Dieser Transformationsprozeß sollte auch die Einheitspartei selbst nicht unberührt lassen.

Stationen auf dem Weg zur Zweistaatlichkeit

Nach dem Jahreswechsel 1947/48 wies die Politik in beiden Teilen Deutschlands zunehmend in die Richtung einer Zweistaatlichkeit, auch wenn die Einheitsrhetorik vor allem östlich der Elbe manchem ein anderes Bild suggerieren mochte. Hier wie dort war man von der Richtigkeit des jeweils eingeschlagenen Weges und von der Verwerflichkeit der Politik des anderen Lagers überzeugt. Letztlich waren auch die Handlungsspielräume in Ost wie in West gering. Schließlich hatten die Siegermächte 1945 die Regierungsgewalt in Deutschland übernommen. Doch für die SED war die deutsche Frage längst zu einer Machtfrage geworden. Niemand zweifelte damals daran, daß die „Einheitssozialisten" bei freien gesamtdeutschen Wahlen eine empfindliche Niederlage einstecken würden und die erreichten Machtpositionen im Osten Deutschlands räumen müßten.

Zunehmend entstanden Strukturen, die den Weg in die Zweistaatlichkeit bereiteten. Im Westen Deutschlands erweiterten die Briten und Amerikaner Anfang 1948 die Kompetenzen des im Mai 1947 gegründeten Zweizonenwirtschaftsrates in Frankfurt, dessen Aufgaben und Kompetenzen fortan denen eines Parlaments glichen. Schließlich fanden im Februar 1948 in London Sechsmächte-Gespräche statt, zu denen die Westalliierten auch Vertreter der Benelux-Staaten geladen hatten. Neben der Entscheidung, die Westzonen in den Marshallplan einzubeziehen, war die Empfehlung zur Bildung einer westdeutschen Regierung das herausragende Ergebnis dieser Beratungen.

Im Osten erhielt die im Juni des Vorjahres gegründete „Deutsche Wirtschaftskommission" (DWK), die die Tätigkeit der Zentralverwaltungen in der SBZ zu koordinieren hatte, im Februar 1948 gesetzgeberische Vollmachten und wurde so zum institutionellen Gerüst des künftigen Staates. Dessenungeachtet spielte die Forderung nach der Einheit Deutschlands in der politischen Propaganda der SED und den von ihr beeinflußten Organisationen aus legitimatorischen Gründen weiterhin eine zentrale Rolle. Einer Einheit allerdings, die in der Vorstellung der Kommunisten mit einer Übernahme der „fortschrittlichen Errungenschaften" und damit des politischen Systems der SBZ durch den Westen Deutschlands hätte einhergehen müssen. Im März 1948 initiierte die SED einen zweiten gesamtdeutsch gedachten, aber auf die SBZ beschränkten Volkskongreß. Sie knüpfte dabei explizit an die hundert Jahre zuvor gescheiterte bürgerliche Revolution an, zu deren Hauptzielen die Bildung eines deutschen Nationalstaates gezählt und die zu vollenden die KPD bereits in ihrem Gründungsdokument 1945 aufgerufen hatte. Auf dem Volkskongreß konstituierte sich der vierhundert Mitglieder umfassende „Deutsche Volksrat", der in der ostzonalen Propaganda den Anspruch erhob, eine gesamtdeutsche Volksvertretung zu sein, und der mit der Vorbereitung eines Volksbegehrens für die deutsche Einheit beauftragt wurde. Darüber hinaus begann der Volksrat parallel zu dem im September 1948 im Westen gebildeten Parlamentarischen Rat mit der Ausarbeitung der Verfassung einer Deutschen Demokratischen Republik.

Die einstigen Alliierten, in deren alleiniger Verantwortung die „deutsche Frage" lag, zerschnitten nach und nach die 1948 noch existierenden gesamtdeutschen Bande. So verließen die sowjetischen Vertreter am 20. März 1948 den Alliierten Kontrollrat, der im Sommer 1945 als Organ der obersten Gewalt in Deutschland gegründet worden war. Doch als von grundlegender Bedeutung sollte sich die getrennte Währungsreform erweisen, die am 20. Juni 1948 in den Westzonen und mit einigen Tagen Verzögerung auch in der SBZ vonstatten ging und die Deutschland als Wirtschaftsgebiet teilte.

Die Sowjetunion verhängte daraufhin eine Blockade gegen Westberlin, vordergründig mit dem Ziel, die Alliierten zur Rücknahme der dort ebenfalls vollzogenen Währungsreform zu zwingen, de facto jedoch, um ganz Berlin dem sowjetischen Herrschaftsbereich einzuverleiben. Der Westteil der Stadt hatte sich aus der Sicht der Sowjets zunehmend als Störfaktor für die politische Entwicklung in der SBZ erwiesen. Nachdem man im Westen hinter verschlossenen Türen zunächst ein Einlenken in dieser Frage diskutiert hatte, machte die Erkenntnis, daß es möglich war, die Versorgung der zwei Millionen Westberliner durch eine Luftbrücke aufrechtzuerhalten, die Blockade zu einer stumpfen Waffe. Letztlich erleichterte die rigide Politik der Sowjetunion den westdeutschen Politikern den Weg in den Weststaat und stärkte den antikommunistischen Konsens im Westen. Demgegenüber erklärte sich der aus dem 2. Volkskongreß hervorgegangene Volksrat Mitte Juni zur „berufenen

Abb. 4: Westberliner Kinder spielen Luftbrücke (Aufnahme 1948/49)

Repräsentation für ganz Deutschland" und nahm im Oktober 1948 einen von der SED ausgearbeiteten Verfassungsentwurf einstimmig an.

Die Transformation des politischen Systems in der SBZ

Am 8. Mai 1948, dem dritten Jahrestag der deutschen Kapitulation, übermittelte Oberst Tjulpanow der SED-Spitze eine neue strategische Grundorientierung, „die von der Teilung Deutschlands als vollzogene Tatsache ausging und bei strikter leninistisch-stalinistischer Ausrichtung der SED und ihrer Politik auf die Errichtung einer Ordnung in der SBZ in Anlehnung an die ‚Volksdemokratien' und mit der Perspektive auf eigene Staatlichkeit zielte".[16] Nach wie vor zählte Tjulpanow die Wiederherstellung der Einheit Deutschlands zu den Aufgaben der SED, doch da die Partei ihre „Endziele nur auf dem Wege des Klassenkampfes" erreichen könne, müsse sie den „Kampf für die Eroberung ganz Deutschlands" von der SBZ aus führen, wo sie „faktisch an der Macht stehe". Tjulpanow forderte die Partei zu größerer Militanz im politischen Tageskampf auf. Sie solle den „Kampfgeist" für den „Konflikt [...] gegen ausgesprochene Feinde der neuen Demokratie, die in der Sowjetzone aufgebaut wird", wecken und den „Haß zu dem sich rasch in der Richtung zum Faschismus entwickelnden amerikanischen Imperialismus und seine Verbündeten" entfachen. Außerdem drängte er darauf, der „Sozialdemokratie besonders in den Fragen der Arbeiterklasse unserer Zone und der Länder der neuen Volksdemokratie den Kampf" anzusagen. Vor diesem Hintergrund verliefen im Jahr 1948 die tiefgreifenden Veränderungen im politischen und gesellschaftlichen System der SBZ.

Nachdem aus der Sicht von SED und SMAD weder die CDU noch die LDP im Frühjahr 1948 in ausreichendem Maße ihre Bereitschaft signalisiert hatten, den in der SBZ eingeschlagenen politischen Weg zu unterstützen, lizenzierten die Sowjets im Juni 1948 die National-Demokratische Partei Deutschlands (NDPD) sowie die Demokratische Bauernpartei Deutschlands (DBD). Beide Parteigründungen waren von der SED initiiert worden, und in ihren Führungsgremien sorgten deutsche Kommunisten für eine mit dem System konforme Politik. Die NDPD wandte sich an ehemalige Offiziere, NSDAP-Mitglieder sowie bürgerliche Kreise. Im Rahmen der gesamtdeutschen Propaganda war es dieser Partei sogar zeitweilig gestattet, nationalistische Parolen zu vertreten. Dem war im Februar 1948 der offizielle Abschluß der Entnazifizierung vorausgegangen. In ihrem Befehl Nr. 35 hatte die SMAD damals „eine umfassendere und unbedenklichere Heranziehung der ehemaligen Mitglieder der Nazipartei und deren Gliederungen, die sich keines Verbrechens schuldig gemacht haben und imstande sind, ihre frühere Teilnahme an faschistischen Organisationen durch ehrliche Arbeit zu sühnen", ermöglicht. Die SMAD konstatierte, daß es „unter den ehemaligen Mitgliedern der Nazipartei vaterländisch gesinnte Menschen aus dem Volk gab und gibt".[17] Diese wollte man – diesseits wie jenseits der Elbe – für den Kampf gegen „die Politik der Spaltung und Versklavung Deutschlands" gewinnen.

Die DBD war als Partei der Landarbeiter und Bauern gedacht, denen zumindest die Propaganda der SED große Aufmerksamkeit schenkte. Anders als im Herbst 1945 erhofft, hatten die Neubauern, die durch die Bodenreform zur eigenen Scholle gekommen waren, dies nicht durch politische Verbundenheit mit der SED gedankt. Mit den beiden Parteigründungen wollte die SED nicht nur neue Bündnispartner für ihre Politik gewinnen, sondern auch das bürgerliche Lager zersplittern und so die Bedeutung von CDU und LDP verringern. Diesem Ziel kam die SED einen großen Schritt näher, als es ihr im Sommer 1948 gelang, zunächst die Aufnahme der DBD sowie des Freien Deutschen Gewerkschaftsbundes (FDGB) und schließlich der NDPD in den Parteienblock durchzusetzen. Die Verschiebung der für 1948 vorgesehenen Kommunalwahlen besiegelte die Marginalisierung der politischen Konkurrenz.

Im Verlauf des Jahres 1948 erfolgte auch die offene Umformung der anfangs laut ihren Satzungen und vom Selbstverständnis ihrer Mitgliedschaft her politisch unabhängigen gesellschaftlichen Verbände der SBZ zu kommunistischen Massenorganisationen und deren Instrumentalisierung für die Interessen der SED. Die Massenorganisationen galten auch in der Folgezeit offiziell als überparteilich. In ihren Leitungsgremien arbeiteten Vertreter der anderen Blockparteien weiter mit. Die SED hatte dort jedoch ihre personelle Vorherrschaft, über die sie seit 1946 verfügte, weiter ausgebaut. Bis 1952 wurde der Transformationsprozeß der Massenorganisationen formal mit der Anerkennung der führenden Rolle der SED in den Statuten abgeschlossen. Bereits Ende der vierziger Jahre hatte sich somit jenes für die SED-Herrschaft charakteristische Organisationsgeflecht entwickelt, in dem die „nichtsozialistischen" Blockparteien gemeinsam mit den Massenorganisationen vor allem als Transmissionsriemen der SED-Politik zu wirken begannen.

Der Begriff „Massenorganisation" selbst stammt aus dem Wortschatz der kommunistischen Bewegung, die bereits in den zwanziger Jahren ihre Nebenorganisationen – Jugendverbände, Gewerkschaften etc. – als solche bezeichnete. Die Massenorganisationen der DDR hatten die Aufgabe, alle Bürger, insbesondere die Nicht-SED-Mitglieder, entsprechend ihrer gesellschaftlichen Lage und ihren speziellen Bedürfnissen zu erfassen. Dies sollte die Lenkung und Kontrolle der Gesellschaft im Sinne der SED garantieren (Kontrollfunktion) und die Bürger für die von der Partei gesetzten Ziele mobilisieren und aktivieren (Transmissionsfunktion). Des weiteren sollten die Massenorganisationen ihren Mitgliedern die Möglichkeit bieten, ihre spezifischen Interessen organisiert und kontrolliert gegenüber der Partei und dem Staat zu artikulieren (Interessenvertretungs- bzw. Informationsfunktion). Daneben hatten sie die Bürger zur Konformität mit der politischen Linie der Parteiführung zu erziehen (Identifikationsfunktion) und schließlich – dies war in den Nachkriegsjahren von eminenter Bedeutung – zur Kaderbildung für Partei, Staat und Wirtschaft beizutragen. Gemeinsam war allen Massenorganisationen der DDR die Anerkennung der führenden Rolle der SED, die Anleitung durch SED-Mitglieder in allen wichtigen Positionen des Verbandes und der Aufbau nach den Prinzipien des „demokratischen Zentralismus". Dieses von Lenin konzipierte Organisationsprinzip sah formal zwar die Wahl der leitenden Parteigremien von unten nach oben vor, hatte in der Praxis jedoch aufgrund der unbedingten Verbindlichkeit der Beschlüsse der übergeordneten Leitung für die nachgeordneten Ebenen die demokratischen Elemente zu „Schein-Ritualen deformiert" und lediglich einen „bürokratischen Zentralismus" übriggelassen.

Die bedeutendsten Massenorganisationen der DDR waren der Freie Deutsche Gewerkschaftsbund (FDGB), die Freie Deutsche Jugend (FDJ), der Demokratische Frauenbund Deutschlands (DFD), der Kulturbund (KB), die Gesellschaft für Deutsch-Sowjetische Freundschaft (DSF), die Volkssolidarität, die Konsumgenossenschaften und der Verband der sorbischen Minderheit, Domowina. Sie waren zwischen 1945 und 1947 gegründet worden und verfügten in ihrer Klientel über ein Organisationsmonopol.

Der Funktionswandel der Verbände ging nicht ohne Spannungen vonstatten. Die FDJ verlor im Jahre 1948 zahlreiche Mitglieder, und insbesondere an der Gewerkschaftsbasis wurde Unmut über die Abschaffung der Betriebsräte laut. Doch jetzt konnte die SED ihre personelle Vorherrschaft in den Leitungsgremien dieser Organisationen nutzen, die sie seit deren Gründung zielstrebig ausgebaut hatte. Die Parteikader wurden formell dazu verpflichtet, die Beschlüsse der SED umzusetzen. Andernfalls mußten sie nicht nur mit Funktionsverlust rechnen, der gleichbedeutend mit dem Ende jeglicher beruflicher und sozialer Entwicklungschancen in der SBZ sein konnte. Hinter der SED stand zudem die sowjetische Besatzungsmacht stets bereit, Widerspruch notfalls auch mit Gewalt zum Verstummen zu bringen. Dies mußten 1948 nicht nur christ- und liberaldemokratische Studentenvertreter erleben, die dem SED-Vormachtanspruch an den Universitäten erfolgreich widerstanden. Die Verhaftung des Leipziger Studentenfunktionärs Wolfgang Natonek im November 1948 soll hier nur beispielhaft erwähnt werden. Seit dem dritten Friedensjahr konnte die SED auch über die von ihr kontrollierte Zentralverwaltung des Innern zunehmend das staatliche Gewaltmonopol in den Dienst der eigenen Politik stellen. Unter der Aufsicht und Anleitung der sowjetischen Besatzungsmacht erfolgte ab 1948 nicht nur die verdeckte Aufrüstung im Rahmen des Aufbaus der Kasernierten Volkspolizei. Mit dem Ausbau des 1947 eingerichteten Kommissariats 5 bei der Kriminalpolizei stand ihr nunmehr auch eine politische Polizei zur Verfügung. Das K 5 bildete die Keimzelle des späteren Ministeriums für Staatssicherheit.

Die SED wird Partei neuen Typus

Den für das politische System der SBZ bedeutsamsten Wandlungsprozeß durchlief die Sozialistische Einheitspartei selbst.

Er wurde im Sommer 1948 offenkundig und erreichte Anfang 1949 mit der I. SED-Parteikonferenz seinen vorläufigen Höhepunkt. Die SED wurde in diesem Zeitraum zu der bereits auf ihrem II. Parteitag im September 1947 proklamierten „Partei neuen Typus" nach dem Vorbild der stalinistischen KPdSU umgeformt.

Zwei Gründe waren dafür wesentlich. Zum ersten widerrief Stalin nach seinem Bruch mit Tito im Juni 1948 die Parole von den „unterschiedlichen Wegen zum Sozialismus". In den ersten Nachkriegsjahren hatte sich Jugoslawien unter Berufung auf die ursprünglich von Stalin gebilligte These vom „eigenen Weg" dem sowjetischen Hegemoniestreben in Osteuropa erfolgreich entzogen. Ab Sommer 1948 galt die Sowjetunion als alleiniges Vorbild aller kommunistischen Parteien, und dementsprechend mußten diese ihre Parteistruktur an die der KPdSU angleichen. Dies traf insbesondere für die SED zu, die sich organisatorisch und programmatisch auf ihre Aufgaben als Staatspartei vorbereiten mußte. Letzteres war der zweite wesentliche Grund für die Stalinisierung der SED.

Im Sommer 1948 war die SED zu einer sozialistischen Massenpartei mit rund 1,8 Millionen Mitgliedern angewachsen. Nur eine Minderheit, allenfalls jedes sechste SED-Mitglied, hatte vor 1933 der KPD oder der SPD angehört. Die überwältigende Mehrheit hatte in der unmittelbaren Nachkriegszeit ihren Weg in die SPD oder KPD und schließlich in die neugegründete SED gefunden.

Zum einen war da die Hoffnung auf einen sozial gerechteren Neuanfang in Deutschland, den man mitgestalten wollte, und die antinazistische Vergangenheit der Kommunisten. Die Tagebucheintragungen des renommierten Sprachwissenschaftlers Victor Klemperer vom November 1945 vermögen die Sogkraft sowie die spätere Bindewirkung des von der KPD bzw. der SED proklamierten Antifaschismus zu verdeutlichen, dem sich vor allem Intellektuelle in der Nachkriegszeit kaum entziehen konnten. Am 20. November schrieb er: „Die Antragsformulare zur Aufnahme in die KPD liegen auf dem Schreibtisch. Bin ich feige, wenn ich nicht eintrete [...]; bin ich feige, wenn ich eintrete? Habe ich zum Eintritt ausschließlich egoistische Gründe? Nein! Wenn ich schon in eine Partei muß, dann ist diese das kleinste Übel. Gegenwärtig zum mindesten. Sie allein drängt wirklich auf radikale Ausschaltung der Nazis. Aber sie setzt neue Unfreiheit an die Stelle der alten! Aber das ist im Augenblick nicht zu vermeiden." Drei Tage später hatte er sich zum Parteibeitritt entschieden: „Ich glaube, daß Parteiloszubleiben heute ein Luxus bedeutet, den man mit einigem Recht als Feigheit oder mindestens allzugroße Bequemlichkeit auslegen könnte. Und ich glaube, daß wir nur durch allerentschiedenste Linksrichtung aus dem gegenwärtigen Elend hinausgelangen und vor seiner Wiederkehr bewahrt werden können. Ich habe als Hochschullehrer aus nächster [Nähe] mit ansehen müssen, wie die geistige Reaction immer weiter um sich griff. Man muß sie wirklich und von Grund auf zu beseitigen suchen. Und den ganz unverklausulierten Willen hierzu sehe ich nur bei der KPD."[18]

Zum anderen ließen sich von Beginn an viele beim Parteibeitritt von opportunistischen Erwägungen leiten. Die SED, daran ließ die sowjetische Besatzungsmacht keinen Zweifel, war östlich der Elbe die bestimmende deutsche Kraft, der anzugehören für das berufliche Fortkommen zuträglich war. Nur so läßt sich erklären, daß die interne SED-Statistik bereits Ende 1946 zwar nur jeden fünften Industriearbeiter, dafür jedoch bereits jeden vierten Angestellten, jeden dritten Lehrer und sogar jeden siebten selbständigen Handwerker und Gewerbetreibenden oder jeden achten Ingenieur bzw. Techniker in den Reihen der Partei verzeichnete.[19] Als entsprechend heterogen erwiesen sich die an der Parteibasis vertretenen politischen Auffassungen. Sie standen häufig in Opposition zu dem von der Parteiführung eingeschlagenen Kurs einer forcierten Stalinisierung der SBZ. Im Schatten des zunehmenden Ost-West-Konfliktes und der innerkommunistischen Spannungen um Jugoslawien hatte die Stunde jener kommunistischen Funktionäre in der Parteiführung der SED geschlagen, „die mit der Vorstellung von der Vollendung der bürgerlichen Revolution schon immer besonders wenig anzufangen wußten", für die der „Kampf für die Demokratie [...] gleichbedeutend mit Kampf für den Sozialismus" war und die eine Spaltung Deutschlands dabei bewußt in Kauf nahmen.[20] Ihre Kristallisationsfigur war Walter Ulbricht, dem es mit Rückendeckung durch die Sowjetische Militäradministration gelang, einen beherrschenden Einfluß innerhalb der Parteiführung aufzubauen.

In wenigen Monaten sollte sich das Antlitz der SED in organisatorischer und vor allem programmatischer Hinsicht vollständig verändern. Aus der 1946 proklamierten sozialistischen Einheitspartei wurde eine marxistisch-leninistische „Partei neuen Typs". Signalcharakter hatte die Erklärung des SED-Zentralsekretariats vom 3. Juli 1948, in der dieses sich der wenige Tage zuvor veröffentlichten Kominform-Resolution gegen Jugoslawien anschloß und die „klare und eindeutige Stellungnahme für die Sowjetunion" zur „einzig möglichen Position für jede sozialistische Partei" erklärte. Gleichzeitig gelobte die Parteispitze, „mit aller Kraft daranzugehen, die SED zu einer Partei neuen Typus zu machen, die unerschütterlich und kompromißlos auf dem Boden des Marxismus-Leninismus steht".[21] Auf seinen nächsten Tagungen Ende Juli und Mitte September erhob der SED-Parteivorstand die sowjetische Staatsdoktrin zum Leitbild und forderte die Parteimitglieder dazu auf, die „Geschichte der KPdSU(B)" zu studieren. Zugleich entfaltete die SED-Führung eine Kampagne zur „organisatorischen Festigung" der Partei und ihrer „Säuberung von feindlichen und entarteten Elementen", in deren Gefolge unbotmäßige Sozialdemokraten, Gewerkschafter, aber auch oppositionell eingestellte Kommunisten aus der Partei ausgeschlossen wurden. Unter der Losung des „Kampfes gegen den Nationalismus" verlangte die SED-Spitze die Anerkennung der „führenden Rolle" der Sowjetunion. Wurde diese verwehrt, galt das als „antisowjetische Propaganda" und führte zum Parteiausschluß. Gleichzeitig verwarf sie die Vorstellung eines „besonderen deutschen Weges zum Sozialismus", die vielen Sozialdemokraten 1946 den Weg in die Einheitspartei erleichtert hatte. Anton Ackermann, der diese These zum Jahreswechsel 1945/46 im Auftrag der KPD-Führung ausformuliert hatte, bezeichnete sie nunmehr als eine „falsche, faule und gefährliche Theorie, die wir ausmerzen müssen", und übte sich in demütigender Selbstkritik.[22] Sozialdemokratisches Gedankengut wurde als „parteifeindlich" gebrandmarkt und die Hegemonie der Kommunisten – etwa mit der Aufhebung des 1946 statuarisch verankerten Paritätsprinzips bei der Besetzung von Parteifunktionen – auch organisatorisch gesichert. Im Herbst 1948 wurde der Aufbau einer „Parteipolizei", der Parteikontrollkommission, beschlossen, die bald auf allen Ebenen der SED über die „marxistische Einheit und Reinheit der Partei" wachen sollte. Unter der Losung der Zuspitzung des „Klassenkampfes" erzeugte die Parteiführung eine Atmosphäre der Militanz und Angst, die die zügige Durchsetzung des stalinistischen Kurses ermöglichte. Für jene Sozialdemokraten der Weimarer Republik, die 1946 den Weg in die SED mitgegangen waren – das waren längst nicht alle – und die in der SED Führungsfunktionen innehatten, wurde das Jahr 1948 zu einer Zäsur, die entweder Unterwerfung oder einen Bruch mit der Einheitspartei verlangte. Während etwa der einstige Sozialdemokrat und SED-Mitvorsitzende Otto Grotewohl zu einem Verfechter der Stalinisierung wurde, ging der Sozialdemokrat Erich Gniffke, der ebenfalls der engeren Parteiführung angehörte, in den Westen. Auch auf Landesebene verließen prominente alte Sozialdemokraten die Partei. Darunter Ernst Thape aus Sachsen-Anhalt, der in seiner Parteiaustrittserklärung vom 29. November 1948 über die Entwicklung der SED resümierte: „Es war mir klar, daß die Besatzungsmacht ihren ganzen Einfluß ausüben würde, um die Führung in der neuen Partei den Kommunisten zu verschaffen. Aber als Politiker und Marxist wußte ich, daß man Volksbewegungen und Parteiströmungen auch mit der absoluten Autorität einer Besatzungsmacht nicht willkürlich erzeugen kann, sondern sie nur als politische Gegebenheit zu verwerten imstande ist. Da die Sozialdemokraten in der neuen Partei weit mehr als die Hälfte ausmachten und die weitaus größere Zahl der geschulten Funktionäre mitbrachten, konnte es nur eine Frage der Zeit sein, wann sich die Sozialdemokraten in der neuen Partei durchgesetzt haben würden. Diese Rechnung ist nicht aufgegangen, weil ich die inner-parteiliche Demokratie für selbstverständlich hielt, die in Wirklichkeit nicht eine Stunde bestanden hat."[23]

Primat der Planwirtschaft

Die politischen und organisatorischen Transformationsprozesse des Jahres 1948 folgten letztlich auch den dem neuen System innewohnenden Notwendigkeiten. Die 1945 eingeleiteten gesellschaftspolitischen Strukturveränderungen in der SBZ etablierten ein politisches, gesellschaftliches und vor allem ökonomisches System, das gesamtgesellschaftliche Planung benötigte. Die weitreichende Übernahme des sowjetischen Herrschafts- und Wirtschaftssystems erforderte folgerichtig auch die organisatorische und programmatische Angleichung der politischen und gesellschaftlichen Institutionen an das östliche Vorbild.

Die Einführung der Planwirtschaft hatte sich im Herbst 1947 abgezeichnet. Nach der Ablehnung des Marshallplanes durch die sowjetische Besatzungsmacht und die SED mußten im Osten Deutschlands Wege gefunden werden, um aus eigener Kraft einerseits die Versorgung der Bevölkerung zu verbessern und auf diese Weise den eingeschlagenen wirtschaftspolitischen Weg zu rechtfertigen und andererseits zugleich die Reparationsforderungen der Sowjetunion befriedigen zu können. Dafür mußte die Produktivität der Wirtschaft, die damals erst 56 Prozent des Vorkriegsstands erreicht hatte, dringend erhöht werden. Der II. Parteitag der SED versuchte mit der Losung „Mehr produzieren, gerechter verteilen, besser leben!"[24] die Bevölkerung für „eine umfassende Wirtschaftsplanung" mit dem „Ziel einer Steigerung der Erzeugung in der Landwirtschaft, in der Industrie und im Handwerk" zu gewinnen.[25]

Ausgangspunkt der wirtschaftspolitischen Neuorientierung wurde die Kampagne um den SMAD-Befehl Nr. 234, mit dem ein Lohnsystem angestrebt wurde, in dem sich das Arbeitseinkommen sowohl nach der individuellen Leistung als auch nach der Bedeutung der Wirtschaftszweige richten und in dem eine straffe Arbeitsdisziplin und erhöhte Produktivität darüber hinaus durch materielle Sonderzuwendungen belohnt werden sollten. Der Befehl Nr. 234 wurde seitens der Arbeiterschaft zunächst als „Essensbefehl" verstanden, sah er doch „zur Verbesserung der Ernährung von Arbeitern und Angestellten der Betriebe der führenden Industriezweige [...] ein zusätzliches warmes Essen" vor. Doch schon bald mußten die Arbeiter in den Betrieben feststellen, daß die dringend notwendige Zusatzverpflegung allenfalls rund fünfzig Prozent aller Beschäftigten erreichte. Das eigentliche Ziel des Befehls war die Steigerung der Arbeitsproduktivität. Zu diesem Zwecke war „die Anwendung von Stück- und Akkordlohn [...] zu erweitern". Dem „Bummelantentum" wurde der Kampf angesagt.[26] Die FDGB-Führung instrumentalisierte die Kampagne zur „Popularisierung" des SMAD-Befehls in Richtung auf eine Transformation der Gewerkschaften zu SED-Massenorganisationen, die mit der Preisgabe gewerkschaftlicher Arbeit einherging, und bereitete damit den Weg zur Umformung des Wirtschaftssystems in der Sowjetischen Besatzungszone zu einer zentralen Planwirtschaft.

Dieselben kommunistischen Funktionäre, die in der Weimarer Republik die alte Parole „Akkord ist Mord" riefen und diese Arbeitsform nach 1945 in den westlichen Zonen geißelten, verkündeten nun der Arbeiterschaft, dieses Arbeitsprinzip sei in den neu eingerichteten „Volkseigenen Betrieben (VEB)" ein Garant des Fortschritts. Die Arbeiter müßten begreifen, daß das Produkt ihrer Mehrarbeit durch die Wiedereinführung des Akkordprinzips, das die offizielle Sprachregelung mit der Formulierung „eines Prinzips des Leistungslohnes" zu umschreiben versuchte, schließlich nicht in die Taschen eines Kapitalisten fließe, sondern allen Werktätigen zugute komme.

So ist es kein Zufall, daß die offene Transformation der SED zur Partei neuen Typus, die Umformung der Massenorganisationen und die Gleichschaltung des Parteiensystems mit der Einführung der Planwirtschaft im Verlauf des Jahres 1948 zusammenfielen.

Ende Juni 1948 präsentierte der SED-Parteivorstand einen Zweijahrplan, der sich an den zu diesem Zeitpunkt angelaufenen ersten Halbjahrplan anschließen sollte. Damit hatte die SED den Übergang zur zentralistischen Planwirtschaft vollzogen und ihren Führungsanspruch im Bereich der Volkswirtschaft unterstrichen. Der Plan sah vor, die Arbeitsproduktivität und die Produktion um rund ein Drittel zu steigern, was etwa 80 Prozent der Produktivität des Jahres 1936 bedeutet hätte. Um dieses Ziel zu erreichen, initiierte die SED im Oktober 1948 eine Aktivistenbewegung nach sowjetischem Vorbild. Der Bergarbeiter Adolf Hennecke, der – entsprechend präpariert – sein Tagessoll mit 380 Prozent übererfüllt hatte, gab dieser Kampagne ihren Namen.

Ab Mai 1948 fahndete die bei der Deutschen Wirtschaftskommission gegründete Zentrale Kontrollkommission gemeinsam mit den damals eingerichteten „Volkskontrollausschüssen" nach tatsächlichen oder vermeintlichen Wirtschaftssaboteuren, Spekulanten und Schiebern, die die Planungsbemühungen unterliefen. Eine Reihe von spektakulären Schauprozessen gegen „Wirtschaftsverbrecher" brachen den Widerstand der Wirtschaft gegen die staatliche Plankuratel. Die Flucht von Unternehmern in den Westen nahm man dabei gerne in Kauf, trug diese doch dazu bei, daß der Anteil der Volkseigenen Betriebe und der Sowjetischen Aktiengesellschaften an der industriellen Produktion 1948 bereits bei über 60 Prozent lag.

Mit dem Übergang zur Planwirtschaft 1947/48 endete zugleich die rücksichtslose Demontagepraxis, mit der die Sowjetunion seit Kriegsende die kriegszerstörte Wirtschaft in Ostdeutschland zusätzlich belastet hatte. Ein Indikator, daß man sich in Ostdeutschland einzurichten begann. Fortan gingen die Sowjets zu einer effektiveren Reparationspolitik über. Mehr als 200 Unternehmen wurden zu sogenannten Sowjetischen Aktiengesellschaften umgewandelt, deren Produktion sowie Erträge nach Osten transferiert wurden. Diese Betriebe sollten erst nach der DDR-Gründung wieder zurückgegeben werden. Die bekannteste Ausnahme: die Uranbergwerke der Wismut SAG, die für das sowjetische Atombombenprogramm sowie zur Gewinnung von Kernenergie unerläßlich waren und erst über vier Jahrzehnte später wieder in deutschen Besitz übergingen.

Die neue Wirtschaftspolitik verlangte nicht nur „die Einführung neuer, dem Plan gemäßer Verhaltensweisen, Wertschätzungen und Prestigenormen, die Zuordnung der verschiedensten Lebensbereiche auf die Erfordernisse des Plans", sondern auch „eines neuen, zentralen und zugleich weitverästelten wirtschafts- und gesellschaftspolitischen Steuerungs- und Kontrollsystems". Zur Durchsetzung des Wirtschafts- und Gesellschaftsplanes bedurfte es einer disziplinierten und zentral gesteuerten Organisation als „Motor, Lenkungsinstrument und maßgebliche Kontrollinstanz". Auf allen Ebenen der Besatzungszone, in den Massenorganisationen, in der staatlichen Verwaltung, in den Betrieben und Bildungseinrichtungen sollten die SED-Parteigänger „neuen Typus" die Menschen „umerziehen, anfeuern, kontrollieren und integrieren" bzw. die Gegner der Umgestaltung ausfindig machen und sanktionieren. Die Parteiführung wollte künftig „die gesamte Parteiarbeit auf den Gebieten des Staates, der Wirtschaft und des Kulturlebens allseitig" und „operativ" anleiten. Daher hatten Parteibeschlüsse ab Januar 1949 auch statuarisch „ausnahmslos für alle Parteimitglieder' Gültigkeit, insbesondere auch für die in Parlamenten, Regierungen, Verwaltungsorganen und in den Leitungen der Massenorganisationen tätigen Parteimitglieder". Vorbedingung war die „ideologisch-politische Erziehung der Parteimitglieder und besonders der Funktionäre im Geiste des Marxismus-Leninismus".[27]

Die Massenorganisationen reduzierten sich so zu Transmissionsriemen der SED-Politik. In den Betrieben hatten die Gewerkschaften und – soweit vertreten – auch die FDJ die Durchsetzung des als Leistungslohn verbrämten Akkordprinzips zu gewährleisten und den Kampf gegen „Arbeitsbummelei" aufzunehmen.

Erst jetzt – im dritten Friedensjahr – wurde in der SBZ der Wandel der politischen Kultur, die Ausrichtung am sowjetischen Vorbild, auch im Alltag der Arbeiter und kleinen Angestellten spürbar. Bis dahin dürften sich die Lebensverhältnisse für den überwiegenden Teil der Bevölkerung in Ost und West angesichts der allgemeinen Nachkriegsnot nicht sonderlich unterschieden haben. Letzteres galt freilich nicht für jene Menschen – und deren Angehörige –, die in Ostdeutschland in Konflikt mit der sowjetischen Besatzungsmacht und ihrem deutschen Handlungsgehilfen, der SED, geraten waren und nicht selten für viele Jahre in den sowjetischen Speziallagern verschwanden.

Mit der getrennten Währungsreform in Ost und West begann sich die Schere im Lebensstandard zu öffnen. Wer die Gelegenheit hatte, nach Westdeutschland zu reisen, konnte dort ein Warenangebot bestaunen, mit dessen Entwicklung die DDR auch später nie Schritt halten sollte. Wohl hatte sich auch in der SBZ Mitte 1948 die Versorgungslage gebessert, waren die Nahrungsmittelrationen erhöht worden. Allerdings zeitigte die Währungsreform im Osten keine vergleichbaren Auswirkungen auf das Warenangebot wie im Westen. Jenseits der Kartenrationen standen den wenigen zahlungskräftigen Konsumenten ab Oktober 1948 lediglich die Verkaufsstellen der Staatlichen Handelsorganisation (HO) zur Verfügung. Diese boten Konsumgüter und Lebensmittel zu Preisen an, die die des Schwarzmarktes nur knapp unterboten – um letzteren auszutrocknen.

Ein partieller Ausgleich der kargen Grundversorgung erfolgte im Zuge der damaligen „Sowjetisierung" des Arbeitsalltags. Zum bereits erwähnten Akkordlohn traten Prämien für besondere Arbeits- oder Rationalisierungsleistungen in den Betrieben. Für die sogenannte technische bzw. künstlerische Intelligenz sowie für hohe Funktionäre waren „Pajoks", d. h. Lebensmittelpakete und Sonderzuweisungen von Kleidung, Tabakwaren, aber auch Kuren und Urlaubsplätze sowie eine steigende Zahl von (Geld-)Preisen, reserviert. Alle Gaben waren darauf ausgerichtet, die Produktivität oder – im Falle der letzteren Zielgruppe – die Loyalität zu befördern. Hierbei wird der Primat der Planökonomie besonders deutlich. Noch benötigte die SED die alte „Intelligenz", die Wissenschaftler,

Ingenieure und Techniker, schon weniger die Intellektuellen – also die Künstler und Schriftsteller –, bürgerlicher Herkunft. Noch hatten die „Arbeiter- und Bauernfakultäten" an den Universitäten nicht die „neue Intelligenz" hervorgebracht, mit der der Aufbau des Sozialismus so viel leichter erschien. Und so war man nicht nur in materieller Hinsicht zu Entgegenkommen bereit. Auch auf dem Felde der Kulturpolitik zeigte man größere Duldsamkeit, um etwa die aus dem Exil in die SBZ zurückgekehrten „Kulturschaffenden", mit denen man nach außen renommieren konnte, nicht nach Westen zu vergraulen. Daran änderte – anfangs – auch der seit 1948 parteiamtlich proklamierte „sozialistische Realismus" nichts, der die Künste in das Korsett eindimensionaler politischer Agitation pressen wollte. Dennoch zeigte sich die Intelligenz damals zu Recht von der politischen Situation verunsichert. Der aufkommende Stalinismus sollte deren Freiräume schon bald empfindlich beschneiden.

Stalin bremst ab

Ende 1948 schienen alle Weichen für eine Oststaatsgründung gestellt zu sein. Die Gerüchteküche kochte. Mehrfach kündigte die SED-Führung eine Parteikonferenz an. Westliche Beobachter hegten keine Zweifel an der unmittelbar bevorstehenden Proklamation eines ostdeutschen Teilstaates. Anfang Januar stellte die amerikanisch lizenzierte „Neue Zeitung" einer Artikelserie folgende Bemerkung voran: „In den letzten Tagen mehren sich die Meldungen, daß die Vorbereitungen zur Bildung einer ostdeutschen Regierung intensiviert werden. Die ‚Neue Zeitung' bringt aus diesem Anlaß nachstehend eine Zusammenfassung ihres Ostkorrespondenten, wie das Fundament für die künftige ostdeutsche Regierung gelegt worden ist."[28] Diese Erwartung konnte der aufmerksame Leser des SED-Zentralorgans „Neues Deutschland" zu diesem Zeitpunkt indes längst nicht mehr teilen. Am 30. Dezember 1948 hatte der Parteivorsitzende Wilhelm Pieck in einem dort abgedruckten Interview die Vorstellung als „grundfalsch" bezeichnet, daß in der Ostzone die Arbeiterklasse bereits herrsche und damit die Volksdemokratie bestehe. Noch seien die Bedingungen östlich der Elbe von denen in den anderen osteuropäischen Staaten „grundverschieden". Auch auf der im Januar 1949 tagenden SED-Parteikonferenz war von der Gründung eines eigenen Staates nicht die Rede. Im Gegenteil: Die Parteigänger wurden verpflichtet, den „Kampf" um die deutsche Einheit noch konsequenter als bis dato zu führen.

Hinter dieser überraschenden Wendung stand niemand anderes als Stalin, der die SED-Führung im Dezember 1948 zum Befehlsempfang nach Moskau zitiert hatte. Am 12. Dezember waren die beiden SED-Vorsitzenden Wilhelm Pieck und Otto Grotewohl gemeinsam mit Walter Ulbricht in aller Heimlichkeit nach Moskau gereist, um sich – angesichts der sich abzeichnenden Weststaatsgründung – vom Kreml die Bildung einer „Deutschen Regierung für die sowjetische Besatzungszone" genehmigen zu lassen. Doch das Treffen mit Stalin am 18. Dezember verlief anders als erwartet. Der sowjetische Parteichef verglich seine deutschen Genossen mit „Teutonen", die „mit offener Brust" kämpften, und forderte eine „vorsichtige Politik". Stalin gestattete der SED weder die Proklamation der Volksdemokratie noch den Beitritt zum im Vorjahr gegründeten Kommunistischen Informationsbüro. Die besondere Lage in Deutschland verlange eine „opportunistische Politik". Dort müsse der „Weg zum Sozialismus im Zickzack" verlaufen. Noch sei Deutschland kein „einheitlicher Staat", stehe die SED „nicht vor der Macht", notierte sich Pieck. Eine ostdeutsche Regierungsbildung komme erst dann in Frage, wenn im Westen diesbezüglich vollendete Tatsachen geschaffen worden seien.[29]

Stalin war nicht bereit, sich mit der bevorstehenden Einbindung des wirtschaftlich bedeutenderen und bevölkerungsreicheren Westdeutschland in das „imperialistische" Lager abzufinden. Und so ordnete der Diktator jene widersprüchliche politische Linie an, die im Januar auf der Parteikonferenz verkündet werden sollte.

De facto hatte Stalin der SED die weitere volksdemokratische Umgestaltung zugestanden. De jure stand diese Umgestaltung unter dem Vorbehalt der deutschlandpolitischen Essentials des Kremls. Weder die SED-Führung noch ihre westlichen Kontrahenten wagten vorherzusagen, zu welchen Zugeständnissen Stalin bereit war, um diese Ziele doch noch zu erreichen. So schwebte das Damoklesschwert einer – wenn auch zunehmend unwahrscheinlicher werdenden – Einigung zwischen der Sowjetunion und den Westmächten über ein einheitliches, neutrales Deutschland unter Preisgabe der ostdeutschen „Errungenschaften" weiterhin über den Köpfen der deutschen Parteiführer.

Doch der Verlauf des Jahres 1949 sollte bald deutlich machen, daß die vereinte Propaganda aus Ostberlin und Moskau den Zug zur Weststaatsgründung nicht mehr aufhalten konnte. Am 8. Mai 1949 billigte der Parlamentarische Rat das von ihm seit September des Vorjahres beratene Grundgesetz, das am 23. Mai verkündet wurde. Am 14. August wählte die westdeutsche Bevölkerung den ersten Deutschen Bundestag. Aus den Wahlen, bei denen die 5-Prozent-Klausel noch nicht galt, ging das damals noch zersplitterte bürgerliche Parteienlager siegreich hervor. Am 15. September wählte der Deutsche Bundestag Konrad Adenauer mit nur einer Stimme Mehrheit zum ersten deutschen Bundeskanzler.

Die Gründung des „Arbeiter-und-Bauern-Staates"

Vor dem Hintergrund dieser Entwicklung übermittelte der sowjetische Staats- und Parteichef am 27. September 1949 der in Moskau wartenden SED-Delegation seine Zustimmung zur DDR-Gründung. Zehn Tage hatten Pieck, Grotewohl und Ulbricht auf die erlösende Nachricht warten müssen. Sie eilten nach Berlin zurück.

Jetzt ging alles sehr schnell. Von der Dynamik der Ereignisse überrollt, ließen sich die Vorsitzenden der Blockparteien CDU und LDP nicht nur die Zustimmung zur DDR-Gründung

Abb. 5: Kundgebung anläßlich der DDR-Gründung am 7. Oktober 1949
vor der Humboldt-Universität

abringen, sondern auch die zur Verschiebung der Volkskammerwahlen auf das Jahr 1950. Zugesicherte Minister- und Staatssekretärsposten erleichterten den widerstrebenden Politikern ihre Entscheidung.

Unter Ausschluß der Öffentlichkeit zeigte sich das wahre Demokratieverständnis der SED-Führung. Als der SED-Parteivorstand Anfang Oktober zusammentrat, um die Gründungsvorbereitungen für den ersten „Arbeiter-und-Bauern-Staat" abzusegnen, tönte der Parteipropagandist Gerhart Eisler: „... wenn wir eine Regierung gründen, geben wir sie niemals wieder auf, weder durch Wahlen noch andere Methoden". „Das haben einige noch nicht verstanden", lautete Ulbrichts spontaner Kommentar dazu.[30] Selbst an der Parteibasis hatte man im Verlauf des Jahres 1949 den Machtwillen der eigenen Führung in dieser Hinsicht unterschätzt. Angesichts der ursprünglich für Herbst 1949 vorgesehenen Kreis- und Landtagswahlen hatte sich bereits im Frühjahr 1949 eine „gewisse Angstpsychose" in den lokalen Parteigliederungen breitgemacht, wie im April auf einer Sitzung der Zentralen Parteikontrollkommission berichtet wurde. Die „Genossen" seien „daran gewöhnt, daß wir ohne Wahlen oder mit Wahlen, wie sie noch 1946 möglich waren, arbeiten". Auf die Nachfrage, worin sich denn die bevorstehenden Wahlen des Jahres 1949 von den vorausgegangenen unterscheiden würden, hieß es freimütig: „Die Wahlen [zu den Kreistagen] 1946 sind zum großen Teil so durchgeführt worden, daß in den örtlichen Gemeinden nur eine SED-Liste vorhanden war, weil die bürgerlichen Parteien damals auf die Wahl nicht so gut vorbereitet gewesen sind wie heute."[31] Jetzt befürchtete man einen „bedeutenden Rückgang" der eigenen Partei.

Am 7. Oktober war es schließlich soweit: Der Volksrat, ein pseudoparlamentarisches Gremium, das aus dem im Mai 1949 auf der Grundlage von Einheitslisten gewählten III. Volkskongreß hervorgegangen war, erklärte sich zur „Provisorischen Volkskammer". Vier Tage später wählte das selbsternannte Parlament Otto Grotewohl zum Ministerpräsidenten und Wilhelm Pieck zum Präsidenten der Deutschen Demokratischen Republik. Am Abend des 11. Oktober ließ der FDJ-Vorsitzende Erich Honecker 200 000 FDJler mit Fackeln an der Staats- und Parteiführung vorbeidefilieren. Namens der „deutschen Jugend" gelobte der Siebenunddreißigjährige der DDR „Treue, weil in ihr die Selbstbestimmung des deutschen Volkes zum erstenmal im ganzen Umfang hergestellt sein wird".[32]

2. Die DDR in den fünfziger Jahren

Das formal weiterbestehende Mehrparteiensystem in der DDR sowie die Hülle einer parlamentarischen Republik konnten nicht darüber hinwegtäuschen, daß die SED, beauftragt und kontrolliert von ihrer sowjetischen Schutzmacht, zur allein bestimmenden Kraft in der DDR wurde. Parallel zu allen Regierungs- und Verwaltungsebenen bestimmte der streng zentralistische SED-Apparat alle Bereiche der Politik, Wirtschaft und Gesellschaft. Eine Anweisung des SED-Politbüros vom 17. Oktober 1949 zur Steuerung der Regierung hatte festgelegt: „1. Gesetze und Verordnungen von Bedeutung, Materialien sonstiger Art, über die Regierungsbeschlüsse herbeigeführt werden sollten, weiterhin Vorschläge zum Erlaß von Gesetzen und Verordnungen müssen vor ihrer Verabschiedung durch die Volkskammer oder die Regierung dem Politbüro bzw. Sekretariat des Politbüros zur Beschlußfassung vorgelegt werden. 2. Für alle anderen wichtigen Verwaltungsmaßnahmen ist vor ihrer Durchführung die Entscheidung der zuständigen Abteilung beim Parteivorstand [später: Zentralkomitee] herbeizuführen."[1] Trotz der Mahnung, den Parteiapparat „nicht mit Bagatellsachen [zu] belasten", reduzierte die SED den gesamten Staatsapparat bis hinab in die Städte und Gemeinden binnen kürzester Frist zum Ausführungsorgan der von ihr bis ins Detail bestimmten Politik. Wichtigstes Instrument war dabei bis zum Ende der SED-Diktatur die Personal-, im DDR-Sprachgebrauch: Kaderpolitik der Partei. Mittels eines Kadernomenklatursystems entschied die SED-Führung, welche Positionen und Funktionen in der DDR nur mit ihrer Zustimmung besetzt werden konnten. In den Bereich der zentralen, vom Politbüro überwachten Kadernomenklatur zählte nicht nur das Führungspersonal der eigenen Partei, des Staatsapparats, der Volkseigenen Betriebe sowie der „bewaffneten Organe". In die

Abb. 6: Mitglieder und Kandidaten des SED-Politbüros, 1950.
V.l.n.r. (sitzend): Franz Dahlem, Walter Ulbricht, Wilhelm Pieck,
Otto Grotewohl, Hans Jendretzky; (stehend): Rudolf Herrnstadt,
Fred Oelßner, Hermann Matern, Wilhelm Zaisser, Heinrich Rau,
Anton Ackermann, Erich Mückenberger, Erich Honecker

zentrale Nomenklatur waren auch die Führungsspitze und
Teile der zentralen Apparate der Blockparteien, der Massenorganisationen, wichtige wissenschaftliche Einrichtungen sowie
selbst die Abgeordneten der Volkskammer mit einbezogen. Bereits 1955 umfaßte die zentrale Nomenklatur rund 7 000 Positionen. Nachgeordnete Nomenklaturen auf der 1952 einge-
führten Bezirksebene bestimmten die Kaderpolitik in den
Kreisen, und die Kaderpläne der Kreisparteiorganisationen
sorgten dafür, daß in den Städten und Gemeinden der DDR
jede für wichtig erachtete Funktion der Personalhoheit der
SED unterlag. Und schließlich wachten in den Massenorganisationen Nomenklaturkader der SED über eine parteigemäße
Personalpolitik im eigenen Hause. Die scheindemokratische
DDR-Verfassung barg schließlich mit ihrem Artikel 6 „eine
Leerformel", mit der „die SED in der Folgezeit durch entsprechende Auslegung alle Gegner, jede Form von Opposition
strafrechtlich verfolgen lassen" konnte.[2] Darin wurde nicht nur
der Glaubens-, Rassen- und Völkerhaß sowie Kriegshetze,

sondern auch „Boykotthetze gegen demokratische Einrichtun- gen und Organisationen" in der DDR als „Verbrechen im Sinne des Strafgesetzbuches" definiert.

Binnen kürzester Frist waren die Strukturen in Gesellschaft und Wirtschaft sowie die politische Kultur immer mehr dem sowjetischen Vorbild angeglichen. Daran änderte auch die Fortexistenz der Blockparteien nichts, die sich in ihrer Funktion und in ihrem Stellenwert im politischen System der DDR von den Massenorganisationen kaum unterschieden.

Der III. Parteitag der SED im Juli 1950 wählte Walter Ulbricht zum Generalsekretär. „Ihren Totalitätsanspruch unterstrich die SED, als sie auf dem III. Parteitag erstmals Louis Fürnbergs Lied „Die Partei" verbreitete, in dem es hieß: „Sie hat uns alles gegeben./ Sonne und Wind. Und sie geizte nie./ Wo sie war, war das Leben./ Was wir sind, sind wir durch sie./ Sie hat uns niemals verlassen./ Fror auch die Welt, uns war warm./ Uns schützte die Mutter der Massen./ Uns trägt ihr mächtiger Arm./ Die Partei./ Die Partei, die hat immer recht!"[3] Kurze Zeit später begann auf allen Ebenen eine weitreichende Parteisäuberung, der auch hohe Parteifunktionäre zum Opfer fielen. Ein Jahr nach Gründung der DDR hatte die SED ihre Position so weit gefestigt, daß die „Wahlen" zur Volkskammer bei einer Beteiligung von 98 Prozent 99,7 Prozent „Zustimmung" für die Einheitsliste erbrachten. Mit der Aufnahme der DDR in den Rat für Gegenseitige Wirtschaftshilfe (RGW) im September 1950 und dem Beginn des ersten Fünfjahrplans im Januar 1951 wurde die Ostintegration der DDR vorangetrieben und die DDR-Ökonomie den Erfordernissen der Sowjetunion auch institutionell untergeordnet.

Und dennoch stand die Entwicklung in der DDR nach wie vor unter dem Vorbehalt einer – wenn auch immer unwahrscheinlicher erscheinenden – Einigung der einstigen Alliierten. Stalin, der die Gründung der DDR im Herbst 1949 in einem Grußtelegramm als „Wendepunkt in der Geschichte Europas" bezeichnet hatte, da „die Existenz eines friedliebenden demokratischen Deutschland neben dem Bestehen der friedliebenden Sowjetunion die Möglichkeit neuer Kriege in Europa" ausschließen würde,[4] hatte seine deutschlandpolitischen Ziele der Nachkriegszeit noch nicht zu den Akten gelegt.

Beflissen versuchte die Staats- und Parteiführung der DDR, sich als „volksdemokratisches" Bollwerk an der Westgrenze des sowjetischen Imperiums zu profilieren und unverzichtbar zu machen. Der Stalin-Kult trieb absurde Blüten. Anfang Juni 1950 hatte der sowjetische Diktator einen telegraphischen „Gruß" der 500 000 „jungen Friedenskämpfer", die Ende Mai auf Einladung der FDJ am ersten „Deutschlandtreffen der Jugend" in Berlin teilgenommen hatten, mit einem an Banalität kaum zu überbietenden Telegramm beantwortet: „Ich danke für die Grüße der jungen deutschen Friedenskämpfer, Teilnehmer an dem gesamtdeutschen Treffen. Ich wünsche der deutschen Jugend, dem aktiven Erbauer des einheitlichen, demokratischen und friedliebenden Deutschlands, neue Erfolge bei diesem großen Werk."[5] Die FDJ-Propaganda reagierte daraufhin geradezu hysterisch. Am 5. Juni 1950, einen Tag vor der Veröffentlichung des Telegramms in der „Jungen Welt", beschloß die FDJ-Führung, die Republik mit 800 000 Exemplaren einer Sondernummer ihrer Verbandszeitung zu überschwemmen, auf deren Titelseite ein Bildnis Stalins prangte, 300 000 Plakate sowie 100 000 Wandzeitungen unters Volk zu bringen und den Rundfunk und die Presse zur ausführlichen Berichterstattung über dieses denkwürdige Telegramm anzuhalten.[6]

Der Kult um Stalin geriet zu einer Ersatzreligion, das Bekenntnis zu ihm zur Nagelprobe für jeden, der in der DDR eine verantwortliche Position einnehmen wollte und bzw. oder der SED angehörte. Die Losung „Von der Sowjetunion lernen, heißt siegen lernen" sollte dogmatisch in die Realität umgesetzt werden. Nach der DDR-Gründung reisten bis heute ungezählte Delegationen der SED, der Massenorganisationen, der Medien und der staatlichen Wirtschaft in die Sowjetunion, um dort die überlegenen Arbeitsmethoden der sowjetischen Genossen zu studieren. In hoher Auflage verbreiteten DDR-Verlage Bücher und Broschüren über die Sowjetunion, die KPdSU und ihre Massenorganisationen sowie die Schriften Stalins und Lenins.

Abb. 7: Der Stalin-Kult vereint die Teilnehmerinnen und Teilnehmer
der Weltfestspiele der Jugend und Studenten im August 1951 in Ostberlin

Als zum Jahreswechsel 1951/52 die militärische Integration der
Bundesrepublik in die westliche Allianz vorbereitet wurde,
leitete die Sowjetunion Mitte Februar 1952 eine neue deutschlandpolitische Initiative ein. Am 10. März forderte Moskau die
Westmächte nichtsdestotrotz zum wiederholten Male auf, die
„schleunigste Bildung" einer gesamtdeutschen Regierung einzuleiten. Die als „Stalin-Note" in die Geschichte eingegangene
Initiative sah ein neutralisiertes Deutschland mit eigenen
Streitkräften in den Grenzen von 1945 vor, aus dem sich die

Siegermächte ein Jahr nach Abschluß des Friedensvertrages zurückziehen sollten. Die ablehnende Reaktion der Westmächte verdeutlichte zwei Wochen später, daß die Westintegration der Bundesrepublik nicht mehr aufzuhalten war. Vor diesem Hintergrund verordnete Stalin den in Moskau weilenden SED-Führern Pieck, Grotewohl und Ulbricht Anfang April einen abrupten Kurswechsel. Jetzt galt es, die Sicherheitsbelange der Sowjetunion am Status quo auszurichten. „Volksarmee schaffen – ohne Geschrei. Pazifistische Periode ist vorbei" und „Demarkationslinie gefährliche Grenze", notierte sich Wilhelm Pieck nach den Gesprächen am 1. und 7. April mit Stalin, der eine umfassende militärische Aufrüstung der DDR angeordnet hatte. Auch sollte die sozialistische Umgestaltung der Landwirtschaft durch die „Schaffung von Produktiv-Genossenschaften im Dorfe" vorangetrieben werden. Allerdings: „Niemand zwingen. Nicht schreien Kolchosen – Sozialismus. Tatsachen schaffen", mahnte der sowjetische Parteichef, der die SED-Führer einige Jahre zuvor schon einmal mit den ungestümen „Teutonen" verglichen hatte. Dies hinderte ihn jedoch nicht daran, gleichzeitig eine härtere innenpolitische Gangart in der DDR zu verlangen: „Prozesse durchführen", „kein Pazifismus", notierte sich Pieck, und das Versprechen, „Erfüllt Euch mit Kampfgeist, wir werden Euch helfen".[7]

Als die SED-Spitze am 10. April nach Berlin zurückkehrte und die Parteiführung über die von Stalin angeordnete Verschärfung des Klassenkampfes informierte, fand eine kurze Phase der öffentlichen Selbstkritik, die als Begleitmusik zur deutschlandpolitischen Initiative der Sowjetunion seit Januar 1952 die gleichgeschaltete DDR-Presse gekennzeichnet hatte, ein rasches Ende. Im Verlauf des Sommers 1952 sollte sich das politische Klima in der DDR in bis dahin ungekanntem Maße verschärfen. Bereits einen Monat nach der Rückkehr der Parteiführung aus Moskau besaßen die gewohnten Feindbilder und Bedrohungsszenarien in der SED wieder ihre Gültigkeit. Es gelte, die Parteimitglieder „stärker im kämpferischen Geist" zu erziehen, forderte deren Vorsitzender Hermann Matern am 9. Mai 1952 vor der Zentralen Parteikontrollkommission.

Nach wie vor gebe es „Feinde in der Partei", die „eine Basis" für „Terrorakte, Diversionsakte und Spionagearbeit" bilden würden. Entsprechend den Moskauer Weisungen verknüpften die Parteikontrolleure in den folgenden Wochen die Frage der inneren Sicherheit immer stärker mit der Remilitarisierung Ostdeutschlands. Am 3. Juli 1952 erreichte die Agitation im Kontrollorgan ihren vorläufigen Höhepunkt: „Gegen eins müssen wir stärkstens auftreten und unsere Aufmerksamkeit darauf richten, und zwar gegen das Gerede einer Kursänderung der Partei bezüglich der Stellung der Partei zur Frage der nationalen Streitkräfte. – Die Partei war nie pazifistisch. Es gab wohl manchmal pazifistisches Gequatsche. Natürlich wurden bei manchen Menschen bei der breiten Entfaltung der Friedenskampagne vorhandene pazifistische Auffassungen gefördert. Wenn man aber die prinzipiellen Losungen der Partei richtig betrachtet, sind nie pazifistische Losungen herausgekommen. Auch solche Auffassungen müssen bekämpft werden."[8]

„Aufbau des Sozialismus"

Die kämpferische Tonart erklärt sich aus der unmittelbar bevorstehenden II. Parteikonferenz, die zum 9. Juli 1952 nach Berlin einberufen worden war. Dort schlug Ulbricht im Namen des Zentralkomitees vor, „daß in der Deutschen Demokratischen Republik der Sozialismus planmäßig aufgebaut wird".[9] Von den Delegierten wurde dieser Kurs erwartungsgemäß ebenso begeistert wie einstimmig angenommen. Längst waren die Parteitage und -konferenzen der SED zu Ritualen reduziert worden, bei denen eine minutiöse Tagungsregie von der Auswahl der Delegierten bis zu den Sprechchören und Kampfgesängen jedes kleinste Detail des Ablaufs bestimmte.

Obgleich sich das Politbüro erst am 1. Juli mit einem Schreiben um die Zustimmung Stalins zu diesem Schritt bemüht haben und dessen Plazet erst am 8. Juli in Berlin eingetroffen sein soll, schien die Angelegenheit in der engeren Parteiführung bereits am 3. Juli eine ausgemachte Sache gewesen zu sein. An diesem Tag bezeichnete Hermann Matern den Aufbau des Sozialismus als das „strategische Ziel" der SED.[10] Die Parteikonferenz beschloß nicht nur die Gründung „Landwirtschaftlicher Produktionsgenossenschaften" (LPG), sondern auch von „Produktionsgenossenschaften des Handwerks" (PGH). Die Überführung der Länder in 15 Verwaltungsbezirke erlaubte eine weitere Zentralisierung des politischen Systems sowie eine Reorganisation des Staats- und Parteiapparates, die mit einer neuerlichen personellen Säuberung einherging, und entsprach damit den von den Sowjets bereits Monate zuvor formulierten Sicherheitsinteressen. Besonderen Stellenwert sollte die militärische Aufrüstung der DDR in den Beschlüssen der Parteikonferenz einnehmen.

Die forcierte sozialistische Umgestaltung der DDR war mit einer ideologischen Offensive zu begleiten, die weiten Teilen der Gesellschaft den Kampf ansagte. Doch diese Aussicht erschreckte die Parteikontrolleure keineswegs. Im Gegenteil: Das „Schlimmste", was der SED geschehen könne, war nach der Meinung Materns, daß die Auffassung, der Klassenkampf sei „bei uns bereits überwunden", „in der Partei Fuß fassen" könne.

Die Parteiführung benötigte die Atmosphäre des Klassenkampfes sowohl als Triebkraft wie auch als Legitimation ihrer Politik. So wurden Repressionen im doppelten Sinne ein Mittel zum Zweck. Dabei hatte die SED-Führung jedoch mit zwei widersprüchlichen Problemen zu kämpfen. Teile der eigenen Anhängerschaft schienen die Notwendigkeit des Klassenkampfes vielfach nicht mehr zu sehen, so daß Hermann Matern Ende Juli warnte: „Der Klassenkampf wird schärfer, die Feindarbeit hinterhältiger und brutaler. Auch die Versuche des Feindes, Teile der Partei zu irritieren und zu zersetzen, werden stärker und raffinierter. (Die durchgeführten Prozesse müssen eingehend studiert werden)." Hermann Matern dürfte damit nicht nur auf die großen Schauprozesse in Ungarn und Bulgarien rekurriert haben, in denen 1949 prominente kommunistische Parteiführer als angebliche Agenten des Westens zum Tode verurteilt worden waren. 1951 hatte der parteieigene

Dietz-Verlag einen Auswahlband der haßerfüllten Gerichts-
reden von A. Wyschinski verlegt, die dieser als Staatsanwalt in
den Moskauer Schauprozessen der dreißiger Jahre gehalten
hatte. Bereits ein Jahr später war eine zweite Auflage gefolgt.
Aufmerksame politische Beobachter erwarteten einen deutschen Schauprozeß, für den hinter den Kulissen der Ostberliner Parteiführung bereits seit Herbst 1949 Material zusam-
mengetragen wurde. Die Parteikontrolleure und ihre sowjetischen Berater hatten vor allem die Westemigranten ins Visier
genommen. Wie eine ansteckende tödliche Krankheit wirkte
dabei die Fiktion des amerikanischen „Superagenten" Noel H.
Field. Der Amerikaner hatte als Beauftragter einer kirchlichen
Hilfsorganisation kommunistische Exilanten unterstützt. Im
Mai 1949 war Field in der Tschechoslowakei verhaftet und
nach Ungarn überstellt worden. Nach brutalen Verhören
„gestand" er nicht nur seine angebliche „Agententätigkeit".
Die sowjetischen Folterknechte und ihre ungarischen Helfer
zwangen ihn auch, zahlreiche prominente Kommunisten als
Agenten zu denunzieren, die nach 1945 in Osteuropa eine
steile Karriere gemacht hatten. Jetzt galten alle als amerikanische Agenten, die im Verlauf ihres Exils mit Field oder dessen
Vertrauten in Berührung gekommen waren. Eine weitere Op-
fergruppe bildeten Kommunisten, die vor 1945 zeitweilig in
Opposition zur jeweils gültigen kommunistischen Generallinie
gestanden und sich zum Teil oppositionellen Splittergruppen
angeschlossen hatten. Anfang der fünfziger Jahre waren die
Vorbereitungen zu einem Schauprozeß in Ostdeutschland weit
gediehen. Im Sommer 1950 war neben den prominenten westdeutschen Kommunisten Kurt Müller und Leo Bauer noch eine ganze Reihe weiterer Spitzenfunktionäre verhaftet oder –
wie im Falle Paul Merkers, der seit den zwanziger Jahren der
KPD- und später der SED-Führung angehört hatte – ihrer
Funktionen enthoben worden. Sie galten als Kandidaten eines
ostdeutschen Tribunals, das zunächst jedoch aufgeschoben
wurde und im Sommer 1952 erneut auf der Tagesordnung der
SED-Führung erschien. „Es ging bei der Vorbereitung der
Schauprozesse 1950/51 und 1952/53 nicht um die Säuberung

von Oppositionellen, sondern eher um die Verfolgung poten-
tieller Gegner."[11] Gleichzeitig wollte die SED-Führung ihre
Politik durch Einschüchterung und Gewalt in den Reihen der
eigenen Partei sowie in der Gesellschaft durchsetzen.

Klassenkampf von oben

Die Parteiführung war sich bewußt, daß die DDR-Volkswirtschaft angesichts der im Fünfjahrplan nicht vorgesehenen Rü-
stungsausgaben vor schier unüberwindlichen Aufgaben stand.
„Wir sind uns darüber im klaren", schwadronierte der ZPKK-
Vorsitzende Hermann Matern vor seinen Mitarbeitern Anfang
Juli: „Die Waffen für unsere bewaffneten Streitkräfte müssen
die technisch besten und wirksamsten sein. Wir werden das
auch ganz offen sagen. Das kostet aber Geld, – und was noch
viel mehr ist: – Material. Die paar Kapitalisten können wir
nicht so besteuern, daß sie das tragen können, also muß unsere
Wirtschaft das tragen – unsere werktätigen Menschen."[12] Die
SED hoffte dabei vor allem auf Einsparungen und Rationalisie-
rungsmaßnahmen, für die sie das Fachwissen der Techniker
und Wissenschaftler benötigte. Daher waren „Überspitzungen" gegenüber der technischen Intelligenz an der Basis in jedem Fall zu vermeiden. Man müsse die „Arbeitermassen erziehen und ihnen klarmachen, – ihnen das Bewußtsein geben, daß
diese Vorwärtsentwicklung unmöglich ist ohne unglaubliche
Steigerung der Produktivität der Arbeit!"
    Die Beschlüsse der II. Parteikonferenz hatten dem Damo-
klesschwert einer plötzlichen Übereinkunft Moskaus mit den
Westmächten über ein neutralisiertes Gesamtdeutschland seine
Bedrohung vorerst genommen. Doch der Preis, den die Berli-
ner Partei- und Staatsführung für die weitere Integration ihres
Protektorats in den Ostblock zu zahlen hatte, war hoch. Die
Kosten für den ostdeutschen Militärbeitrag zum sowjetischen
Sicherheitssystem und der von der II. Parteikonferenz be-
schlossene Ausbau der Schwerindustrie sollten den jungen
Staat binnen Jahresfrist vor eine Zerreißprobe stellen.

Mittels der Steuer- und Abgabenschraube versuchte die Parteiführung nicht nur, ihren Finanzbedarf aus dem Mittelstand zu pressen, sondern diesen auch in die Genossenschaften zu drängen. Trotz der halbherzigen Mahnungen, „Überspitzungen" bei der Kollektivierung der Landwirtschaft zu vermeiden, tobte im Herbst 1952 auf dem Lande der Klassenkampf. Wer von den Groß- und Mittelbauern das festgesetzte „Soll" unterschritt, sah sich rasch als „Schieber" oder „Spekulant" kriminalisiert. Bis Ende Januar 1953 wurden gegen mehr als 1200 Bauern Strafverfahren angestrengt. Auch bei dem Versuch, das private Handwerk zum Beitritt in die Produktionsgenossenschaften zu bewegen, setzte die SED auf das Wirtschaftsstrafrecht statt auf Überzeugungsarbeit. Ab Oktober 1952 sorgte das „Gesetz zum Schutz des Volkseigentums" selbst bei kleinsten Wirtschaftsvergehen für drakonische Strafen. Zwischen Juli 1952 und Mai 1953 stieg die Zahl der Gefängnisinsassen in der DDR von 31000 auf über 66000 an. Doch damit nicht genug. Zum Jahreswechsel 1952/53 öffnete die SED weitere Fronten im hausgemachten Klassenkampf. Die Verhaftung des liberaldemokratischen Ministers für Handel und Versorgung, Karl Hamann, im Dezember 1952 und des christdemokratischen Außenministers, Georg Dertinger, Mitte Januar 1953 markierte die letzte Etappe auf dem spätestens seit 1947 beschrittenen Weg zur Gleichschaltung der beiden „bürgerlichen" Parteien zu SED-Massenorganisationen. Die spektakulären Verhaftungen waren nur die Spitze des Eisbergs. Mit der Einrichtung eigener Überprüfungskommissionen plagiierte die LDP die in den Jahren zuvor von der SED betriebene Säuberung des Funktionärskorps. Mit den Ergebnissen der im Frühjahr 1952 durchgeführten Parteiwahlen in der CDU, die ausdrücklich die Säuberung des Funktionärskorps vorsahen, schien die SED nicht zufrieden gewesen zu sein. Im Dezember 1952 verurteilte das Erfurter Bezirksgericht sieben CDU-Mitglieder nach einem Prozeß zu hohen Zuchthausstrafen. Einen Monat später ereilte vier Christdemokraten in Gera das gleiche Schicksal. In beiden Fällen lautete der Vorwurf, die Angeklagten hätten Verbindungen zur westdeutschen CDU unterhalten. Die Verhaftungswelle auf zentraler sowie auf Bezirksebene zog die Flucht zahlreicher weiterer CDU-Funktionäre nach sich. Der parteistaatliche Terror ließ jeglichen Widerspruch in den Blockparteien verstummen. Anfang der fünfziger Jahre war deren Gleichschaltung zu SED-Massenorganisationen abgeschlossen. Bis zum Ende der SED-Diktatur trugen die Blockparteien fortan die von der „führenden Partei" diktierte Politik beflissen mit und hielten die allzu durchschaubare Fassade eines Mehrparteiensystems aufrecht.

Betrafen diese Repressionen nur eine zahlenmäßig kleine, wenn auch bedeutende Minderheit der alten (klein)bürgerlichen Eliten, so sprengte die von der SED Ende 1952 eingeleitete Offensive gegen die – vor allem protestantischen – Kirchen alle Schicht- oder Klassengrenzen. Schon lange war der Partei der nachhaltige gesellschaftliche Einfluß der einzigen unabhängigen und zudem gesamtdeutschen Institution ein Dorn im Auge. Insbesondere die evangelische Junge Gemeinde, die vor allem unter den Oberschülern erfolgreich das Organisationsmonopol der FDJ herausforderte, wurde zur Zielscheibe staatlichen Terrors, der bis zur Vorbereitung einer Serie von Schauprozessen reichte.

De facto war die vom SED-Apparat im Sommer 1952 eingeleitete „Verschärfung des Klassenkampfes" am Jahreswechsel 1952/53 zu einem – wenn auch kalten – Krieg gegen die gesamte Bevölkerung eskaliert. Denn auch die Arbeiterschaft blieb von dieser Entwicklung keineswegs verschont. Mit Einsparungen und Plädoyers zur Erhöhung der Arbeitsproduktivität allein hatte sich der zusätzliche Finanzbedarf ebensowenig decken lassen wie durch die immer drückenderen Steuer- und Abgabelasten für den Mittelstand. So setzte die SED-Führung in ihrer Not zunehmend auf Preissteigerungen, strich Subventionen und erhöhte die Akkordsätze, was die Lebensverhältnisse der Arbeitnehmerhaushalte massiv verschlechterte.

Nicht mehr die „Entfaltung der Schöpferkraft der Massen, ihres Vertrauens in die eigene Kraft", wie noch im Februar im „Neuen Deutschland" gefordert, sondern offener Terror sollte die Bevölkerung zur Verwirklichung der Planaufgaben antreiben.

Im Herbst 1952 fahndeten die Parteikontrolleure im Kohlebergbau, in den Stahlwerken, in der Landwirtschaft und in einzelnen SED-Kreissekretariaten nach „Verantwortlichen" für die immer offensichtlichere Wirtschaftsmisere. Parteimitglieder, darunter viele Arbeiter, wurden von den selbsternannten Tugendwächtern kurzerhand wegen Saufgelagen oder Frauengeschichten aus der SED ausgeschlossen oder weil sie es gewagt hatten, die selbstherrlichen Partei- und Kommunalfunktionäre zu kritisieren. Andererseits mißachteten die SED-Betriebsfunktionäre in den volkseigenen Unternehmen häufig die rigiden Sparmaßnahmen und überschritten die zugewiesenen Gehaltsmittel.

Auf den ersten Blick schien die Arbeiterschaft der DDR in das von der SED installierte Netz von Massenorganisationen, allen voran der FDGB, eingebunden zu sein. Doch das sagte nichts über deren politische Überzeugungen aus. Als die Bau-Union Magdeburg 900 Bauarbeiter zum Besuch der Stalinallee nach Berlin kutschierte, zogen es 700 von ihnen vor, in Westberlin die Industrieausstellung sowie die Kaufhäuser und Kinos zu besuchen.

Tatsächlich übte die SED im sechsten Jahr ihrer Existenz auf die Arbeiterschaft keine Anziehungskraft mehr aus. Der Anteil der Arbeiter in der Partei war auf 38 Prozent zurückgegangen. Im November 1952 mußte Hermann Matern vor der Zentralen Parteikontrollkommission eingestehen: „Wir haben faktisch keine Neuaufnahmen in der Partei."[13] Es gebe Betriebe mit 3000 bis 4000 Mitarbeitern, in denen seit Herbst 1951 kein einziger Arbeiter der Partei beigetreten sei. Mit der Transformation zur „Partei Neuen Typus" hatte sich die SED weit von ihren historischen, politischen und vor allem sozialen Wurzeln entfernt, auf die sie sich bei ihrer Gründung im Frühjahr 1946 berufen hatte. Nichts war geblieben vom nach außen proklamierten Bekenntnis zur Demokratie in Partei, Staat, Wirtschaft und Gesellschaft, der emanzipatorischen Grundhaltung, für die die Rechte der Mehrheit und der Unterprivilegierten politische Richtschnur sind, und dem Anspruch, Sozialdemokratie und Kommunismus zu versöhnen. Aus der Partei der Arbeiterbewegung war eine Staatspartei geworden, für die der Machterhalt zum Selbstzweck geworden war und deren Anhängerschaft sich zunehmend aus Funktionsträgern zusammensetzte, die in der Bevölkerung auf unverhohlene Ablehnung stießen.

Solange die SED-Bürokratie mit dem von ihr instrumentalisierten Sicherheits- und Justizapparat und der sowjetischen Besatzungsmacht im Rücken selbstgewisse Stärke demonstrierte, blieb den Menschen in der DDR nur ein Weg, um dem – oft auch existentiellen – politischen und ökonomischen Druck zu entgehen: die Übersiedlung, zum Teil die Flucht nach Westdeutschland. Hatten im Verlauf des Jahres 1952 rund 182000 DDR-Bürger ihrem Staat für immer den Rücken gekehrt, so stieg die Zahl der Flüchtlinge allein in den ersten vier Monaten des Jahres 1953 auf über 120000 an.

Neue Parteisäuberungen

Der Terror, den die SED-Führung seit Sommer 1952 in der Gesellschaft entfaltet hatte, sollte auch vor der eigenen Partei nicht Halt machen. Im November 1952 kündigte der Prozeß gegen Slánský und dreizehn weitere ranghohe Parteifunktionäre in Prag eine weitere Säuberungswelle in den kommunistischen Staatsparteien Osteuropas an. Die Wahl der Opfer mußte jene kommunistischen Parteiführer beunruhigen, die sich bislang vor einer Verfolgung relativ sicher geglaubt hatten. Erstmals waren auch prominente Moskauer Remigranten von den Säuberungen betroffen. Stalin scheute dabei nicht davor zurück, den – nicht nur – in Osteuropa latent vorhandenen Antisemitismus außen- wie innenpolitisch zu instrumentalisieren. Noch 1948 war der sowjetische Diktator als Pate des neuen Staates Israel aufgetreten. Doch seine anfangs gehegte Hoffnung, auf diese Weise die Auflösung des britischen Weltreiches zu beschleunigen und einen Brückenkopf im Nahen Osten zu gewinnen, hatte sich bald zerschlagen. Als Stalin schließlich daranging, die Bevölkerung mit nationalistischer

Propaganda und Fremdenfeindlichkeit gegen ausländische Einflüsse zu immunisieren, boten sich die jüdischen Bürger mit ihrem weitgespannten internationalen Zusammenhalt als Zielscheibe der als Kampf gegen den Kosmopolitismus kaschierten Fremdenfeindlichkeit an. Prag wurde zum Signal für offen antisemitische, nach offizieller Lesart antizionistische Säuberungen im Ostblock. Elf der vierzehn tschechischen Angeklagten waren Juden. In Rumänien wurde die einstige Stalinvertraute und Moskauremigrantin Ana Pauker zur Unperson. In Polen und Ungarn erfolgte die Verhaftung hoher kommunistischer Funktionäre und Offiziere jüdischer Abstammung. Selbst in Ostdeutschland schreckte die Führungsriege um Ulbricht nicht davor zurück, die wenigen Überlebenden des Holocaust zu bedrängen, welche im Lande verblieben waren und sich nicht selten für die SED engagierten. In den jüdischen Gemeinden fahndete man mit Hausdurchsuchungen nach belastenden Schriftstücken, um die angeblichen Verquickungen des „Zionismus" mit dem „Imperialismus" zu „beweisen". Es erfolgte eine Reihe von Verhaftungen, deren prominentestes Opfer das einstige Politbüromitglied Paul Merker war. Obzwar kein Jude, bestand Merkers „Verbrechen" darin, sich in der Vergangenheit wiederholt für die Wiedergutmachung des von den Nationalsozialisten begangenen Raubes an den Juden eingesetzt zu haben.

Mit der Aufdeckung der sogenannten „Ärzteverschwörung" in der Sowjetunion erfuhr der politische Antisemitismus seinen Höhepunkt. Es war der Tod Stalins am 5. März 1953, der den Prozeß der Selbstzerstörung beendete. Doch während daraufhin in den osteuropäischen Staaten die Schauprozeßvorbereitungen relativ rasch abgebrochen wurden, ging Walter Ulbricht in der DDR den eingeschlagenen Weg zunächst unbeirrt weiter. Mitte März wurde der Altkommunist Franz Dahlem, der als die Nummer zwei in der Parteihierarchie galt, seiner Funktionen enthoben. Vieles deutet darauf hin, daß er als Hauptangeklagter des aufgeschobenen deutschen Schauprozesses dienen sollte. Eine Woche später forderte der Generalsekretär im Politbüro eine Säuberung des gesamten Partei- und Staatsapparates sowie der Massenorganisationen. Die Tagung des SED-Zentralkomitees Mitte Mai sollte als Ausgangspunkt zu dieser neuen Kampagne fungieren. Auch der Verlauf dieser Tagung machte den Zusammenhang zwischen politischem Terror und dem Versuch, Partei und Gesellschaft für die Ziele der Führung zu mobilisieren, deutlich. Der oberste Parteikontrolleur Hermann Matern peitschte die anwesenden Genossen auf die bevorstehende neue Runde der politischen Säuberungen in der DDR ein. Pflichtschuldig bestätigten die Anwesenden daraufhin die Funktionsenthebung Franz Dahlems und die Maßregelung weiterer Spitzenfunktionäre. Zwei weitere Referate zeichneten ein düsteres Bild vom Zustand der Planwirtschaft in der DDR, der der Verantwortungslosigkeit des eigenen Funktionärskorps und der Untergrundarbeit des „Klassenfeindes" geschuldet gewesen sein soll. Und so bildeten auch die beiden Beschlüsse der ZK-Tagung eine Einheit. Der eine stand im Zeichen der bevorstehenden Parteisäuberung und sollte „die Lehren aus dem Slánský-Prozeß" auf die DDR übertragen. Der andere war überschrieben mit „Über die Erhöhung der Arbeitsproduktivität und die Durchführung strengster Sparsamkeit".

Während die Frage neuerlicher parteiinterner Säuberungen zu diesem Zeitpunkt nur eine Minderheit in der Bevölkerung interessiert haben dürfte, hatte der Wirtschaftsbeschluß des ZK für die Mehrheit weitaus größere Bedeutung. Der sah schließlich eine zehnprozentige Normenerhöhung bei entsprechenden Lohneinbußen vor. Die Stimmung in der Bevölkerung erreichte ihren Siedepunkt. Immer mehr Meldungen berichteten der Parteiführung über tätliche Auseinandersetzungen zwischen erbosten Bürgern und allzu forschen Funktionären. Die Zahl derjenigen, die die DDR verließen, stieg weiter an.

Trotz ihres Überwachungs- und Spitzelapparats verkannte die SED die Situation völlig. Von den Berichten aus Ostdeutschland aufgeschreckt, zitierte der Kreml die SED-Führung Anfang Juni nach Moskau. Dort wurden Grotewohl, Ulbricht und Oelßner aufgefordert, von der „Forcierung des Aufbaus des Sozialismus in der DDR" Abstand zu nehmen.[14]

Der Klassenkampf auf dem Lande, gegen die Handwerker und gegen Christen war einzustellen. Gleichzeitig versprach man, die Rüstungslasten der DDR zu mindern, um die wirtschaftliche Misere zu entspannen. Die Direktive entsprach einer neuen politischen Generallinie, die die Nachfolger Stalins allen osteuropäischen Staaten verordneten. Die Entscheidung des SED-Politbüros, am 9. Juni weisungsgemäß einen „Neuen Kurs" zu verkünden und „eine Reihe von Fehlern" einzugestehen, ohne jedoch die Normenerhöhung zurückzunehmen[15], brachte das Faß zum Überlaufen. Aus den internen Berichten der SED geht hervor, daß die Bevölkerung den abrupten Kurswechsel als Bankrotterklärung der Einheitspartei verstand: „Otto Grotewohl habe sich vergiftet, Walter Ulbricht sei nicht aufzufinden, Wilhelm Pieck seien beide Beine abgeschossen. 70 Mann von der Regierung sind verhaftet, in Berlin und in den Leuna-Werken sind Unruhen ausgebrochen", berichtete man sich etwa im Bezirk Gera.[16]

Der 17. Juni 1953 erschüttert das politische System

Mit halbherzigen Schritten ließ sich die aufgebrachte Bevölkerung nicht mehr beruhigen. Am 16. Juni legten die Bauarbeiter in der Berliner Stalinallee ihre Arbeit nieder und zogen in einem Protestmarsch durch die Ost-Berliner Innenstadt. Wer nach einem Auslöser für das große Ereignis unter dem sommerlichen Gewitterhimmel Berlins sucht, der findet ihn wahrscheinlich in jener ominösen ‚Dampferfahrt', die in vielen Quellen genannt, deren konkreter Ablauf jedoch erst nach Öffnung der ostdeutschen Archive rekonstruiert werden konnte.

Am Samstag, dem 13. Juni, verwandelte sich ein geselliger Betriebsausflug von fünf- bis sechshundert Arbeitern und Angestellten der Baustelle des Krankenhauses Friedrichshain in der Gaststätte „Rübezahl" am Müggelsee in eine hochpolitische Streikversammlung. Wie ein Lauffeuer verbreitete sich am Montag die Nachricht von dem zwei Tage zuvor ausgerufenen Streik auf der Krankenhausbaustelle. Als Volkspolizisten am

Abb. 8: 17. Juni 1953, Berlin, Ecke Leipziger Straße/Wilhelmstraße:
Der sowjetische Militärkommandant von Ostberlin, Generalmajor
Dibrowa, agitiert die aufständische Bevölkerung

Morgen des 16. Juni das Krankenhaus umstellten, legten auch die Bauarbeiter der Stalinallee die Arbeit nieder. Ein Beteiligter erinnerte sich: „Die Situation unserer Kollegen wurde kurz bekanntgegeben. Innerhalb ganz kurzer Zeit kamen die Kollegen, in Arbeitskleidung, so wie wir waren, in Holzpantinen und nur mit Hemd usw. bekleidet, zusammen. Dann haben wir uns formiert zu einem Zug von etwa 300 bis 500 Leuten und sind auf der Straße zum Krankenhaus marschiert."[17] Ein Historiker sollte vier Jahrzehnte später den Versuch unternehmen, die Beweggründe derjenigen zu beschreiben, die den Anstoß zum Aufstand in der DDR gaben: „Bauleute stiegen herab von den Gerüsten des monumentalen Neoklassizismus, nahmen Weichmacherstiele in die Hand oder hakten sich unter und riefen: ‚Kollegen, reiht euch ein – wir wollen freie Menschen sein!' Sie agierten als Kämpfer ohne Pathos. Es ging nicht um die Verwirklichung einer fremden Idee, sondern um die Realisierung einer eigenen, menschenwürdigeren Existenz. Nicht das Versprechen der Freiheit, sondern die unmittelbare Handlungsfreiheit, hier und jetzt: runter vom Gerüst, ran an die Regierung, raus aus den Gefängnissen, rüber über die Grenze – der Drang nach elementaren Freiheiten als Unterpfand der großen allgemeinen Freiheit, das war das bewegende Motiv der Bauarbeiter und des ganzen Volksaufstandes."[18]

Westliche Rundfunkmeldungen verbreiteten die Nachricht vom Ausstand der Bauarbeiter wie ein Lauffeuer in der ganzen Republik. Am Morgen des 17. Juni strömten ganze Betriebsbelegschaften geschlossen in die Berliner Mitte, die Leipziger Straße hinab zum Haus der Ministerien, dem Sitz der DDR-Regierung, nahe dem Potsdamer Platz, mit ihnen ungezählte Passanten. „Die Menge ist heute bunter gemischt, zahlreicher und aggressiver. Demonstranten drängen die Sperrkette der Vopo zurück. [...] Nach 12 Uhr rasselten Sowjetpanzer durch die Friedrichstraße und schwenken in die Leipziger. Noch sind die Luken geöffnet." Ein sowjetischer Offizier fordert die Volkspolizei zum Eingreifen auf. Als die Polizisten mit gezogenem Knüppel gegen die Demonstranten anrennen, schlägt ihnen ein Steinhagel entgegen. Sie weichen zurück. Da rücken die Panzer vor: „Eine Maschinengewehrsalve fegt in die Menge. Oder ist es eine MP? Eine zweite, dritte Salve. Erst über die Köpfe, dann in Körperhöhe. Männer greifen sich an die Brust, ziehen die Hand zurück, blutüberströmt, brechen zusammen. Zahlreiche Verwundete, Schwerverletzte, Tote. [...] In panischer Furcht stieben die Menschen auseinander. Zum Potsdamer Platz, zur Sektorengrenze. [...] Die Reizschwelle der Rotarmisten liegt hoch. Wieder fluten die Demonstranten vor. Arbeiter haken sich unter, gehen Arm in Arm in geschlossenen Reihen auf die Stahlkolosse zu. [...] Aus den Trümmern werden Balken und T-Träger gerissen. Männer versuchen, sie in Ketten und Laufwerke der Panzer zu schieben, hektisch, verzweifelt. Mal bricht ein Panzer aus, prescht in die Menge, schlägt einen Haken und bläst sein dröhnendes Abgas in die davonstiebende Masse Mensch. Neue Salven. Der Kampf flutet hin und her". Ein ungleicher Kampf, der von den Aufständischen nicht gewonnen werden konnte.

Jenseits der Sektorengrenze, im Westteil der Stadt, herrschte hilflose Wut. Die Westalliierten schlossen ein Eingreifen kategorisch aus. Am 17. Juni wie auch an den folgenden Tagen kam es in über 250 Städten der DDR zu Streiks und Demonstrationen. In den alten Hochburgen der Sozialdemokratie gingen die Menschen in Scharen auf die Straße. In Halle zählte man 60 000, in Leipzig 40 000. Rasch hatte sich zu den ökonomischen Forderungen der Demonstranten der Ruf nach Demokratie, Einheit und freien Wahlen gesellt. Die Partei- und Staatsführung erwies sich als ohnmächtig. Es bedurfte der sowjetischen Panzer und der Verhängung des Ausnahmezustandes, um die Lage wieder unter Kontrolle zu bringen. Für die SED-Führung ein Schock: „Es war doch ein Stoß in die Herzgegend – mit welcher Liebe haben wir die Partei aufgebaut – zu erkennen, daß uns Teile der Partei im Stich ließen, daß uns die Jugend im Stich ließ! Das tut doch weh. (...) Was ist denn mit der höchsten Instanz unserer Partei hier los? Wir sitzen da, als hätten wir uns in die Hosen gemacht."[19] Vier Tage nach dem Arbeiteraufstand am 17. Juni 1953 faßte der damals 74jährige einstige Sozialdemokrat Otto Buchwitz, der nur noch repräsentative Funktionen innehatte, die Stimmung in der SED-Führung zusammen. Die Statthalter Moskaus fürchteten die Rache des Volkes, aber auch die Abrechnung der eigenen Parteibasis. Kein anderes Ereignis in der Geschichte der DDR hat die von der SED gehegte Mär vom Arbeiter- und Bauernstaat deutlicher entlarvt als die Rebellion der Arbeiter in jenen Junitagen. Der spontane und ohne Führung ausgebrochene Widerstand konnte in den folgenden Wochen zwar gebrochen werden, doch dauerten die Unruhen noch bis in den Juli hinein an. In der Zeit nach dem 17. Juni wurden zwischen 8 000 und 10 000 Bürger festgenommen. Mindestens fünfzig Menschen hatten ihr Leben verloren, wenigstens zwanzig waren standrechtlich erschossen worden. Bis 1989 versuchte die SED in der politischen Propaganda und Geschichtsschreibung, den Aufstand als von außen gelenkte „faschistische Provokation" zu denunzieren. Doch schon im Dezember 1953 mußte der neue Leiter der Staatssicherheit, Ernst Wollweber, vor der Parteiführung einräumen, „daß es uns bis jetzt nicht gelungen ist, nach dem Auftrag des Politbüros die Hintermänner und die Organisatoren des Putsches vom 17. Juni festzustellen".[20]

Der Schock über die Rebellion der Arbeiter saß tief. Doch während man sich mit der Mär von den faschistischen, aus Westdeutschland ferngesteuerten Provokateuren über die Realität rasch hinwegtäuschen konnte, ließ sich das Versagen der Parteimitgliedschaft in dieser Staatskrise nicht negieren. Als in jenen Junitagen jegliche Anleitung seitens der Berliner Zentrale ausgeblieben war, hatten in den führerlosen Parteigliederungen fast anarchische Zustände geherrscht. In den zahllosen Menschenansammlungen war das sonst allgegenwärtige Parteiabzeichen an den Revers der Jacken kaum zu entdecken gewesen. Die meisten Parteimitglieder hatten sich passiv verhalten, waren abgetaucht und warteten, wer als Sieger aus der Auseinandersetzung hervorgehen würde. Nur eine Minderheit hatte sich gegen die Streikenden gestellt, auf den Straßen und in den Betrieben agitiert, sich als Streikbrecher betätigt und die Parteihäuser und öffentliche Einrichtungen gesichert. Der kleinste

Teil hatte sich den Aufständischen angeschlossen und an den Demonstrationen und Kundgebungen beteiligt.

Das Verhalten der Basis und nicht zuletzt vieler Leitungen während des Aufstandes war eine Bankrotterklärung für die Staatspartei. Fünf Jahre lang hatte die Führung alles daran gesetzt, die für die Transformation der SED zur ‚Partei Neuen Typus‘ notwendige ideologische Gleichschaltung des Apparates wie auch der einzelnen Mitglieder zu verwirklichen; fünf Jahre lang hatte sie vor der „Wühlarbeit" des Klassenfeindes gewarnt und ein Höchstmaß an Wachsamkeit angemahnt. Als dann in jenen Junitagen die Stunde der Wahrheit schlug, war die Millionenpartei nahezu handlungsunfähig. In dem Moment, als sich der eiserne Griff des zentral gesteuerten Machtapparates für wenige Tage, allenfalls Wochen, lockerte, brachen sich sozialdemokratische ebenso wie – nichtstalinistische – kommunistische Vorstellungen ihre Bahn. Sie hatten aller innerparteilichen Repression zum Trotz an der Basis fortgelebt. Die Masse der Mitglieder, die irgendwann nach Kriegsende der Partei beigetreten war, erwies sich als politischer Treibsand. Auf den konnte jene kleine, wenn auch aktive Minderheit der überzeugten Stalinisten in Krisensituationen nicht bauen. Das bis dahin gültige Herrschaftskonzept der Staats- und Parteiführung, die Gesellschaft mit der eigenen Partei sowie den von ihr kontrollierten Massenorganisationen und Blockparteien zu durchdringen und zu steuern, hatte seine Bewährungsprobe nicht bestanden.

Der „Neue Kurs"

In der DDR hatte die offene Konfrontation zwischen Volk und Staatspartei auf beiden Seiten einen Lernschock ausgelöst. „Die SED bemühte sich mittelfristig um ein langsameres Transformationstempo. Durch Verbesserungen im ökonomischen Bereich, Steigerung der Kaufkraft und erhöhtes Konsumgüterangebot gelang es, die Abwanderungszahlen aus der DDR zu senken. [...] Für die Bevölkerung der DDR bedeutete der

17. Juni 1953 die Erfahrung, daß der Versuch einer gewaltsamen Veränderung des politischen Systems unter den bestehenden Machtverhältnissen keine Aussicht auf Erfolg hatte."[21] Machtverhältnisse, die zu diesem Zeitpunkt allein auf der Präsenz sowjetischer Panzer beruhten, wie sogar die SED-Führung erkennen mußte.

Der „Neue Kurs", zu dem sich die SED-Führung im Sommer 1953 genötigt sah, markierte einen deutlichen Wandel in der ostdeutschen Parteiherrschaft. Trotz mancher Rückfälle (Ende der fünfziger Jahre und unmittelbar nach dem Mauerbau) vermied die SED-Führung fortan eine vergleichbar scharfe Konfrontation mit der Bevölkerung. Die Machtmechanismen wurden subtiler.

Einerseits sollten Verbesserungen im Lebensstandard und ein innenpolitisches Tauwetter die aufgebrachte Bevölkerung beruhigen und möglichst neutralisieren.

In seinem Buch „Durch die Erde ein Riß" erinnert sich der Schriftsteller Erich Loest an die Bemühungen der Partei- und Staatsführung, die desolate Versorgungslage im zweiten Halbjahr 1953 zu verbessern: „Täglich wurden Verordnungen und Bestimmungen bekanntgegeben: Rückkehr zu den Normen des 1. April, Erhöhung der Mindestrente von 65.– auf 75.– Mark, der Witwenrente von 55.– auf 65.– Mark. Die Anrechnung der Kuren auf den Urlaub wurde aufgehoben. [...] Verstärkter Wohnungsbau, mehr Reparaturen an Wohnungen, 30 Millionen Mark zusätzlich für sanitäre Einrichtungen in Volkseigenen Betrieben, 40 Millionen Mark zusätzlich für Feierabendheime und Kindergärten! Was als wichtige, längst fällige Verbesserung empfunden wurde: Die täglichen Stromabschaltungen in den Haushalten sollten aufgehoben werden. Schon waren Erfolgsmeldungen zu lesen: Im Kreis Hagenow kehrten 63 Bauern auf ihre Höfe zurück. Von der Verkündung des Neuen Kurses an bis zum 1. Juli wurden 7753 Häftlinge entlassen. Mehr Arbeitsanzüge aus Burg bei Magdeburg! [...] Der Benzinpreis fiel von 3,00 Mark auf 1,80 Mark. [...] Lebensmitteltransporte aus der Sowjetunion rollten an, dreitausend Waggons in einer Woche, beladen mit Butter, Schmalz,

Speiseöl und Fischkonserven, die SU versprach für das Jahr 1953 fast eine Million Tonnen Getreide."[22]

Während sich also die Staatsführung bemühte, die materielle Situation der Bevölkerung zu verbessern, erfolgte zeitgleich eine „Umstrukturierung des gesamten Macht- und Disziplinierungsapparates in der DDR".[23] Walter Ulbricht hatte dafür im SED-Zentralkomitee die Devise ausgegeben: „Wir müssen die Deutsche Demokratische Republik zu einer Hölle für die feindlichen Agenten machen."[24] Fieberhaft begannen sowohl die SED wie auch die Staatssicherheit, ihr Überwachungsnetz dichter zu knüpfen. Zwischen 1952 und 1954 verdoppelte sich allein die Zahl der Inoffiziellen Mitarbeiter des Geheimdienstes auf 30000. Eine Eskalation wie die gerade überstandene mußte künftig unter allen Umständen bereits im Keim erstickt werden. Gleichzeitig erfolgte die Abrechnung mit jenen Parteikadern, die während des Aufstandes politisch „geschwankt" hatten. Dabei gelang es Ulbricht, seine ärgsten Widersacher, darunter den Staatssicherheitsminister Wilhelm Zaisser sowie den Chefredakteur des „Neuen Deutschland", Rudolf Herrnstadt, zu entmachten. Diese hatten – offenbar im Einklang mit Teilen der sowjetischen Führung – im Juni 1953 die Absetzung Walter Ulbrichts betrieben. Sein politisches Überleben verdankte der Generalsekretär einzig der Entmachtung des sowjetischen Geheimdienstchefs Berija, dem starken Mann im Moskauer Politbüro nach Stalins Tod, und dem Aufstand in der DDR. In dieser zugespitzten Situation traute die siegreiche Fraktion im Kreml offenbar der harten Hand Ulbrichts am ehesten zu, die Situation in der DDR wieder unter Kontrolle zu bekommen.

Ruhe nach dem Sturm

Die Flüchtlingszahlen belegten indes, daß die Beruhigung der Bevölkerung allenfalls in Ansätzen gelang. 1954 verließen 184000 und 1955 252000 Menschen für immer die DDR. Im Vergleich zu den 331000 Bürgern, die ihrem Staat im Krisenjahr 1953 den Rücken kehrten, stellte dies allerdings einen spürbaren Rückgang dar.

Im Sommer 1955 zerstreuten die Sowjets die letzten Befürchtungen der SED-Spitze, die Schutzmacht könnte die Existenz der DDR für ein wie auch immer geartetes neutrales Deutschland opfern. Auf einer Kundgebung verkündete der Erste Sekretär der KPdSU, Nikita Chruschtschow, die „Zwei-Staaten-Theorie", nach der eine Wiedervereinigung Deutschlands nur unter Wahrung der „sozialistischen Errungenschaften" der DDR erfolgen könne. Der „Vertrag über die Beziehungen zwischen der DDR und der UdSSR" vom September gleichen Jahres garantierte der DDR formal die volle Souveränität. Im Januar 1956 benannte die DDR ihre „Kasernierte Volkspolizei" in „Nationale Volksarmee" um und trat dem Warschauer Pakt bei. Zehn Jahre nach Kriegsende war der östliche Teil Deutschlands fest in den sowjetischen Machtbereich integriert. Der 17. Juni 1953 und der anhaltende Flüchtlingsstrom machten deutlich, daß der überwiegende Teil der DDR-Bevölkerung diesem Staat ablehnend gegenüberstand. Wer den Weg nach Westen nicht gehen wollte oder konnte, dem blieb nur die Anpassung an die Verhältnisse. Angesichts der Präsenz sowjetischer Truppen schien eine Wende zum Besseren auf absehbare Zeit wenig wahrscheinlich.

Doch die DDR wurde keineswegs von allen Menschen östlich der Elbe abgelehnt. Allein mit sowjetischen Panzern und einem immer engmaschigeren Netz aus Polizei und Staatssicherheit hätte die SED-Führung ihre Macht nicht vierzig Jahre lang behaupten können. Die staatliche Teilung fand ihr Pendant in der Gesellschaft. Nicht, daß sich die Bevölkerung in zwei genau definierte Lager von Befürwortern und Gegnern des SED-Regimes hätte teilen lassen. Das Spektrum reichte von der „hundertfünfzigprozentigen" SED-Genossin bis zum heimlichen Gewährsmann eines der Ostbüros der bundesdeutschen Parteien, der sich unter hohem persönlichen Risiko in Westberlin mit verbotener Literatur eindeckte und dort über die Lage in der DDR informierte. Dazwischen gab es die zahlenmäßig nie erfaßbaren loyalen Kritiker, Angepaßten, Skeptiker, Unpolitischen ... Doch in der vom Schwarz-Weiß-Denken geprägten politischen Kultur der DDR zwangen die von der Obrigkeit ständig eingeforderten öffentlichen Loyalitätsbekundungen weit größere Teile der Bevölkerung dazu, sich offen für oder – zumindest innerlich – gegen das System zu entscheiden, als dies in Demokratien der Fall ist.

Eine nicht unbeträchtliche Minderheit der Ostdeutschen hatte die bis dahin ungekannten Aufstiegsmöglichkeiten, die das System für sie seit 1945 eröffnet hatte, für sich in Anspruch genommen. Viele von ihnen waren von der Richtigkeit des eingeschlagenen Weges überzeugt. Das bedeutete keineswegs, daß sie jede Entscheidung der SED-Führung guthießen. Doch öffentlicher Widerspruch war im politischen System der DDR nicht vorgesehen. Seit Kriegsende hatte sich östlich der Elbe eine neue, loyale Elite herausgebildet. Sie rekrutierte sich aus den Aktivisten der ersten Stunde. An der Spitze stand die zahlenmäßig kleine Schar der kommunistischen Emigranten, die in der unmittelbaren Nachkriegszeit aus der Sowjetunion zurückgekehrt war und die Schaltstellen der Macht besetzt hatte. Sie stützte sich zum einen auf die Absolventen der Antifa-Schulen, die aus der sowjetischen Kriegsgefangenschaft in die SBZ entlassen worden waren. Zum anderen waren da die Veteranen der deutschen Arbeiterbewegung, die die nationalsozialistische Diktatur im Reich überlebt hatten. Auch hier gab es eine Hierarchie: An erster Stelle standen die Kommunisten, erst dann kamen die ehemaligen Sozialdemokraten, die die Politik der SED mittrugen und denen man lange Zeit mißtraute. Vom zahlenmäßig größten Teil, der erst 1945 und später seinen Weg in die KPD oder SPD und schließlich in die SED gefunden hatte, kam der ersten „FDJ-Generation" die größte Bedeutung zu. Zu ihnen zählten Jugendliche aus antifaschistisch gesinnten Familien, die von ihren Eltern vor 1945 bei aller Vorsicht in kritischer Distanz zum Nationalsozialismus erzogen und von diesen nach dem Krieg zur Mitarbeit in der FDJ angehalten worden waren. Das Bedürfnis, einen persönlichen Beitrag zum Wiederaufbau Deutschlands zu leisten, sei es aus Scham ob der Verbrechen der vergangenen Diktatur oder

der eigenen Verstrickung in das System als Soldat, Flakhelfer oder HJ-Funktionär, mochte für manch anderen maßgeblich gewesen sein. Während viele Jugendliche aus dem Gefühl des Betrogenseins nach dem Krieg den Rückzug ins Private antraten, entdeckten einzelne im zukunftsbejahenden Optimismus der FDJ der Anfangszeit für sich einen neuen Lebenssinn. Die SED, die sich aufgrund des hohen Blutzolls, den Sozialdemokraten und Kommunisten im Widerstand gegen den Nationalsozialismus bezahlen mußten, nicht nur in ihrem eigenen Selbstverständnis moralisch auf der Seite der Sieger des Zweiten Weltkrieges sah, suggerierte den Jugendlichen bewußt die Möglichkeit, durch einen Beitritt zur FDJ nachträglich in dieses Lager überzuwechseln. Sie sollten das Rückgrat der SED-Herrschaft bilden. Allein von den 50 Sekretären des Zentralrates zwischen 1945 und 1955 wurden neun im Laufe ihrer Karriere Politbüromitglieder, fünfzehn gelangten in hohe Partei- und Staatsfunktionen bzw. wurden hochrangige Generäle des Ministeriums für Staatssicherheit.

Alle Kader der vierziger und fünfziger Jahre verband die prägende Erfahrung, daß sie sich mit ihrem politischen Engagement in einer ihnen zumindest mißtrauisch, wenn nicht gar feindlich gesinnten Gesellschaft behaupten mußten. Welche Auswirkungen die Wagenburgmentalität auf den politischen Werdegang und das Denken haben konnte, schildert Günter Schabowski, der in den achtziger Jahren in das SED-Politbüro aufrückte, am Beispiel seiner eigenen Karriere: „Die frühe Begegnung mit Kommunisten in der Redaktion der Gewerkschaftszeitung eröffnete mir ungeahnte Quellen, um meinen Wissensdrang und Erklärungsbedarf zu stillen. Es waren glaubwürdige Menschen. Sie hatten für ihre Überzeugungen gelitten, Zuchthaus und KZ durchgestanden. Vor allem aber hatten sie schlüssige Antworten parat auf die Fragen jener Zeit. […]

Die Wirkung der Utopie und ihrer ebenso beredsamen wie gläubigen Verkünder potenzierte sich durch die Begleitumstände des Kalten Krieges. Ihre Verteufelung durch die andere Seite machte ihre Rechtmäßigkeit zweifelsfrei und bestärkte uns wiederum in der Überzeugung, zu Recht die andere Seite zu verteufeln. Für die überlegte, wägende Ortung von politischen Standpunkten blieb kein Raum. Wir fühlten uns als die Underdogs, die der reiche antikommunistische und antisoziale Westen mit Marshallplan und Konsumwalze an die Wand drücken wollte [...].

Die Selbstverweigerung gegenüber der Wahrheit, auch wenn sie in Gestalt westlicher Medien, durch Beschaffung von Büchern bei Auslandsreisen u.ä. bedingt verfügbar war, ist das typische Symptom der Indoktrination, der ich mich einsichtig oder willig unterwarf. Entmannung aus Furcht vor der Sünde."[25]

Kurzes Tauwetter 1956

Doch der Eindruck, daß eine einheitliche, alles beherrschende Partei mit Walter Ulbricht an der Spitze im Auftrage Moskaus das Schicksal der DDR unangefochten bestimmte, erwies sich als trügerisch. Als die Flüchtlingszahlen 1955 wieder deutlich anstiegen, reifte innerhalb der SED-Führung die Einsicht, daß mit der bloßen Intensivierung überkommener Propagandaformen der Abwanderung kein Einhalt zu gebieten war. Es war die Zeit des politischen „Tauwetters", das damals im gesamten Ostblock Hoffnungen auf umfassende Reformen weckte. Der XX. Parteitag der KPdSU im Februar 1956 löste nicht nur in der Sowjetunion heftige Reaktionen aus. Die Enthüllungen Chruschtschows über die Verbrechen Stalins stürzten die gesamte kommunistische Bewegung in eine Krise. Eilfertig erklärten jene SED-Funktionäre, die bereits zur Weimarer Zeit dem „großen Stalin" gehuldigt hatten: „Was die Würdigung Stalins anbelangt, so müssen wir unsere bisherigen Anschauungen einer Revision unterziehen ... In den letzten fünfzehn Jahren seiner leitenden Arbeit sind Fehler und Irrtümer in seinem Wirken aufgetreten, durch die der Sache des Sozialismus Schaden entstanden ist." Ulbricht glaubte mit seiner lapidaren Feststellung im „Neuen Deutschland", Stalin sei „kein Klassiker des Marxismus", zur Tagesordnung übergehen zu können.[26]

Abb. 9: Innenansicht der Strafvollzugsanstalt Bautzen II; Haftort zahlloser politischer Gefangener der DDR (Aufnahme aus dem Jahre 1997)

Dies mag insbesondere in den Ohren jener bitter geklungen haben, die in den dreißiger Jahren in die Mühlen des Stalinschen Terrors geraten waren. Tausende Genossen, die im „Vaterland aller Werktätigen" Schutz vor den Verfolgungen des Nationalsozialismus gesucht hatten, starben damals in sowjetischen Lagern. Die wenigen, die den Gulag überlebt hatten und oft erst nach Jahren nach Deutschland zurückkehren durften, waren in der DDR zum Schweigen verpflichtet worden.

Bis Oktober 1956 erfolgte die Entlassung von insgesamt rund 21000 Häftlingen. Unter ihnen befanden sich zahlreiche

Männer und Frauen, die in den späten vierziger und frühen fünfziger Jahren in tatsächlicher oder vermeintlicher Opposition zur Politik der SED gestanden hatten. Zugleich wurde ein Teil der innerparteilichen Gegner Ulbrichts rehabilitiert, die zu Beginn der fünfziger Jahre sowie nach dem 17. Juni 1953 entmachtet und zum Teil aus der Partei ausgeschlossen worden waren. Ehemalige Spitzenfunktionäre wie Anton Ackermann, Franz Dahlem, Elli Schmidt oder Hans Jendretzky sollten ihren alten Einfluß jedoch nicht wieder zurückerlangen.

Die Kritik an der stalinistischen Herrschaftspraxis der SED wurde immer lauter und richtete sich bald auch gegen deren führenden Repräsentanten, Walter Ulbricht. Während der größte Teil der Bevölkerung der Entwicklung weitgehend unbeteiligt gegenüberstand, gärte es in der Partei und unter den Intellektuellen. Vor allem jene Teile der jungen Generation, die Mitte der fünfziger Jahre an den Hochschulen und Universitäten studierten und die die humanistischen Ideale des Sozialismus ernst nahmen, litten unter dem Widerspruch zwischen Anspruch und Wirklichkeit in der DDR. Sie suchten einen „dritten Weg" zwischen dem Kapitalismus der Bundesrepublik und dem stalinistischen Sozialismus der DDR. Um den Parteiphilosophen Wolfgang Harich und den Leiter des Aufbau-Verlages, Walter Janka, formierte sich eine Oppositionsgruppe, die in ihrer programmatischen „Plattform" klarstellte: „Wir wollen auf den Positionen des Marxismus-Leninismus bleiben. Wir wollen aber weg vom Stalinismus."[27] Die Harich-Gruppe forderte die Wiederherstellung der Meinungsfreiheit, Rechtssicherheit, die Abschaffung der politischen Geheimpolizei und innerparteiliche Demokratie. Die „sozialistische" Demokratisierung der DDR sollte die Grundlage für die Wiedervereinigung schaffen, für die Harich in geheimen Gesprächen die westdeutsche SPD gewinnen wollte.

Nach dem Aufstand in Ungarn im Herbst 1956, der nur durch den Einmarsch der Sowjetarmee niedergeschlagen werden konnte, gewann Ulbricht wieder Auftrieb. Die Destabilisierungstendenzen im Ostblock führten zu einem jähen Ende des „Tauwetters". Mit der Verhaftung Wolfgang Harichs und

Walter Jankas sowie weiterer Mitstreiter, die zu hohen Zuchthausstrafen verurteilt wurden, signalisierte Ulbricht, daß er Diskussionen über „dritte Wege" nicht dulden würde. Vor der Parteiöffentlichkeit verborgen, setzten sich die Auseinandersetzungen innerhalb der Parteispitze noch bis 1958 fort. Im Februar 1958 gelang es Ulbricht, seine schärfsten Kritiker und Konkurrenten in der Parteiführung, darunter das Politbüromitglied Karl Schirdewan und den Staatssicherheitsminister Ernst Wollweber, zu entmachten. Unter dem Vorwurf, eine „fraktionelle Gruppe" gebildet zu haben, wurden beide Spitzenfunktionäre sowie der Parteiökonom Fred Oelßner aus dem Politbüro ausgeschlossen. Ein anderer Ulbricht-Kritiker, der ZK-Sekretär für Wirtschaft, Gerhart Ziller, hatte bereits im Dezember 1957 Selbstmord begangen. Der gesundheitlich angeschlagene Wollweber, Jahrgang 1898, wurde in Rente geschickt, Schirdewan, damals 51 Jahre alt, als Leiter in die Staatliche Archivverwaltung abgeschoben. Sie profitierten von der – wenn auch widerwilligen – Entstalinisierung der Vorjahre, die die Verhaftung so prominenter Widersacher nicht mehr opportun erscheinen ließ.

Ein letzter Schritt zum Sozialismus?

1958/59 erfolgte eine für die Bevölkerung spürbare Konsolidierung der DDR-Wirtschaft. Erholungs- und Ferienheime des FDGB, Kulturhäuser, Kinderhorte und Polikliniken wurden als „Errungenschaften" des Systems angenommen. Der Ausbau der Konsumgüterindustrie zeitigte erste Erfolge. Die letzten Lebensmittelkarten wurden abgeschafft. Der Lebensstandard der Bevölkerung stieg. Viele Menschen begannen, sich mit dem System zu arrangieren, das vor allem Arbeitern bisher ungekannte Aufstiegschancen bot. Die Flüchtlingszahlen sanken 1959 mit 143 917 auf den tiefsten Stand seit 1949.

Der Ostblock schien die Nachkriegskrise überwunden und mit neuer Kraft den Systemwettstreit aufgenommen zu haben. Die Sowjetunion hatte 1957 mit dem „Sputnik" den ersten künstlichen Satelliten in den Weltraum gebracht und damit nicht nur ihren Vorsprung in der Raketentechnik demonstriert, sondern auch zu verstehen gegeben, daß sich nun auch das amerikanische Festland in der Reichweite östlicher Atomwaffen befand. Chruschtschows Sowjetunion glaubte sich an der Schwelle zum Kommunismus. Den beschloß man 1961 binnen nur zwanzig Jahren zu errichten. Bis dahin wollte man allein die Industrieproduktion versechsfachen.

In Ostberlin sah man sich auch durch die Bewältigung einer neuerlichen Berlin-Krise aufgewertet. Zwar war der Vorstoß der Sowjetunion im November 1958 gescheitert, den Abzug der Westmächte aus Westberlin zu erzwingen; Moskau hatte ultimativ die Umwandlung Westberlins in eine „freie und entmilitarisierte Stadt" gefordert. Doch an der Krisensitzung der Außenminister der Großmächte in Genf nahmen erstmals auch Delegationen der DDR und der Bundesrepublik beratend teil.

Die SED fühlte sich durch die internationale Lage in ihrem Selbstvertrauen gestärkt. Auf ihrem V. Parteitag im Juli 1958 war die Position Ulbrichts unangefochten. Die Delegierten beschlossen die „Vollendung" des sozialistischen Aufbaus. Gleichzeitig gewann eine ideologische Offensive an Dynamik, die der SED-Generalsekretär bereits im Frühjahr 1957 eingeleitet hatte. Damals war es ihm und seinen Gefolgsleuten gelungen, nach der Niederschlagung des Ungarn-Aufstandes aus der Defensive herauszutreten, in die sie das Tauwetter im Ostblock geführt hatte. Am 17. Mai 1957 hatte die Parteiführung im „Neuen Deutschland" unmißverständlich erklärt, „Opposition zu dulden wäre verbrecherisch". Unter dem alten Schlagwort vom „Aufbau des Sozialismus" holte man nun zum Gegenschlag aus, der an Schärfe gewann, als Ulbricht 1958 seine letzten Widersacher im Politbüro ausgeschaltet hatte. Jetzt galt es, den eigenen Herrschaftsanspruch, der 1956 unversehens in Frage gestellt worden war, in allen gesellschaftlichen Bereichen kompromißlos durchzusetzen und dauerhaft abzusichern. Letzteres sollte durch eine systematische ideologische Indoktrination der Menschen im Sinne des Marxismus-Leninismus erreicht werden. Die Partei propagierte zudem eine neue, eine „sozialistische Moral", in der nicht der einzelne, sondern das „Kollektiv" und die von der SED definierten gesellschaftlichen Erfordernisse im Vordergrund standen. Im Zuge dieser politisch-ideologischen Offensive gelang es Ulbricht, seine Position weiter auszubauen. Nach dem Tode Wilhelm Piecks im September 1960 übernahm er den Vorsitz des neugeschaffenen Staatsrates. Als Generalsekretär der SED und Vorsitzender des Nationalen Verteidigungsrates vereinte er damit alle entscheidenden Funktionen in der DDR in seiner Person.

Ideologische Offensive

Seine Vorstellungen von der „sozialistischen Moral" hatte Walter Ulbricht im Juli 1958 vor den Delegierten des V. SED-Parteitages in „zehn Geboten" zusammengefaßt:

1. Du sollst Dich stets für die internationale Solidarität der Arbeiterklasse und aller Werktätigen sowie für die unverbrüchliche Verbundenheit aller sozialistischen Länder einsetzen.

2. Du sollst Dein Vaterland lieben und stets bereit sein, Deine ganze Kraft und Fähigkeit für die Verteidigung der Arbeiter-und-Bauern-Macht einzusetzen.

3. Du sollst helfen, die Ausbeutung des Menschen durch den Menschen zu beseitigen.

4. Du sollst gute Taten für den Sozialismus vollbringen, denn der Sozialismus führt zu einem besseren Leben für alle Werktätigen.

5. Du sollst beim Aufbau des Sozialismus im Geiste der gegenseitigen Hilfe und der kameradschaftlichen Zusammenarbeit handeln, das Kollektiv achten und seine Kritik beherzigen.

6. Du sollst das Volkseigentum schützen und mehren.

7. Du sollst stets nach Verbesserung Deiner Leistungen streben, sparsam sein und die sozialistische Arbeitsdisziplin festigen.

8. Du sollst Deine Kinder im Geiste des Friedens und des Sozialismus zu allseitig gebildeten, charakterfesten und körperlich gestählten Menschen erziehen.
9. Du sollst sauber und anständig leben und Deine Familie achten.
10. Du sollst Solidarität mit den um ihre nationale Befreiung kämpfenden und den ihre nationale Unabhängigkeit verteidigenden Völkern üben."[28]

In den Künsten und im Bildungswesen wollte man eine „tiefgreifende sozialistische Umwälzung der Ideologie und der Kultur" erreichen. Eine Schriftstellerkonferenz in der Chemiestadt Bitterfeld forderte im April 1959 dazu auf, die Trennung von Produktion und Kultur aufzuheben. Literaten sollten in die Betriebe gehen, um den Arbeitsalltag zu erkunden und im Stil des sozialistischen Realismus literarisch zu verarbeiten. Andererseits sollten „die Kumpel" zur „Feder greifen", um selbst die „Höhen der Kultur" zu erstürmen.

Auch die vom SED-Parteitag 1959 vorangetriebene Schulreform hatte eine ideologische Komponente. Mit der Einführung der obligatorischen zehnklassigen allgemeinbildenden polytechnischen Oberschule sollten das Bildungsniveau in der DDR gehoben und die Schüler durch Betriebspraktika bereits frühzeitig mit der Arbeitswelt vertraut gemacht werden. Parallel dazu bot die Reform der FDJ den Zugriff auf nahezu alle Heranwachsenden in der DDR. Fortan verließ der Großteil der Schüler mit 16 anstatt wie bisher mit 14 Jahren die Schule. Und so wurde für die meisten Jugendlichen der Übergang von den Jungen Pionieren zur Freien Deutschen Jugend am Ende der achten Klasse zu einer Selbstverständlichkeit.

Bereits Mitte der fünfziger Jahre hatte die Partei mit der Einführung der Jugendweihe dem Einfluß der Kirchen auf die Jugend – wie sich bald herausstellen sollte – nicht ohne Erfolg den Kampf angesagt. Die Partei knüpfte dabei an ein atheistisches Ersatzritual für die katholische Firmung und die protestantische Konfirmation an, das vor 1933 in der Arbeiter- und Freidenkerbewegung verbreitet gewesen war. 1957 erklärte sich die FDJ zur „sozialistischen Massenorganisation der Jugend".

Mit „freiwilligen Ordnungsgruppen" wollte der Jugendverband „mithelfen, die Überreste der kapitalistischen Lebensweise unter der Jugend – Rowdytum, Trunksucht, flegelhaftes Verhalten gegenüber Älteren, Lektüre von Schundschriften usw. – zu beseitigen."[29] Jugendliche Eiferer im Blauhemd konnten sich so zum Hüter sozialistischer Tugenden aufspielen. Der Attraktivität der „Jugend"organisation war das kaum dienlich. Die FDJ krankte zeit ihrer Existenz an ihrer völligen Unterordnung unter die Interessen der „führenden Partei". Im Konfliktfall obsiegte stets die Rolle der Jugendorganisation, als Transmissionsriemen der SED-Politik zu fungieren, über die Aufgabe, die Interessen der Jugend gegenüber der Partei auch nur zu artikulieren. In dem Maße, in dem die FDJ ihre Verbandsarbeit an den von der SED definierten politischen Erfordernissen ausrichtete, schwanden die Motive für den Verbleib bzw. den Beitritt zur FDJ. Dies sollte in den späten fünfziger Jahren deutlich zutage treten, als der Jugendverband zahlreiche Mitglieder verlor.

Der vom FDJ-Funktionärsorgan „Junge Generation" als beispielhaft geschilderte Einsatz einer Ordnungsgruppe dürfte der Jugendorganisation wohl kaum neue Anhänger beschert haben: „Eine [...] Ordnungsgruppe aus Sangerhausen hat sich die Aufgabe gestellt, in einer HO-Gaststätte, in welcher des öfteren Schlägereien vorkamen und die Jugendlichen übertrieben tanzten, Ordnung zu schaffen. Die Ordnungsgruppe führte zwei Kontrollen durch und überzeugte die Kapelle, daß ihre Musik nicht dazu beträgt, die Jugendlichen in unserem Sinne zu erziehen.

Die Tanzkapelle hat daraus die Schlußfolgerung gezogen und unterbricht sofort den Tanz, wenn einige Jugendliche aus der Rolle fallen. Freunde der Ordnungsgruppen wiesen diejenigen zurecht, die übermäßig tranken und haben all diese Jugendlichen zu einer Aussprache eingeladen, die unter dem Motto stand: ‚Wie benimmt sich ein Jugendlicher auf dem Tanzsaal?'"[30]

Aus dem Jahr 1958 stammte auch die Losung „Für Frieden und Sozialismus – seid bereit! Immer bereit", mit der sich in

den folgenden drei Jahrzehnten Generationen „Junger Pioniere" und „Thälmannpioniere" im Alter zwischen sechs und
zehn bzw. zehn und vierzehn Jahren begrüßten. Wenn es gelang, die heranwachsende Generation von Kindesbeinen an auf
die Staatsdoktrin einzuschwören, so das Kalkül der SED, dann
würde der Verwirklichung ihrer Sozialismusvorstellung in der
DDR nichts mehr im Wege stehen.

Öffentlich oder privat geäußerter Unmut über die Gängelung durch das Regime wurden als „antidemokratische Delik-
te" vielfach unnachsichtig geahndet. Im Frühjahr 1959 registrierte das Politbüro, daß die Zahl der bekanntgewordenen
Straftaten von rund 111 000 im Jahre 1956 auf fast 189 000 im
Jahre 1958 gestiegen war. „Gewisse Tendenzen der Liberalisierung in der Strafverfolgung" gegenüber politischen Vergehen
des Jahres 1956 seien mittlerweile überwunden, hieß es dort
nicht ohne Genugtuung. Die Einführung von Abschnittsbe-
vollmächtigten der Volkspolizei und „weitere Möglichkeiten
für die Mitwirkung der Werktätigen an der Strafverfolgung"
hatten nicht nur dazu geführt, daß in der „Bekämpfung der
kleinen Kriminalität [...] mehr Straftaten als früher aufge-
deckt" wurden. Auch „die Anzeigen aus der Bevölkerung wegen Hetze und Staatsverleumdung" hatten „bedeutend zuge-
nommen".[31] Schritt für Schritt gelang es der SED, die
Kontrolle des privaten Lebens mit Hilfe der Partei und des
Geheimdienstes auszubauen.

„Überholen ohne einzuholen"

Die Verschärfung des innenpolitischen Klimas, die der SED-
Parteitag des Jahres 1958 eingeleitet hatte, sollte sich keines-
wegs nur auf den politisch-ideologischen Bereich beschränken.
Die Partei hatte sich ein ehrgeiziges Ziel gesteckt. Walter
Ulbricht hatte auf dem Parteitag 1958 im Einklang mit den
hochtrabenden Plänen der Sowjetunion dazu aufgerufen, die
DDR-Volkswirtschaft „innerhalb weniger Jahre so zu entwik-
keln, daß die Überlegenheit der sozialistischen Gesellschafts-

ordnung der DDR gegenüber der Herrschaft der imperialistischen Kräfte im Bonner Staat eindeutig bewiesen wird und infolgedessen der Pro-Kopf-Verbrauch unserer werktätigen Bevölkerung mit allen wichtigen Lebensmitteln und Konsumgütern den Pro-Kopf-Verbrauch der Gesamtbevölkerung in Westdeutschland erreicht und übertrifft."[32] Die Bevölkerung in der DDR sollte an der Konsumfront erleben, daß sie im besseren Teil Deutschlands lebte. Im Jahr darauf wurde diese Forderung Bestandteil des Siebenjahrplanes. Die SED-Strategen hatten für den Systemwettstreit mit der Bundesrepublik Nahrungsmittel, technische Haushaltsgeräte und Möbel auserkoren. Er war in bewährter Tonnenideologie durch einen höheren Pro-Kopf-Verbrauch an Eiern, Fetten, Fleisch und Kartoffeln auszufechten. Eifrig quantifizierte man fortan die deutschdeutsche Freßwelle, zählte Kühlschränke, Waschmaschinen, Staubsauger und Fernsehgeräte.

„Überholen und einholen" hieß der dazugehörige Slogan, der später in „Überholen ohne einzuholen" abgewandelt wurde. Schließlich – so hieß es spitzfindig – wolle man die Überlegenheit des Sozialismus „nicht mit irgendwelchen Gebrauchsgütern, mit Schund, mit Überplanbeständen" nachweisen, die aus der Sicht der SED das westdeutsche Wirtschaftswunder kennzeichneten, „sondern mit Waren, die hohen Gebrauchswert besitzen, die schön und geschmackvoll sind, die der arbeitende Mensch mit Freude kauft und benutzt".[33]

Doch die dünne Warendecke und das starre Planungssystem stellten die Verantwortlichen für den Einzelhandel in der DDR vor permanente Verteilungsschwierigkeiten. Ende der fünfziger Jahre lag die Produktivität der DDR-Industrie nach Einschätzung der Ostberliner Planökonomen noch dreißig Prozent hinter der der Bundesrepublik, die es doch eigentlich zu überholen galt. Lieferverpflichtungen an die Sowjetunion sowie devisenbringende Exporte sorgten für weitere Engpässe im Binnenhandel. Und schließlich war der Versuch, alle Produkte in bedarfsgerechter Stückzahl und am nachgefragten Ort zur Verfügung zu stellen, trotz aufwendiger Planstatistik zum Scheitern verurteilt: Selbst wenn die Wirtschaftsplaner in der

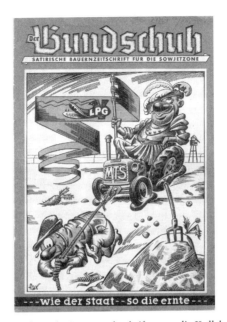

Abb. 10: Westdeutsche Propagandaschrift gegen die Kollektivierung
der DDR-Landwirtschaft

Lage gewesen wären, den Pro-Kopf-Bedarf eines bestimmten Produktes exakt zu berechnen, hätte z. B. jedes Kilo Mehl, das an einem Ort zuviel angeliefert wurde, andernorts effektiv gefehlt. Und so war es in der DDR ein Dauerzustand, daß die Käufer mancherorts bestimmte Waren vergeblich suchten, deren zeitweiliger Überfluß an anderer Stelle die Verbraucher keineswegs an ein Ende der Versorgungskrise glauben ließ. Schließlich spielte sich dies oft zeitgleich bei anderen Produkten spiegelverkehrt ab. Und so kaufte man das, was es gab, in großen Mengen auf Vorrat auf, was die Wirtschaftsplanung zusätzlich konterkarierte.

Systemimmanente Erklärungen ließ die SED-Führung für derart gravierende Mängel nicht gelten. Die Defizite wurden der „Wühlarbeit des Klassenfeindes" zugeschrieben, der durch „Abwerbung" qualifizierter Facharbeiter, Techniker und Wissenschaftler sowie angeblich durch gezielte Sabotage die DDR-Wirtschaft schädigen wollte. Ein anderer Erklärungsversuch war der angeblich massenhafte Abkauf der stark subventionierten Lebensmittel und Konsumgüter in Ostberlin sowie im Berliner Umland durch Westberliner „Schieber" und „Schmuggler". Eine Behauptung, die im Widerspruch zu internen Einschätzungen des SED-Wirtschaftsapparates stand. Die schätzten die volkswirtschaftlichen Auswirkungen des Westberliner Einkaufstourismus gering ein.

Doch während die Parteipropaganda damit ausgetretene Pfade beschritt, die bereits in den Jahren davor zu keinen greifbaren Ergebnissen geführt hatten, sollte eine Ende der fünfziger Jahre eingeleitete wirtschaftspolitische Offensive gravierendere Auswirkungen haben. Zu Beginn des zweiten Jahrzehnts der DDR holte die siegesgewisse Partei- und Staatsführung zum Schlag gegen die Restbestände der privaten Wirtschaft in der DDR aus, die als Ursache der Wirtschaftsprobleme herhalten mußten. Schließlich war die sozialistische Umgestaltung der Wirtschaft und Gesellschaft seit dem Juni-Schock des Jahres 1953 ins Stocken geraten. Das Arrangement vieler Menschen mit dem Staat als Zustimmung fehldeutend, glaubte die Parteiführung, den Transformationsprozeß im Jahre Zehn der DDR abschließen zu können. Wenn es gelang, die letzten Reste der „kapitalistischen Basis" in der DDR zu beseitigen, würde sich die sozialistische Idee endlich auch im „Überbau", also im Denken und Handeln der Bevölkerung, durchsetzen, so die Erwartung der Parteistrategen. Also kündigte die SED den zerbrechlichen „Burgfrieden" zwischen Partei und Bevölkerung auf. Bauern wurden wieder zum „freiwilligen" Eintritt in die Landwirtschaftlichen Produktionsgenossenschaften genötigt, widerstrebende Hofbesitzer von der Staatssicherheit verhaftet. Einzig die evangelische Kirche wagte in dieser Zeit noch gegen die Politik der SED zu protestieren. In einem gemeinsamen Schreiben an Ministerpräsident Otto Grotewohl vom März 1960 berichten die evangelischen Bischöfe über „erschütternde Berichte über die Methoden, die angewendet werden, um die einzelnen Bauern zum Eintritt in

die Landwirtschaftlichen Produktionsgenossenschaften z
anlassen", die aus den Pfarreien übermittelt würden. D
schehe „mit Mitteln wirtschaftlichen, politischen und ‹
schen Druckes, auch unter Einschaltung von Staatsanwälten,
Polizei und Organen der Staatssicherheit". Die Betroffenen
müßten dazu noch „schriftlich erklären", der Beitritt zur LPG
„sei ‚freiwillig' geschehen". Dies sei nichts anderes als „Ge-
wissenszwang". „Inständig" baten die Bischöfe den Ministerpräsidenten, „alles zu tun, daß der Friede in unserem eigenen
Volk nicht gefährdet wird".[34] Doch vergeblich. In den Städten
und Gemeinden wurden zahlreiche Handwerker in Produktionsgenossenschaften gepreßt. Der Anteil des privaten Handwerks am handwerklichen Gesamtprodukt sank von 93 Prozent im Jahre 1958 auf 65 Prozent 1961. Der Klassenkampf in
Stadt und Land zog immer größere Produktionsrückstände
nach sich.

Die DDR am Abgrund

Der Preis, den die SED für die vermeintlich letzte große Etappe der „sozialistischen Umgestaltung" bezahlen mußte, war
hoch. Die Versorgungsschwierigkeiten, die aus der überstürz-
ten Kollektivierung der Landwirtschaft erwuchsen, und der
verschärfte politische Kurs der SED ließen den Strom der Bürger, die ihrem Staat für immer den Rücken kehrten, zu einer
neuerlichen Massenflucht anwachsen; darunter waren immer
mehr junge Menschen sowie Arbeiter und Angehörige der
„Intelligenz". Die DDR brauchte eine Atempause, eine ökonomische Konsolidierung und gesellschaftliche Befriedung,
sonst drohte der Kollaps.

Anfang Juni 1961 unterzog ausgerechnet Walter Ulbricht die
damalige Wirtschaftspolitik, für die er maßgeblich verantwortlich zeichnete, vor dem Politbüro einer scharfen Kritik: „Wir
müssen davon ausgehen, daß in zahlreichen Positionen der industriellen Konsumgüterproduktion und in Positionen der
Landwirtschaft der Plan nicht erfüllt wurde und daß deshalb

[...] eine komplizierte Situation eingetreten ist. [...] Die allgemeinen Ziffern, daß unsere Produktion um soundso viel wächst, die nützen uns nichts mehr, die glaubt sowieso niemand. [...] Wenn die Tiere auf dem Schlachthof verrecken, bevor sie geschlachtet werden, da brauchen wir uns nicht zu wundern, wenn die Schwierigkeiten bei uns wachsen. Aber nicht nur darum geht es, es geht auch darum, gegenwärtig wird in Teilen der Bevölkerung diskutiert, daß die Schwierigkeiten der Versorgung zurückführen auf die Vergenossenschaftlichung. [...] [Die] Hauptfrage ist, daß die ganze Partei- und Staatsapparatearbeit konkret geändert werden muß, anders geht die Sache nicht, und daß man die ideologischen Fehler, die vorhanden sind, die Liquidierung dieser Bäckereien und dieser Fleischer, daß man darüber spricht und diejenigen, die die Handwerker zugrunde richten und zu Tode hetzen, daß man diese zur Verantwortung zieht, in Berlin und überall. [...] Die paar privaten Geschäftsleute, die da noch sitzen, die gefährden den Sozialismus nicht, und die paar Fleischermeister, die ihr noch habt, die gefährden den Sozialismus auch nicht. Und wenn eine Brotfabrik nicht genug Brot produzieren kann, dann macht ihr einfach eine ganze Anzahl von Bäckerläden wieder auf, und sollen sie selber backen. Aber sorgt dafür, daß die Bevölkerung Brot kriegt."[35]

In großen Teilen der DDR-Bevölkerung verstärkte sich im Frühsommer 1961 die Überzeugung, daß die SED und ihre Schutzmacht etwas unternehmen würden, um das Ausbluten des westlichsten Vorpostens der Sowjetunion zu verhindern. Immer neue Gerüchte über das Wie kursierten, und viele Bürger wurden nach einer internationalen Pressekonferenz mit Walter Ulbricht am 15. Juni 1961 hellhörig. Auf die Frage einer Journalistin der „Frankfurter Rundschau", ob die DDR plane, eine „Staatsgrenze am Brandenburger Tor" zu errichten, hatte er geantwortet: „Ich verstehe Ihre Frage so, daß es in Westdeutschland Menschen gibt, die wünschen, daß wir die Bauarbeiter der Hauptstadt der DDR dazu mobilisieren, eine Mauer aufzurichten. Mir ist nicht bekannt, daß eine solche Absicht besteht. [...] Niemand hat die Absicht, eine Mauer zu errichten."[36] Im Juli stieg die Zahl der Flüchtlinge auf 30 415, in den ersten beiden Wochen des Monats August gar auf 47 433 an.

Doch für die meisten ging das Leben weiter wie bisher. Zu viele Krisen hatte man in Berlin bereits er- und überlebt. Und so widmete man sich dem Sommerschlußverkauf oder besuchte den auf dem Marx-Engels-Platz gastierenden Zirkus Busch. West-Berliner Kulturbeflissene freuten sich auf die „Hochzeit des Figaro", auf „La Traviata" oder „Madame Butterfly", die von der Deutschen Staatsoper nach der Spielpause für Ende August angekündigt worden waren. Ost-Berliner konnten im Westteil der Stadt mit DDR-Geld Westzeitungen bzw. -zeitschriften kaufen sowie die Theater und Kinos besuchen. In der Nacht zum 13. August feierte das DDR-Fernsehen mit einer Sendung aus dem „Rafena-Werk" in Radeberg den „millionsten" Fernsehapparat, der in der DDR hergestellt worden war. Doch eben in dieser Nacht, im zwölften Jahr der DDR, sollte sich alles schlagartig ändern.

3. Konsolidierung im Mauerschatten:
Die sechziger Jahre

Das in letzter Konsequenz kaum Vorstellbare geschah in den
frühen Morgenstunden des 13. August 1961. Um 2 Uhr gingen
bei der West-Berliner Polizei die ersten Meldungen über die
Absperrung des Ostteils der Stadt ein. Passanten und Anwohner hatten beobachtet, wie Pioniereinheiten im Schutz schwer-
bewaffneter Volkspolizisten und NVA-Soldaten damit begann-
nen, die Straßen zu den Westsektoren mit Stacheldraht und
Spanischen Reitern abzuriegeln. Eine Viertelstunde später riß
der Lärm von Preßlufthämmern die Anwohner der Friedrich-
Ebert-Straße aus ihrem Schlaf. SED-Betriebskampfgruppen er-
richteten Barrikaden aus Asphaltstücken und Pflastersteinen.
Ab 2 Uhr war der S- und U-Bahn-Verkehr im Ostteil der Stadt
eingestellt. Um halb drei wurde die West-Berliner Polizei in
Alarmzustand versetzt. Eine Stunde später rollten Panzer
durch den Ostteil der Stadt. Sie bezogen an zentralen Punkten,
Unter den Linden, am Alexanderplatz und an der Oberbaum-
brücke, Stellung. Immer enger wurde der Absperrungsring um
West-Berlin. Um 4.45 Uhr waren 45 der 60 innerstaatlichen
Straßenübergänge zu den Westsektoren abgeriegelt. Eine Stunde später waren alle Verbindungen unterbrochen. Noch gelang
es einzelnen Flüchtlingen, die Grenzbefestigungen an unüber-
sichtlichen Stellen zu durchbrechen. Einige durchschwammen
kurz entschlossen Kanäle und Gewässer. Fassungslos strömten
die Berliner in den Morgenstunden zu Tausenden an die inzwischen hermetisch abgeschlossene Grenze, wo sie sich, ge-
trennt durch Stacheldraht und schwerbewaffnete Volkspolizei,
hilflos gegenüberstanden. In den folgenden Tagen ersetzten
Bautrupps die provisorischen Befestigungen durch eine feste
Mauer. Berlin – und damit die DDR, deren Grenze zu Westdeutschland bereits seit den fünfziger Jahren nur mit amtlicher

Abb. 11: Ost-West-Begegnung unter den Augen der Volkspolizei:
Die Harzer Straße zehn Tage nach der Abriegelung der
Sektorengrenze

Erlaubnis passiert werden durfte – war abgeriegelt, die Spaltung Deutschlands nun auch „architektonisch" vollzogen. Bis dahin hatten trotz der staatlichen Teilung täglich 500 000 Berliner die Sektorengrenze in beide Richtungen passiert, 50 000 Ostberliner hatten im Westteil, 12 000 aus dem Westen im Ostteil der Stadt gearbeitet. In den darauffolgenden Wochen wurden die Bewohner der unmittelbar an die Westsektoren angrenzenden

Häuser zwangsumgesiedelt, die Häuser zum Teil gesprengt, Hunderte von Fenster zugemauert.

Die Westmächte reagierten verhalten. Die von US-Präsident Kennedy am 25. Juli formulierten wesentlichen Punkte der amerikanischen Berlin-Politik – die Anwesenheit der westlichen Truppen und der freie Zugang nach Berlin – waren von den Ereignissen des 13. August nicht angetastet worden.

Um den anhaltenden Fluchtversuchen zu begegnen, ließ die Partei- und Staatsführung der DDR die Grenzanlagen zu einer tödlichen Barriere ausbauen. „Antifaschistischer Schutzwall" hieß die Grenzbefestigung im offiziellen Sprachgebrauch der DDR. Ein Schutzwall, der sich nicht nach außen, sondern nach innen richtete. Elf Tage nach der Abriegelung starb der erste Mauerflüchtling im Kugelhagel der Grenzer. Insgesamt zwölf weitere erlitten dieses Schicksal im folgenden Jahr. Am 17. August 1962 erschossen DDR-Grenzer den 18 Jahre alten Bauarbeiter Peter Fechter in unmittelbarer Nähe des Grenzübergangs Checkpoint Charlie bei einem Fluchtversuch. Der Schwerverletzte lag eine Stunde im Todesstreifen. Weder die Westberliner Polizei noch die anwesenden westalliierten Militärs wagten es einzugreifen. Als die Ostberliner Grenzschützer Fechter endlich bargen, war dieser verblutet.

Fast siebenhundert Menschen sollten bis zum Mauerfall dort zu Tode kommen.

Der Mauerbau stellte einen tiefen Einschnitt in der Geschichte der DDR dar. Zum Verbleib in der DDR gezwungen, mußten sich die Menschen mehr denn je mit dem System arrangieren.

In den Monaten nach dem Mauerbau schlug zunächst die Stunde der Dogmatiker und „Hundertfünfzigprozentigen". Jetzt glaubte man, mit den „Bummelanten" in den Betrieben, mit den „Nörglern" und „Staatsfeinden" aufräumen zu können. Rücksichtnahmen gegenüber den zum Bleiben gezwungenen Menschen schienen unnötig. Am 13. August 1961 hatte die SED-Führung parallel zur Schließung der Westgrenze „eine innere Mobilmachung der Partei und ihrer Massenorganisationen" ausgelöst, die „kurzzeitig Züge einer Bürgerkriegsvorbereitung

Abb. 12: Die Harzer Straße im Jahre acht nach dem Mauerbau;
unter strengen Sicherheitsvorkehrungen wird der Mauerabschnitt erneuert

trug.“[37] Noch am selben Tag befahl Horst Schumann, der Erste
Sekretär der Freien Deutschen Jugend, in einem „Kampfauf-
trag für die Bezirksverbände der FDJ in den nächsten Tagen",
„sofort Maßnahmen einzuleiten, um Ordnungsgruppen aufzubauen, die als Helfer und unter Leitung der Volkspolizei besonders in Städten sichern helfen, daß – weder in Kinos noch
in Gaststätten oder anderswo – Provokateure oder Dummköp-
fe ungestraft ihr Unwesen treiben können. [...] Mit Provokateuren wird nicht diskutiert. Sie werden erst verdroschen und
dann den staatlichen Organen übergeben.“[38]

Jugendliche, die sich kritisch zur DDR äußerten, wurden
teilweise regelrecht terrorisiert. Vielerorts stilisierten FDJ- und
SED-Funktionäre die Bereitschaft, der von der FDJ am 16. August 1961 unter der Losung „Das Vaterland ruft! Schützt die
sozialistische Republik“ begonnenen Werbekampagne für den
freiwilligen Eintritt in die Nationale Volksarmee Folge zu lei-

sten, zur Nagelprobe für die individuelle Systemkonformität hoch. So meldete etwa die FDJ-Kreisleitung Plauen-Stadt am 21. August an die Bezirksleitung der Organisation, ein Jugendlicher habe einem FDJ-Funktionär Prügel angedroht und diesem erklärt: „Von dir lasse ich mich nicht für die Armee werben. Lerne du einmal erst richtig arbeiten". Daraufhin sei er fristlos entlassen worden. Als dessen Mutter, selbst Mitglied der SED, warnte: „Wenn mein Junge zur Armee muß, so werden wir uns vorher vergiften", informierte man das Ministerium für Staatssicherheit. Im Kreis Zwickau hatte ein einundzwanzigjähriger Jugendlicher beim FDJ-Appell ausgerufen, er wolle „lieber Sklave der Faschisten sein als in einem Krieg zerfetzt zu werden". Als „Maßnahmen" benannte die FDJ-Kreisleitung knapp: „Die Angelegenheit wurde dem MfS übergeben. Der Ausschluß aus dem Verband wurde in der Mitgliederversammlung beschlossen und die Delegierung zum Studium zurückgezogen."

Angesichts solcher Repressalien konnte der Jugendverband rasch Erfolge vorweisen: Zwei Tage nachdem der Ruf „zur Fahne" in morgendlichen FDJ-Appellen verkündet worden war, marschierten 1235 Blauhemden aus dem Bezirk Erfurt, die das erste FDJ-Regiment bilden sollten, durch die Straßen der Bezirkshauptstadt.

Die „Störfreimachung" der DDR trieb absonderliche Blüten. FDJ-Rollkommandos kletterten unter dem Slogan „Blitz kontra NATO-Sender" auf die Dächer der Häuser und drehten die nach Westen gerichteten Rundfunk- und Fernsehantennen „auf die Sender des Friedens und des Sozialismus". Wer im Betrieb oder anderswo den Mauerbau verurteilte und als Bankrotterklärung des Staates geißelte, und das waren in jenem Sommer nicht wenige, mußte nicht selten damit rechnen, von aufgewiegelten Parteiaktivisten tätlich zur Rechenschaft gezogen zu werden. Die Presse schürte die aufgeheizte Stimmung nach Kräften. „Bitte schön, kommt hervor, wenn ihr tanzen wollt", höhnte die Leipziger SED-Zeitung damals und berichtete von einem Arbeiter, der wegen seiner Kritik an der Berliner Mauer krankenhausreif geschlagen worden war: „Er tanzte von Faust zu Faust, erst konnte er noch gehen, dann durfte er im Auto fahren, aber in sicherer Begleitung."[39] Die politischen Strafurteile vervierfachte sich im zweiten 1961 gegenüber den ersten sechs Monaten des Jahres

„Wer nicht gegen uns ist, ist für uns"

Zum Jahreswechsel 1961/62 versachlichte sich das Verhältnis zwischen Partei und Bevölkerung. Lebensmittelimporte aus der Sowjetunion entspannten die krisenhafte Versorgungslage, die die Staatsführung Anfang der sechziger Jahre dazu gezwungen hatte, bestimmte Lebensmittel, darunter Butter und Fleisch, wieder zu rationieren. Die Handwerksbetriebe und kleinen Mittelständler, die sich bis dahin gegen den „freiwilligen" Eintritt in die Produktionsgenossenschaften zu wehren vermochten, erhielten eine weitere Galgenfrist. Die zweite Welle der Entstalinisierung, die vom XXII. Parteitag der KPdSU im Oktober 1961 ausging, wirkte sich auch auf das innenpolitische und kulturelle Klima in der DDR aus. Stillschweigend wurden die Stalinbilder abgehängt, die „Stalinstraßen" und „-alleen" umbenannt und seine „Werke" aus den Bibliotheken entfernt. Ein Bautrupp entfernte nächtens sein Denkmal in der in Karl-Marx-Allee umbenannten vormaligen Stalin-Allee. Aus Stalinstadt wurde Eisenhüttenstadt.

Im Januar 1962 führte die DDR die allgemeine Wehrpflicht für die 1956 gegründete Volksarmee ein. Andererseits erkannte sie 1964 als erster Staat des Ostblocks die Wehrdienstverweigerung aus Gewissensgründen an. Nach dem Tod des SED-Mitbegründers Otto Grotewohl im Jahre 1964 übernahm Willi Stoph das Amt des Ministerpräsidenten.

Die Einheitspartei versuchte, ihre Herrschaftsmethoden an die Erfordernisse einer immer komplexer werdenden Industriegesellschaft anzupassen. Die Bevölkerung sollte politisch neutralisiert werden. Der Spruch „Wer nicht für uns ist, ist gegen uns" kehrte sich um. Mit der Einführung des „Neuen Ökonomischen Systems der Planung und Leitung" (NÖSPL) nach dem VI. Parteitag der SED Anfang 1963 sollte das

Wirtschaftssystem modernisiert und dessen Effizienz erhöht werden. Den Staatsbetrieben wollte man mehr Eigenverantwortlichkeit zubilligen, das Plankorsett flexibler gestalten, wirtschaftliches Denken honorieren und den Technologietransfer aus Forschung und Wissenschaft in die Praxis befördern. Die Tragweite des Reformversuchs verdeutlichte der Kommentar der „Süddeutschen Zeitung" vom 17. Juli 1963, die gar die „Rückkehr zu kapitalistischen Wirtschaftsformen" vermutete. Doch davon konnte keine Rede sein. Das von Walter Ulbricht vorangetriebene NÖSPL diente allein der Machtstabilisierung und -sicherung, nachdem die bisherige Wirtschaftspolitik in die Krise geführt hatte. Trotz anfänglicher Erfolge sollte die Neue Ökonomische Politik bald an ihre Grenzen stoßen. Nach dem unverhofften Ausfall sowjetischer Rohstoff- und Getreidelieferungen öffnete sich die Schere zwischen den Planzielen und den vorhandenen Ressourcen wieder, was neuerliche Produktionsrückstände nach sich zog. Doch zunächst einmal sorgten die Wirtschaftsreformen für eine unerwartete Aufbruchstimmung in der DDR, gingen sie doch mit einer vorsichtigen Öffnung des politischen Systems einher.

Die Staatspartei bemühte sich auch um ein neues Verhältnis zu den Frauen. Sie sollten beim Aufbau des Sozialismus mehr als bisher zur Geltung kommen. Auch die Haltung zur Jugend wurde neu definiert: „Der Jugend Vertrauen und Verantwortung" war ein umfassender Politbürobeschluß von September 1963 überschrieben. Er kündigte eine Abkehr von den bisherigen Prinzipien der Jugendpolitik an und sprach einer ungewohnten Liberalität das Wort: „Es geht nicht länger an, ‚unbequeme' Fragen von Jugendlichen als lästig oder als Provokation abzutun, da durch solche Praktiken Jugendliche auf den Weg der Heuchelei abgedrängt werden. Wir brauchen vielmehr den selbständigen und selbstbewußten Staatsbürger mit einem gefestigten Charakter, mit einem durch eigenes Denken und in der Auseinandersetzung mit rückständigen Auffassungen und reaktionären Ideologien errungenen sozialistischen Weltbild." Mit „Gängelei, Zeigefingererheben und Administrieren" sollte fortan Schluß sein. „Man kann keinen jungen Menschen zu kulturellen oder sportlichen Veranstaltungen zwingen, zu denen er keine Lust hat. Es kommt vielmehr darauf an, diese Lust und Liebe zu wecken und anzuregen, damit die Jungen und Mädchen ihre Freizeit weitgehend selbst organisieren und verleben." Der Politbürobeschluß verdeutlichte die Anmaßungen der bisherigen Jugendpolitik, indem er feststellte: „In der letzten Zeit gab es viele Diskussionen über bestimmte Tanzformen, hervorgerufen einerseits durch Einflüsse westlicher Unkultur und andererseits durch engstirnige Praktiken gegenüber Jugendlichen. Die Haltung der Partei zu diesen Fragen ist nach wie vor klar und deutlich: Wir betrachten den Tanz als einen legitimen Ausdruck von Lebensfreude und Lebenslust. Manchen Menschen fällt es schwer, den Unterschied zwischen einer Tanzveranstaltung und einer politischen Versammlung zu begreifen. Auf einer politischen Versammlung werden politische Fragen mit Verstand und Leidenschaft erörtert. Dort tritt vor allem der Kopf in Aktion. Auf einer Tanzveranstaltung ist das ein klein wenig anders. Dort bringt man zwar auch den Kopf mit, aber dort äußert man seine Gefühle und Stimmungen nicht in erster Linie durch Reden, sondern durch Bewegungen. Niemandem fällt ein, der Jugend vorzuschreiben, sie solle ihre Gefühle und Stimmungen beim Tanz nur im Walzer- oder Tangorhythmus ausdrücken. Welchen Takt die Jugend wählt, ist ihr überlassen: Hauptsache, sie bleibt taktvoll!"[40]

Die FDJ versuchte, ihr „muffiges" Image abzulegen. Der FDJ-Vorsitzende Horst Schumann tanzte in aller Öffentlichkeit den bis dahin verpönten Modetanz „Twist". Kritische junge Lyriker und Liedermacher wie Wolf Biermann, Heinz Kahlau oder Armin Müller lasen und sangen vor überfüllten Sälen. Für das Deutschlandtreffen der Jugend im Mai 1964 in Ostberlin öffnete die Partei- und Staatsführung für 25 000 Teilnehmerinnen und Teilnehmer aus der Bundesrepublik und Westberlin die Schlagbäume. Nach offiziellen Angaben nahmen über 500 000 Jugendliche aus allen Teilen der DDR an diesem dreitägigen Festival teil. Auf zahllosen Kulturveranstaltungen und Beatkonzerten demonstrierte die DDR ein gewachsenes Selbstbewußtsein. Der Berliner Rundfunk sendete erstmals rund um die Uhr ein eigenes Jugendprogramm, welches großen Anklang fand und als „DT 64" einen festen Sendeplatz bekommen sollte. Die Losung „Die Republik braucht alle, alle brauchen die Republik" hob sich wohltuend von der Atmosphäre der klassenkämpferischen fünfziger Jahre ab. Nach der zugespitzten Krise der Jahre 1959 bis 1961 schien die DDR im Schatten der Mauer zu einer bis dahin nicht gekannten Stabilität gefunden zu haben.

Kultureller Kahlschlag

Das innenpolitische Tauwetter in der DDR sollte bereits im Dezember 1965 jäh enden. Dem abrupten Kurswechsel war im Oktober des Vorjahres der Sturz Nikita Chruschtschows vorausgegangen. Als sein Nachfolger, Leonid Breschnew, die Entstalinisierung für beendet erklärt hatte, witterten die dogmatischen Kräfte überall im Ostblock Morgenluft.

Für viele in der SED-Führung war die Liberalisierung in der DDR bereits zu weit gegangen. Um den Ulbricht-Kronprinzen Erich Honecker sammelten sich die Parteigänger, die mit der aus dem Westen übernommenen Jugendkultur der sechziger Jahre nichts anzufangen wußten. Für sie unterminierten die langhaarigen Beatfans die sozialistische Moral. Als sich die Fälle des „Rowdytums" am Rande von Konzerten und Tanzveranstaltungen häuften, holten die Dogmatiker zum Gegenschlag aus. Den Anlaß boten Jugendkrawalle, die im September und Oktober 1965 in Leipzig stattgefunden hatten. Die Presse machte Front gegen „Gammler", „Langhaarige", „Verwahrloste", „Herumlungernde", und die FDJ-Führung hieß Aktionen gut, bei denen Schülern von Klassenkameraden die langen Haare abgeschnitten wurden. In der Presse tauchten Losungen auf, daß körperliche Arbeit zu einer „normalen" Lebensweise zurückfinden helfe.

Doch die Kritik an der – aus Parteisicht – jugendlichen „Unkultur" diente den „Falken" in der SED-Führung lediglich als Anlaß für eine weitreichende Abrechnung mit der in den Jahren zuvor laut gewordenen Kritik an den bestehenden Verhältnissen. Auf dem 11. ZK-Plenum im Dezember 1965 kritisierte die SED „schädliche Tendenzen" in Filmen und Fernsehsendungen, in Theatern und der Literatur. Den Hauptstoß führte dabei Erich Honecker. „Unsere DDR ist ein sauberer Staat. In ihr gibt es unverrückbare Maßstäbe der Ethik und Moral, für Anstand und gute Sitte", erklärte der Saarländer: „In den letzten Monaten gab es einige Vorfälle, die unsere besondere Aufmerksamkeit erforderten. Einzelne Jugendliche schlossen sich zu Gruppen zusammen und begingen kriminelle Handlungen; es gab Vergewaltigungen und Erscheinungen des Rowdytums. Es gibt mehrere Fälle ernster Disziplinverstöße beim Lernen und in der Arbeit, Studenten, die zum Ernteeinsatz waren, veranstalteten Saufgelage im Stile des westdeutschen reaktionären Korpsstudententums. Die Arbeitsmoral während des Einsatzes war bei einigen Gruppen von Studenten schlecht." Hier werde nicht nur der „negative Einfluß von Westfernsehen und Westrundfunk" auf die Bevölkerung deutlich. „Wir stimmen jenen zu, die feststellen, daß die Ursachen für diese Erscheinungen der Unmoral und einer dem Sozialismus fremden Lebensweise auch in einigen Filmen, Fernsehsendungen, Theaterstücken, literarischen Arbeiten und in Zeitschriften bei uns zu sehen sind. Es häuften sich in letzter Zeit auch in Sendungen des Fernsehfunks, in Filmen und Zeitschriften antihumanistische Darstellungen. Brutalitäten werden geschildert, das menschliche Handeln auf sexuelle Triebhaftigkeit reduziert." Den „Erscheinungen der amerikanischen Unmoral und Dekadenz" werde, so Honecker, „nicht offen entgegengetreten". Dies treffe insbesondere für den Rundfunksender „DT 64" zu, der „einseitig die Beat-Musik propagiert" habe. Als besonders schädlich wurden von Honecker die Filme „Das Kaninchen bin ich", „Denk bloß nicht, ich heule", das Theaterstück „Der Bau" sowie die Romane „Sternschnuppenwünsche" und „Rummelplatz" von Werner Bräunig genannt. Heftigsten Vorwürfen war Wolf Biermann ausgesetzt. Honecker warf dem Dichter vor: „Mit seinen von gegnerischen Positionen geschriebenen zynischen Versen verrät Biermann nicht nur den Staat, der ihm eine hochqualifizierte Ausbildung ermöglichte, sondern auch Leben und Tod seines von den Faschisten ermordeten Vaters." Stefan Heyms Werk „Der Tag X", eine durchaus für die DDR eintretende Interpretation der Vorgänge um den 17. Juni 1953 in Berlin, bezichtigte er einer „völlig falschen Darstellung" des Aufstandes. Honecker echauffierte sich vor allem über die These Heyms, daß Schriftsteller und Wissenschaftler besonders zur Führung der neuen Gesellschaft berufen seien. Noch über zwanzig Jahre später wiederholte er des öfteren die damals von ihm verkündete Doktrin, daß ausschließlich die von der marxistisch-leninistischen Partei geführte Arbeiterklasse den Sozialismus bewußt erbauen könne. Die Rolle der Intellektuellen, der Wissenschaften sowie von Kultur und Kunst sei demgegenüber sekundär.[41]

Mit dem 11. Plenum wurden zugleich die Reformen im Wirtschaftssystem in vielen Bereichen zurückgenommen und die DDR-Volkswirtschaft wieder verstärkt den Interessen der Sowjetunion untergeordnet. Die erneute Ideologisierung und der damit verbundene kulturelle Kahlschlag lähmten das intellektuelle Leben in der DDR. Die SED belegte Künstler, darunter bereits im November 1965 Wolf Biermann, mit Auftrittsverboten und ließ die inkriminierten Filme und Bücher aus dem Verkehr ziehen.

Modernisierungsbemühungen

Dessenungeachtet waren die gesamten sechziger Jahre vom Versuch gekennzeichnet, die Produktivkräfte der „wissenschaftlich-technischen Revolution" freizusetzen und für die Gesellschaft und vor allem die Wirtschaft nutzbar zu machen. 1965 erfolgte eine weitere Reform des Bildungswesens. Vorschulerziehung, die zehnklassige allgemeinbildende polytechnische Oberschule sowie darauf aufbauend die Erweiterte Oberschule mit zwei Klassen, Ingenieur- und Fachschulen sowie Angebote zur Aus- und Weiterbildung von Erwachsenen sollten allen Bürgern das Recht auf Bildung garantieren, eine Reform des Hochschulwesens den Praxisbezug von Forschung

Abb. 13: Aufbruch hinter Mauern? Der neuerbaute Fernsehturm
in Ostberlin

und Lehre erhöhen. Damals entstand eine Struktur des polytechnischen Unterrichts, „dessen Grundzüge bis Ende der 80er
Jahre erhalten geblieben sind. An den zehnklassigen Oberschulen und an den Erweiterten Oberschulen, also in den Klassen 1 bis 12, gliederte sich der polytechnische Bildungszyklus
in drei Stufen: Klassen 1 bis 6 Werkunterricht und Schulgar-
tenunterricht als Vorstufe; Klassen 7 bis 10 polytechnischer
Unterricht mit drei Elementen: Einführung in die sozialistische
Produktion – technisches Zeichnen – produktive Arbeit der
Schüler; Klassen 11 und 12 wissenschaftlich-praktische Arbeit.

Mit 10,6 % des Unterrichtsvolumens nahm der polytechnische Unterricht an der Stundentafel der zehnklassigen Oberschule einen beachtlichen Platz ein."[42]

Nach einer „Volksaussprache" und einem darauf folgenden „Volksentscheid" trat 1968 eine neue Verfassung in Kraft. Diese war im Gegensatz zu der bis dahin gültigen von 1949 stärker der politischen Realität angepaßt. So erhielt in Artikel 1 der Führungsanspruch der SED Verfassungsrang. Trotz proklamierter Gewissens- und Glaubensfreiheit oder der „Freiheit der Presse, des Rundfunks und des Fernsehens" war die DDR von rechtsstaatlichen Grundsätzen weit entfernt. Es blieb die SED-Führung, die den Rahmen der persönlichen Freiheit und der Grundrechte absteckte und nach Bedarf erweiterte oder einschränkte. Alle Bemühungen, das Staatswesen effizienter, funktionaler und moderner zu gestalten, kollidierten letztlich stets mit der Weigerung der SED-Führung, den eigenen Führungsanspruch einzuschränken. Und so kontrastierten die Großbauten des Sozialismus, die in den späten sechziger Jahren den Aufbruch der DDR in die Moderne symbolisieren sollten – der 1969 eröffnete Fernsehturm in Ostberlin oder das Universitätshochhaus in Leipzig –, mit den vormodernen Herrschaftsstrukturen in der DDR.

Dennoch sollten viele DDR-Bürger die sechziger Jahre – trotz Mauerbaus und innenpolitischen Wetterwechsels – als die Zeit erinnern, in der bescheidener Wohlstand in die Wohnstuben einzog. Die offiziellen Statistiken verzeichneten eine stetige Steigerung des Einzelhandelsumsatzes. Fernsehapparate, Kühlschränke und Waschmaschinen waren keine unerreichbaren Güter mehr. Arbeitszeitverkürzungen durch die schrittweise Abschaffung der Samstagsarbeit sorgten für mehr Freizeit, die sich immer mehr Familien mit dem neuerworbenen „Trabant" gestalten konnten, jenem Zweitakter mit „Plaste"-Karosserie, der in Ost und West zum Symbol der DDR-Wirtschaft und ihres Alltags werden sollte.

Jener westdeutsche Beobachter, der 1968 konstatierte, „daß sich die Kommunisten" in der DDR „etabliert" hätten „und daß die jüngere Generation in zunehmendem Maße sich mit ihnen abfindet, sich mit ihnen arrangiert, soweit das notwendig erscheint", stand mit seiner Einschätzung damals nicht allein.[43] „Abseits des Kommunismus wächst sogar etwas wie eine Art Staatsbewußtsein unter der Bevölkerung, eine Mischung von Skepsis und Stolz, daß die eigenen Leistungen und die Leistungen der Gemeinschaft auch außerhalb der DDR anerkannt werden. Die häufig gestellte Frage: ‚Na, wie gefällt es Ihnen bei uns?' wird im Gespräch mit Besuchern aus dem Westen zu einem Politikum besonderer Art. Es ist nämlich noch gar nicht lange her, da wurde vom Besuch aus dem Westen geradezu erwartet, daß er ein vernichtendes Urteil über den Kommunismus, über die SED, über die Verhältnisse in der DDR und vor allem über den Lebensstandard fälle. Wer nicht nur Haare in der Suppe fand, der mußte gegenwärtig sein, daß die Gespräche sehr schnell versandeten oder daß ihm mit vielen Worten dargetan wurde, wie schlecht doch alles sei. Jetzt dagegen liegt schon in der Frage: ‚Na, wie gefällt es Ihnen bei uns?' die Hoffnung auf eine wenigstens teilweise positive Antwort."

Ende der sechziger Jahre schien die DDR bei manchen Westdeutschen wieder zu einem Faktor in dem bereits gewonnen geglaubten Systemwettstreit zu werden. Die einen blickten beunruhigt, die anderen fasziniert auf die von der SED-Propaganda hochgehaltenen sozialen Errungenschaften der DDR. Beschreibungen der ostdeutschen Lebensbedingungen hatten Konjunktur, für die meisten im Westen jedoch zugleich eine abschreckende Wirkung. Der bereits zitierte Bericht über den anderen deutschen Staat porträtierte ein junges Ehepaar: „Beide arbeiten auf der volkseigenen Warnow-Werft, er als Schweißer, sie im Lohnbüro. Bereitwillig sprechen sie über ihren gemeinsamen Verdienst, über ihre Lebenshaltungskosten. Er verdient zwischen 700 und 750 Mark[44] brutto im Monat. Abgezogen werden davon an Steuern 13,70 Mark und an Versicherungsbeiträgen 60 Mark. Die Versicherungsbeiträge sind auf 10 Prozent des Bruttoeinkommens festgelegt, wobei die Beitragsbemessungsgrenze 600 Mark beträgt. Die Ehefrau erhält für ihre Bürotätigkeit 430 Mark im Monat und zahlt 6 Mark Steuern und 43 Mark Versicherungsbeiträge. Außerdem erhält sie für zwei Kinder 40 Mark Kindergeld und eine beim Wegfall der Lebensmittelkarten eingeführte Zulage von 25 Mark. [...] Das Budget dieser recht typischen Arbeiterfamilie in der DDR wird wie folgt aufgeteilt: 30 Mark kostet die zu kleine Altbauwohnung von zwei Zimmern. 360 Mark braucht die Frau für Lebensmittel, wobei zu berücksichtigen ist, daß die Eheleute an Werktagen mittags in der Werkkantine für 0,70 oder 0,85 Mark essen." Bald würde die Familie in eine Neubauwohnung ziehen, für die monatlich 95 Mark Miete zu zahlen war, einschließlich der Kosten der Fernheizung.

„Die häufig zitierten ‚sozialen Errungenschaften' sind in Rostock kaum anders als in München oder Hamburg. Bei Krankheit gibt es vom ersten Tage an Krankengeld für sechs Wochen, danach wird es weniger, was durch eine Zusatzversicherung ausgeglichen werden kann, die im Monat 4,50 Mark Prämie kostet. Die Altersrente richtet sich ebenso wie bei uns nach dem früheren Einkommen und nach der Versicherungsdauer. Ausgedient hat die frühere Einheitsrente. Zur Rente aus der staatlichen Versicherung gibt es eine Zusatzrente für Gewerkschaftsmitglieder. Das Anrecht darauf wird durch den Mitgliedsbeitrag erworben, der in diesem Fall 9 Mark im Monat beträgt."

Der Berichterstatter verschwieg indes keineswegs, daß der DDR-Konsument jenseits der Grundversorgung wenig Anlaß zur Freude hatte. Mit damals acht- bis fünfzehntausend Mark und einer Wartezeit von zwei bis sechs Jahren war beim Kauf eines Autos nicht nur viel Geduld, sondern zugleich auch ein ganzes Jahreseinkommen zu beschaffen. Dieses Geld aufzubringen wurde vielen durch den Umstand erschwert, daß die Preise von Kleidung oder langlebigen technischen Gebrauchsgütern verglichen mit denen in der Bundesrepublik ungleich höher lagen.

Wenn es der SED-Führung bis Mitte der sechziger Jahre gelungen war, bei größeren Teilen der Bevölkerung – wenn auch kritische – Zustimmung zu erzielen, so hatte sie dieses Kapital am Ende des Jahrzehnts wieder verspielt. Als am 21. August 1968 Truppen des Warschauer Paktes in der Tsche-

Abb. 14: Organisierter Jubel: Sowjetische Interventionstruppen kehren im
November 1968 aus der CSSR in ihre Standorte in der DDR zurück

choslowakei einmarschierten, walzten die sowjetischen Panzer
nicht nur den von Alexander Dubček propagierten „Sozialismus mit menschlichem Antlitz" nieder. Überall im Ostblock
hatten sich die Blicke derjenigen erwartungsvoll nach Prag gerichtet, die einen modernen Sozialismus auch für ihr Land er-
träumten. Die moralische Wirkung der Invasion war verhee-
rend. Fassungslos standen vor allem junge Menschen in der
DDR – und dabei längst nicht nur Intellektuelle und Studie-
rende – vor den Trümmern ihrer Hoffnungen und Ideale. Tausende junger Armeeangehöriger in allen Teilen der Deutschen
Demokratischen Republik bekamen in jenen Tagen ihren
Marschbefehl. Zum ersten Mal seit dem Zweiten Weltkrieg
stand eine deutsche Armee kampfbereit an den Grenzen eines
benachbarten Staates.

4. Die Ära Honecker: Die siebziger Jahre

Ende April 1971, die Vorbereitungen zu den alljährlichen Maifeierlichkeiten liefen auf Hochtouren, bereitete sich das Politbüromitglied Werner Lamberz in Berlin auf eine geheime Mission vor, von der nur eine Handvoll sowjetischer und deutscher Spitzenfunktionäre wissen durften. An einem frühen Nachmittag kurz vor dem 1. Mai, das genaue Datum ist nicht überliefert, wurde der zweiundvierzigjährige Honecker-Vertraute von Juri Bassistow, einem ranghohen Mitarbeiter der Gruppe der sowjetischen Streitkräfte in Deutschland (GSSD), vom Sitz des SED-Zentralkomitees am Werderschen Markt abgeholt, angeblich um einen Vortrag vor sowjetischen Militärs zu halten. Bassistow erinnert sich: „Im Beisein der Mitarbeiter von Lamberz besprachen wir den bevorstehenden ‚Vortrag' vor den sowjetischen Militärs, Lamberz verabschiedete sich, und wir fuhren los. Auch der übliche Begleitschutz eines Politbüromitglieds, ein Offizier der Staatssicherheit, war dabei. In Wünsdorf erwartete uns General Malzew. Beim Kaffee wurde noch einmal besprochen, wo und wann der ‚Vortrag' zu halten sei. Man einigte sich auf einen Übungsplatz im Raum Magdeburg und entschied, daß statt der ‚Tschaika' ein Militärfahrzeug der passende Wagen für die Fahrt sei. Damit war der Begleiter als unerwünschter Zeuge aus dem Spiel, er durfte mit dem Hinweis nach Hause fahren, daß der Genosse Lamberz am nächsten Tag mit einem Wagen aus Wünsdorf nach Berlin zurückgebracht werde. Nach einigen Minuten kam die Meldung vom Kontrollpunkt Zossen. Die ‚Tschaika' hatte den Schlagbaum passiert, man konnte mit dem ‚Vortrag' beginnen. Wir fuhren eilig zum Militärflugplatz Sperenberg, wenige Kilometer von Wünsdorf entfernt. Eine zweimotorige AN-24 stand auf der Startbahn abflugbereit. Es ist zu erwähnen, daß die Mannschaft keine Ahnung hatte, wer ihr einziger Passagier war. Am nächsten Tag kam das Flugzeug wie erwartet aus Moskau zurück. Lamberz war in guter Stimmung und teilte kurz mit, daß alles gut verlaufen und die Entscheidung gefällt sei. Direkt vom Flugplatz begleitete ich Lamberz nach Berlin", wo dieser seinen Vertrauten in der Parteiführung Bericht erstattete.[1]

Die Absetzung Ulbrichts

Mehr als zwei Jahrzehnte sollten vergehen, bis die Nachricht von diesem Blitzbesuch die Vorgänge um ein Ereignis weiter erhellen konnte, welches am 3. Mai 1971 eine Ära beendete. Am Nachmittag dieses Tages, es war ein Montag, wurde in Fernsehen und Rundfunk der DDR ein nicht mehr als fünf Zeilen umfassendes Kommuniqué des Zentralkomitees verlesen, das mit den Worten begann: „Das Zentralkomitee der SED beschloß einstimmig, der Bitte des Genossen Walter Ulbricht zu entsprechen und ihn aus Altersgründen von der Funktion des Ersten Sekretärs des Zentralkomitees zu entbinden, um diese Funktion in jüngere Hände zu geben." In „Ehrung seiner Verdienste" habe das ZK Ulbricht zum Vorsitzenden der SED gewählt.[2]

Westliche Beobachter vermuteten sogleich, daß der plötzliche „Rücktritt" Walter Ulbrichts mit seiner seit den sechziger Jahren starrsinnigen Betonung eines national geprägten Sozialismus gegenüber der Sowjetunion zusammenhing. Die Akten im SED-Parteiarchiv bestätigen dies. Schon 1964, kurz nach dem Sturz Nikita Chruschtschows, hatte Ulbrichts selbstherrliche Art das Mißfallen des neuen ersten Mannes in der Sowjetunion, Leonid Breschnews, erregt. In einem persönlichen Gespräch mit Erich Honecker vertraute Breschnew diesem im Juli 1970 an: „Du weißt, damals 1964 Datsche (Döllnsee) – er stellt einfach meine Delegation auf die Seite (Tichonow etc.), preßt mich in ein kleines Zimmer und redet auf mich ein, was alles falsch ist bei uns und vorbildlich bei euch. Es war heiß. Ich habe geschwitzt. Er nahm keine Rücksicht. Ich merkte nur, er will mir Vorschriften machen, wie wir zu arbeiten, zu regieren haben, läßt mich gar nicht erst zu Wort kommen. Seine ganze Überheblichkeit kam dort zum Ausdruck, seine Mißachtung des Denkens, der Erfahrung anderer."

Die DDR hatte sich mittlerweile zur zweitstärksten Industriemacht im Ostblock entwickelt. Mit gestiegenem Selbstbewußtsein erhob Walter Ulbricht den Anspruch, dem Aufbau der DDR nach 1945 Modellcharakter für hochindustrialisierte sozialistische Staaten zuzuschreiben. Auch im Bereich der Ideologie betonte Ulbricht eine größere Eigenständigkeit gegenüber der Sowjetunion. Während er die sowjetische Entspannungspolitik in Mitteleuropa anfangs nur halbherzig unterstützte, traten während des Ostblockgipfels im Sommer 1970 in Moskau die unterschiedlichen Vorstellungen Ulbrichts und der sowjetischen Parteiführung in der deutschen Frage für die Verhandlungsteilnehmer deutlich zu Tage. Zwar galt für Ulbricht wie für Breschnew die formelle Anerkennung der DDR durch die Bundesrepublik als unabdingbar. Darüber hinaus wollten die Sowjets jedoch den weitergehenden Plänen Ulbrichts nicht folgen. Dieser setzte auf den Ausbau der wirtschaftlichen Beziehungen mit dem westlichen Nachbarn, der die DDR in die Lage versetzen sollte, an der Bonner Republik ökonomisch vorbeizuziehen, um so irgendwann die Einheit Deutschlands „auf der Grundlage von Demokratie und Sozialismus" wiederherzustellen. Für die Sowjets hatte sich diese Frage indes längst erledigt: „Deutschland gibt es nicht mehr. Das ist gut so. […] Die Zukunft der DDR liegt in der sozialistischen Gemeinschaft", schrieb Breschnew seinen ostdeutschen Genossen ins Stammbuch. Zwei Jahre nach dem Einmarsch in Prag erinnerte er daran: „Wir haben unsere Truppen bei Ihnen. Das ist gut so und wird so bleiben." Dann stellte er unmißverständlich klar: „Es gibt, es kann und es darf zu keinem Prozeß der Annäherung zwischen der DDR und der BRD kommen."[3]

Jetzt schlug die Stunde Erich Honeckers. Der wußte die prekäre ökonomische Situation, für die er die verfehlte Wirtschaftspolitik Ulbrichts verantwortlich machte, zur schrittweisen Demontage seines politischen Ziehvaters zu nutzen. Politische Beobachter waren seit längerem davon ausgegangen, daß Ulbricht den Saarländer durchaus als geeigneten Nachfolger betrachtete. Schrittweise hatte er ihm die Zuständigkeit für die Kaderarbeit, den Parteiapparat sowie die innere Sicherheit übertragen. Allerdings dürfte sich Ulbricht die Machtübergabe etwas anders vorgestellt haben. Honecker gelang es, die Mehrheit des Politbüros nach und nach auf seine Seite zu ziehen. Wieder und wieder denunzierten er und seine Vertrauten die politischen Ansichten des eigenen Parteichefs bei der östlichen Brudermacht. Mitte Januar 1971 entschlossen sich zehn der vierzehn Mitglieder und drei der sechs Kandidaten des SED-Politbüros, den „teuren Genossen" der sowjetischen Führung in einem Brief zu empfehlen, daß Breschnew „in den nächsten Tagen mit Genossen Walter Ulbricht ein Gespräch führt, in dessen Ergebnis Genosse Walter Ulbricht von sich aus das Zentralkomitee der Sozialistischen Einheitspartei Deutschlands ersucht, ihn auf Grund seines hohen Alters und seines Gesundheitszustandes von der Funktion des Ersten Sekretärs des Zentralkomitees der Sozialistischen Einheitspartei Deutschlands zu entbinden."[4]

Als Werner Lamberz Ende April 1971 das „grüne Licht" aus Moskau überbrachte, wußte der in innerparteilichen Machtfragen versierte Ulbricht aus jahrzehntelanger Parteierfahrung, daß weiterer Widerstand gegen die Entmachtung sinnlos war. Diszipliniert willigte der Parteisoldat schließlich in das vorbereitete Szenario ein.

Zuckerbrot und Peitsche

So begann die Ära Honecker. Auf dem VIII. Parteitag der SED im Juni 1971 erklärte der neue Erste Sekretär des ZK die „weitere Erhöhung des materiellen und kulturellen Lebensniveaus des Volkes" zur „Hauptaufgabe" der SED. Hatte Ulbricht in seinen späten Regierungsjahren Unsummen in die Bereiche Wissenschaft, Technologie und Automatisierung sowie

Abb. 15: VIII. Parteitag der SED, Juni 1971:
Erich Honecker demonstriert seine Verbundenheit mit dem sowjetischen
Generalsekretär Leonid Breschnew

in ökonomisch fragwürdige Prestigebauten investiert, die auf
Kosten des Lebensstandards gingen, sah der neue politische
Kurs Honeckers vor, die „Werktätigen" stärker als bisher an
den Früchten ihrer Arbeit teilhaben zu lassen. Diese Politik
erklärte der IX. Parteitag der SED fünf Jahre später unter dem
Slogan der „Einheit von Wirtschafts- und Sozialpolitik" zur
verbindlichen Grundlage der Partei- und Staatspolitik. Sozial-
maßnahmen sollten die unteren Einkommensschichten sowie
die Schwachen in der Gesellschaft, die Kranken und Alten,
stärker berücksichtigen. Tatsächlich schien die DDR-Wirtschaft Anfang der siebziger Jahre einen Aufschwung zu verzeichnen. Der Lebensstandard wuchs, wenn auch in beschei-
denem Rahmen. Die Entwicklung in der DDR trug den Forderungen Honeckers auf dem VIII. Parteitag jedoch nur in einer

Hinsicht Rechnung. Wohl erhöhte sich das „Lebensniveau". Dies geschah allerdings nicht „auf der Grundlage eines hohen Entwicklungstempos der sozialistischen Produktion, der Erhöhung der Effektivität, des wissenschaftlich-technischen Fortschritts und des Wachstums der Arbeitsproduktivität", wie es in Honeckers Rede weiter geheißen hatte.[5] Tatsächlich hatte bereits Anfang der siebziger Jahre ein verhängnisvoller Schuldenkreislauf eingesetzt. Um die sozialpolitischen Leistungen (die „zweite Lohntüte" mit billigen Wohnungen und kostenloser medizinischer Versorgung, Kindergeld, Renten usw.) zu finanzieren, mußten Kredite im westlichen Ausland aufgenommen werden. Die Zinsen wurden zunehmend mit neuen Krediten bezahlt. Honeckers Wirtschafts- und Sozialpolitik hatte von Beginn an ihre Tücken. Allerdings verschaffte sie der Staats- und Parteiführung zunächst ein bis dahin nicht erreichtes Maß an erwartungsvoller Zustimmung. Es wurden vorsichtige Schritte in Richtung einer stärkeren Einbindung des Bürgers in lokale Entscheidungsprozesse gemacht. Honeckers Arbeitsstil war anfangs von größerer Sachlichkeit geprägt. Mit seiner beiläufigen Bemerkung im Jahre 1973, die westlichen Medien könne „bei uns jeder nach Belieben ein- oder ausschalten", akzeptierte die SED den vorher erbittert bekämpften Empfang westdeutscher TV- und Radiosender. Die SED gab es auf, die Jugend in jedem Bereich zu reglementieren. Fragen der Mode oder der Musik sollten nicht mehr in das Korsett der „Fortschrittlichkeit" gepreßt werden. Binnen nur vier Tagen verkaufte der staatliche Handel im November 1971 fast 150 000 Levi's „Blue Jeans", nachdem die „Nietenhosen" jahrelang von der Propaganda als Symbol der westlichen Dekadenz gegeißelt worden waren. Der Kleinkrieg gegen lange Haare und kurze Röcke in den Schulen fand sein Ende. 1973 präsentierte sich die DDR auf den „X. Weltfestspielen der Jugend und Studenten" als moderner, fast schon aufgeschlossener Staat, dessen Jugendkultur sich kaum von der des Westens zu unterscheiden schien. All dies bedeutete jedoch nicht, daß die SED ihren Vormachtanspruch in allen politischen, wirtschaftlichen und gesellschaftlichen Bereichen in irgendeiner Form

Abb. 16: X. Weltfestspiele der Jugend und Studenten in Ostberlin:
Die DDR präsentiert sich modern und weltoffen

einschränkte. Im Gegenteil. Mit Honeckers Machtantritt
rückte auch der langjährige Minister für Staatssicherheit, Erich
Mielke, in die Schaltzentrale der Macht, das Politbüro, auf.
Hinter den Kulissen der „heilen Welt der Diktatur"[6] sollte der
flächendeckende Ausbau der Staatssicherheit jede Herausforderung des SED-Führungsanspruches im Keim ersticken. In
den zwei Jahrzehnten der Ära Honecker wuchs nicht nur der
hauptamtliche Apparat der Staatssicherheit auf 91 000 Mitarbeiter an und verdoppelte sich damit nahezu. Auch die Zahl

120

der Inoffiziellen Mitarbeiter stieg zwischen 1968 und 1975 von 100 000 auf rund 180 000 an. Und so waren auch die Weltfestspiele Ausdruck der „kontrollierten Öffnung" des Systems: Während junge Leute aus allen Teilen der Welt bis tief in die Nacht die Parkanlagen bevölkerten, westliche Gäste ungehindert Flugblätter verteilen konnten und allerorts rege Diskussionen stattfanden, wachten im Hintergrund ein Großaufgebot der Staatssicherheit, eigens dafür geschulte Funktionäre und in erhöhte Alarmbereitschaft versetztes Militär über die staatliche Sicherheit.

Die Verlautbarungen der SED und die von ihr gelenkten Medien erinnerten stets daran, daß sich an der Grundorientierung der Partei nichts geändert hatte. Die offizielle Propaganda betonte wiederum bei allen Gelegenheiten das unverbrüchliche Bündnis mit der Sowjetunion, von der es zu lernen gelte, und wiederholte stereotyp die neuen, alten Parolen vom Klassenkampf und der erhöhten Wachsamkeit. Die allgegenwärtige Agitation hatte keineswegs nur die eigene Bevölkerung zum Adressaten. Erich Honeckers Parteiführung war bemüht, dem mißtrauischen großen Bruder in Moskau jegliche Zweifel an der dauerhaften Bündnistreue seines westlichen Satelliten zu nehmen. Dementsprechend beeilte sich der neue „Erste" in der DDR im Juli 1972 auch damit, dem sowjetischen Staats- und Parteichef Breschnew die frohe Kunde zu übermitteln, daß man in der DDR in den Vormonaten auch noch mit den letzten Überbleibseln des Kapitalismus aufgeräumt habe. Denn im Frühjahr 1972 hatte auch für die meisten der damals noch rund 11 400 selbständigen Unternehmer, kleinen Mittelständler und halbstaatlichen Betriebe die Stunde geschlagen, die bis zu diesem Zeitpunkt immerhin noch fast 40 Prozent der Konsumgüterproduktion in der DDR erwirtschaftet hatten. Gemeinsam mit den vor allem in den fünfziger Jahren erzwungenen „Produktionsgenossenschaften des Handwerks" wurde der verbliebene Mittelstand bis auf wenige Überreste in „Volkseigene Betriebe" umgewandelt. Und schließlich erfolgte in den siebziger Jahren unter der Ägide Erich Honeckers auch die weitere Militarisierung der DDR-Gesellschaft. Honecker hatte

1978 gefordert, daß es „keinen Bereich unseres gesellschaftlichen Lebens" geben dürfe, „der nicht von den Belangen der Landesverteidigung durchdrungen ist!"[7] Dem war Ende der siebziger Jahre längst so. Von Kindesbeinen an, in den Kinderhorten, bei den Jungen Pionieren und in der FDJ, war die Militärpropaganda stets präsent. Seit Anfang der fünfziger Jahre lockte die Gesellschaft für Sport und Technik (GST) junge Menschen an, die dort die Möglichkeit hatten, das Segelfliegen oder Fallschirmspringen zu erlernen, eine Fahrerlaubnis für Autos und Motorräder zu erwerben, und die dabei das Kleinkaliberschießen und die Wehrerziehung mehr oder weniger bereitwillig in Kauf nahmen. Ab 1978 erteilten die Schulen einen obligatorischen Wehrkundeunterricht. Studenten beiderlei Geschlechts hatten mehrwöchige Schieß- und Geländeübungen sowie eine Sanitätsausbildung zu durchlaufen. Ende der siebziger Jahre wurde die Zivilverteidigung dem Ministerium für Nationale Verteidigung unterstellt, die insbesondere Frauen in militärische Belange einbinden sollte. In den Betrieben waren rund 400 000 Männer in den 1952 gegründeten „Kampfgruppen der Arbeiterklasse" organisiert, deren Werben sich vor allem SED-Mitglieder kaum erwehren konnten. In Fernseh- und Rundfunksendungen, Lehrmaterialien und nicht zuletzt in der Kinder- und Jugendliteratur wurden Militärs und selbst „Kundschafter des Friedens", wie die in die DDR heimgekehrten Spione der Staatssicherheit hießen, als Vorbilder präsentiert. Insbesondere Abiturienten, die sich der „sozialistischen Landesverteidigung" hartnäckig entzogen oder gar den Dienst an der Waffe verweigerten und den Wehrdienst als „Bausoldat" ableisten wollten, mußten mit erheblichen Nachteilen rechnen. Nicht selten blieb ihnen der Zugang zu den Hochschulen und Universitäten daraufhin verwehrt.

Und dennoch machte sich in der DDR der frühen siebziger Jahre so etwas wie Aufbruchstimmung breit. Dazu trug nicht nur die Verbesserung der Lebensverhältnisse bei. Vor allem jüngere Menschen, die die sozialistische Ideologie mit ihrem humanistischen Kern beim Wort nahmen, blickten hoffnungsfroh auf die jungen Nationalstaaten in Afrika, Südamerika und

Asien. Allerorts schien der Sozialismus unaufhaltsam auf dem Vormarsch. In Kuba bot Fidel Castro der Weltmacht USA Paroli, die Anfang der siebziger Jahre in Vietnam ihre größte Niederlage einstecken mußte. Salvador Allendes Wahlsieg in Chile versprach einen demokratischen Weg zum Sozialismus. In Portugal siegte 1974 die friedliche „Revolution der Nelken". Die Linke befand sich auch in Westeuropa auf dem Vormarsch. Diesseits wie jenseits des Eisernen Vorhanges dienten die Heroen der Befreiungskämpfe – allen voran Ernesto Che Guevara – als Identifikationsfiguren. Die Revolutionsromantik eines Sozialismus unter Palmen ließ die Widersprüche im eigenen Alltag der DDR zeitweilig zurücktreten. Rückschläge wie der von den Vereinigten Staaten unterstützte Militärputsch 1973 in Chile sorgten innerhalb – wie auch außerhalb – des „Weltfriedenslagers" für ein Zusammenrücken, dem sich auch kritische Linke zeitweilig nicht entziehen konnten.

Deutsch-deutsche Annäherung

Die meisten Menschen in der DDR dürften jedoch vor allem aus den seit 1971 zu verzeichnenden schrittweisen Verbesserungen in den deutsch-deutschen Beziehungen Optimismus geschöpft haben.

Als sich nach der Bildung der „Großen Koalition" im Jahre 1966 ein Wandel in der Bonner Deutschland- und Osteuropapolitik abzeichnete, reagierte die SED auf die Entspannungspolitik des westlichen Nachbarn mit einer schroffen Kehrtwende. Hatte sie bis dahin im Bewußtsein der ablehnenden Haltung der Bundesrepublik unentwegt die Losung „Deutsche an einen Tisch" propagiert, betonte sie nun das Trennende zwischen den beiden deutschen Staaten. „Leserbriefe" im „Neuen Deutschland" versicherten, daß „eine Vereinigung zwischen unserem sozialistischen Vaterland und der vom Monopolkapitalismus beherrschten Bundesrepublik unmöglich"[8] sei. Bei der Bevölkerung sollten die Hoffnungen auf eine Wiedervereinigung der beiden deutschen Staaten im Keim erstickt werden.

In der Parteiführung gab es nicht wenige, die den von den westdeutschen Sozialdemokraten unter Willy Brandt vorangetriebenen Entspannungskurs mit einem unguten Gefühl verfolgten. Für DDR-Außenminister Otto Winzer handelte es sich dabei um eine „Aggression auf Filzlatschen".[9] Vor Grenztruppen betonte Honecker Anfang 1972: „Unsere Republik und die BRD verhalten sich zueinander wie jeder von ihnen zu einem anderen dritten Staat. Die BRD ist somit Ausland, und noch mehr: Sie ist imperialistisches Ausland."[10] Zahlreiche Organisationen und Institutionen mußten die Begriffe „Deutschland" und „deutsch" aus ihren Namen tilgen. Die Deutsche Akademie der Wissenschaften nannte sich fortan Akademie der Wissenschaften der DDR, der Deutschlandsender hieß nun Stimme der DDR. Eine Verfassungsänderung im Jahre 1974 wandelte den Artikel 1 Satz 1 der Verfassung von 1968, „Die Deutsche Demokratische Republik ist ein sozialistischer Staat deutscher Nation" in „Die Deutsche Demokratische Republik ist ein sozialistischer Staat der Arbeiter und Bauern" ab. In Artikel 6 erklärte die DDR, nun „für immer und unwiderruflich mit der Union der Sozialistischen Sowjetrepubliken verbündet" zu sein.

Eine solche Abgrenzung schien der SED-Führung damals dringend geboten. Um jeden Preis mußte vermieden werden, daß die zu Beginn der siebziger Jahre einsetzenden deutsch-deutschen Vertragsverhandlungen in Moskau oder im eigenen Lande als Ouvertüre für ein engeres Zusammenrücken der ungleichen Nachbarn mißverstanden werden konnten. Am Anfang stand das im Dezember 1971 unterzeichnete Transitabkommen mit der Bundesrepublik. Im Frühjahr 1972 folgte der Verkehrsvertrag. Im Juni 1972 begannen die Verhandlungen über den Grundlagenvertrag zwischen den beiden deutschen Staaten. Ziel der DDR war es, darin ihre völkerrechtliche Anerkennung durch die Bundesrepublik festzuschreiben. Dies lehnte die Bundesrepublik strikt ab. Allerdings erklärten die beiden Vertragspartner in dem im Dezember 1972 unterzeichneten Papier, sie gingen „von dem Grundsatz aus, daß die Hoheitsgewalt jedes der beiden Staaten sich auf sein Staatsgebiet

Abb. 17: Hannoversche Straße 30: Die Ständige Vertretung der
Bundesrepublik Deutschland in Ostberlin

beschränkt. Sie respektieren die Unabhängigkeit und Selbständigkeit jedes der beiden Staaten in seinen inneren und äu-
ßeren Angelegenheiten."[11] Für die Bundesrepublik bedeutete
dies jedoch ausdrücklich weder den Verzicht auf die im
Grundgesetz geforderte Wiedervereinigung der beiden Teile
Deutschlands, noch wurde die Frage der Staatsangehörigkeit
geklärt.

Der Grundlagenvertrag markierte auch das Ende der westdeutschen „Hallstein-Doktrin". Sie hatte seit 1955 den Staaten,
die die DDR diplomatisch anerkannten, den Abbruch diplo-
matischer Beziehungen angedroht (so 1957 Jugoslawien). Bis
1978 erfolgte die völkerrechtliche Anerkennung der DDR
durch 123 Staaten.

Im September 1974 wurden die beiden Deutschlands in die
Vereinten Nationen (UNO) aufgenommen. Die DDR und die

Bundesrepublik saßen gleichberechtigt am Verhandlungstisch der „Konferenz über Sicherheit und Zusammenarbeit in Europa" (KSZE) in Helsinki.

Auf dem Höhepunkt des Verständigungsprozesses überreichten am 20. Juni 1974 die Leiter der Ständigen Vertretungen, in Ost-Berlin Günter Gaus für die Bundesrepublik und in Bonn Michael Kohl für die DDR, ihre Beglaubigungsschreiben. Hannoversche Straße 30 lautete die Adresse der bundesdeutschen Vertretung in Ost-Berlin. Dort, wo die Friedrichstraße in die Chausseestraße übergeht, stellten sich Günter Gaus und seine Mitarbeiter ihrer heiklen Aufgabe. Nur die Posten der Volkspolizei und das Schild mit dem Bundesadler wiesen den Passanten darauf hin, daß sich hier ein Stück Bundesrepublik im Herzen der Hauptstadt der DDR befand. Botschaft durfte sich dieser Ausdruck einer späten und schleppenden Normalisierung im geteilten Nachkriegsdeutschland nicht nennen. Dem stand die noch offene deutsche Frage entgegen, wie die Bundesrepublik Deutschland – in den Augen vieler Zeitgenossen wider alle Vernunft – immer wieder betonte. Die von konservativer Seite in Westdeutschland heftig attackierte faktische Anerkennung der DDR durch die Bundesrepublik, die dem ostdeutschen Teilstaat die von ihm angestrebte internationale Aufwertung brachte, wurde zur Grundlage für die westdeutsche Politik der kleinen Schritte. Diese sollte die Folgen der Spaltung lindern, die Lebensverhältnisse der in Ostdeutschland lebenden Menschen verbessern und so den Zusammenhalt der Nation festigen.

Der „Fall Biermann"

Als im Mai 1976 der IX. Parteitag der SED in Ostberlin zusammentrat, mußte sich Erich Honecker mit seiner fünf Jahre zuvor eingeleiteten Politik bestätigt fühlen. Die DDR hatte sich zu einem international anerkannten Staat entwickelt. Sie bot ihrer Bevölkerung den höchsten Lebensstandard im gesamten Ostblock. Im Oktober 1976 erfolgten die Anhebung der

Mindestlöhne und -renten sowie des allgemeinen Lohnniveaus, die Verlängerung des Schwangerschaftsurlaubes und die Einführung des „Babyjahres" sowie Arbeitszeitverkürzungen.

Dennoch machte sich in der zweiten Hälfte der siebziger Jahre in der DDR-Bevölkerung erneut Mißstimmung breit. Die internationale Ölkrise erfaßte auch die DDR und ließ den Lebensstandard trotz Lohnerhöhungen stagnieren. Die von Honecker zu Beginn des Jahrzehnts geweckten Erwartungen sollten sich offenkundig nicht erfüllen. Die stille Hoffnung, daß die deutsch-deutschen Verhandlungen die Grenze nach Westen durchlässiger machen würden, war enttäuscht worden. Der seit 1971 visafreie Reiseverkehr nach Polen und in die Tschechoslowakei konnte dieses Manko nicht aufwiegen.

Doch die neuerliche Krise hatte nicht nur ökonomische Ursachen. Am 16. November 1976 ging eine kurze Meldung der amtlichen Nachrichtenagentur ADN über die Ticker von Presse, Rundfunk und Fernsehen, deren Sprengkraft wohl keiner der Verantwortlichen voraussehen konnte. Danach habe sich ein Wolf Biermann mit „seinem feindseligen Auftreten" gegenüber der DDR „den Boden für die weitere Gewährung der Staatsbürgerschaft entzogen". Einen Tag später hieß es im SED-Zentralorgan „Neues Deutschland": „Zur Staatsbürgerschaft gehört eine Treuepflicht gegenüber dem Staat. Das ist nicht nur in der DDR so. Biermann hat diese Treuepflicht bewußt und ständig grob verletzt. Die Konsequenzen daraus wurden entsprechend dem Staatsbürgerschaftsgesetz der DDR gezogen. Biermann hatte einst, aus der BRD kommend, die Staatsbürgerschaft der DDR erhalten, nun hat er sie durch seine eigene Schuld, durch sein feindliches Auftreten gegen unseren sozialistischen Staat, wieder verloren." Die meisten Menschen in Ost und West dürften erst durch das Aufsehen, das die Ausbürgerung Biermanns erregte, auf den Liedermacher und Dichter aufmerksam geworden sein, der am Tag zuvor seinen vierzigsten Geburtstag gefeiert hatte. Tatsächlich war Biermann seit den sechziger Jahren zu einer Identifikationsfigur der kritischen DDR-Intelligenz geworden. Wortgewaltig und nicht selten mit ätzender Schärfe geißelte er in seinen

Abb. 18: Wolf Biermann auf der Pressekonferenz
nach seiner Ausbürgerung im November 1976

Liedern und Gedichten die Widersprüche zwischen der sozialistischen Idee und der DDR-Wirklichkeit. Bereits 1965 hatte die Staatsmacht ihren unbequemen Kritiker mit einem Auftrittsverbot belegt. Mundtot konnte sie den überzeugten Kommunisten, der 1953 von Hamburg in die DDR übergesiedelt war, damit nicht machen. Obwohl seine Schallplatten nur in der Bundesrepublik erscheinen konnten, waren Tonbandmitschnitte unter Intellektuellen und Studenten in der DDR weit verbreitet. 1973 hatte die Staatssicherheit ein Szenario entworfen, Biermann unter dem Vorwurf der „staatsgefährdenden Hetze" den Prozeß zu machen. Als alternative Varianten hatte man vorgeschlagen, ihn gegen seinen Willen in die Bundesrepublik abzuschieben oder ihm nach einem Besuch in Westdeutschland die Rückkehr in die DDR zu verweigern. Mitte November 1976 glaubten Honecker und Mielke, die Gunst der Stunde nutzen zu können. Am 13. des Monats hatte der Liedermacher auf Einladung der IG Metall in Köln ein Konzert gegeben. Trotz seines dabei vorgetragenen eindeutigen Bekenntnisses zur DDR wollte oder konnte das SED-Politbüro den Hohn und Spott des Barden nicht mehr länger ertragen. So ordneten sie Biermanns Ausbürgerung an, von der selbst der DDR-Kulturminister Hans-Joachim Hoffmann nach eigenem Bekunden erst aus der „Aktuellen Kamera", der Nachrichtensendung des DDR-Fernsehens, erfuhr.

Doch das Kalkül der Herrschenden, daß sich der Unmut der Beherrschten über diesen Schritt in Grenzen halten würde, erfüllte sich nicht. Als das Westfernsehen nach Bekanntgabe der Ausbürgerung Biermanns Konzert bundesweit ausstrahlte, konnte sich die DDR-Bevölkerung von der Absurdität der Vorwürfe überzeugen. In Ostberlin verfaßten zwölf namhafte Schriftsteller, darunter Stephan Hermlin, Christa Wolf, Volker Braun, Heiner Müller und Stefan Heym, eine Protesterklärung, in der sie die Partei- und Staatsführung aufforderten, „die beschlossenen Maßnahmen zu überdenken".[12] 93 weitere Künstler erklärten sich in jenen Novembertagen mit dem Aufruf solidarisch, die meisten von ihnen prominente und bis dahin durchaus loyale Künstler, Schauspieler (u. a. Manfred Krug, Angelica Domröse, Armin Mueller-Stahl), Sänger (u. a. Nina Hagen, Reinhard Lakomy) und viele weitere Schriftsteller (so etwa Günter de Bruyn, Jürgen Fuchs, Ulrich Plenzdorf). Aber auch manch namenloser DDR-Bürger, ohne jenen Schutz, den Prominenz verlieh, machte seinem Unmut in Flugblättern und nächtlichen Parolen an Häuserwänden Luft. Doch die Parteiführung hatte sich mit diesem Schritt längst verrannt. Mit Zukkerbrot und Peitsche wurde versucht, die Petenten zur Rücknahme ihrer Unterschrift zu nötigen. Es hagelte Parteistrafen, Ausschlüsse aus der SED oder dem Schriftstellerverband, Publikationsverbote und Schikanen aller Art.

Die Biermann-Ausbürgerung war weit mehr als nur ein neuerlicher kulturpolitischer Klimawechsel, von denen es in der DDR-Geschichte mehrere gab. Sie markierte einen Einschnitt, in dessen Folge große Teile der kritischen DDR-Intelligenz resignierten. Nicht wenige hatten gerade in jenen Jahren ihre Hoffnungen auf den Eurokommunismus gesetzt.

Der ließ eine Demokratisierung der kommunistisch regierten Staaten und größere Unabhängigkeit von Moskau möglich erscheinen. Die starre Haltung der eigenen Staats- und Parteiführung ließ sie immer mehr resignieren. Viele Intellektuelle verabschiedeten sich nicht nur von den politischen Idealen ihrer Jugend, sondern auch vom eigenen Staat: Jahr für Jahr verließen kritische Menschen, die in der DDR groß geworden waren und das Erziehungs- und Bildungssystem durchlaufen hatten, die DDR nach Westen; die meisten – oft nach jahrelangen Schikanen und keineswegs in jedem Fall freiwillig – für immer, einige wenige, vor allem Künstler und Schriftsteller, mit einem Paß, der die Rückkehr erlaubte. Während die SED-Führung die Bevölkerung mit Mauer, Stacheldraht und Selbstschußanlagen zum Bleiben zwang, schien sie den Exodus von Teilen ihrer kulturellen Elite nicht selten zu fördern. Drei Jahrzehnte nach Gründung der DDR hatten sich Geist und Macht östlich der Elbe nur noch wenig zu sagen.

Doch die Mächtigen betrieben eine intellektuelle Selbstentblößung nicht nur ihres Landes, sondern auch der eigenen Partei. Seit den sechziger Jahren hatten viele reformorientierte Kräfte bei aller Kritik an stalinistischen Strukturen ihre politische Heimat innerhalb der SED gesehen. Als die SED-Führung in der zweiten Hälfte der siebziger Jahre unmißverständlich klarstellte, daß sie einen „Marsch durch die Institutionen" nicht dulden würde, drängte sie ihre Kritiker in eine grundsätzlichere Opposition. Mit unnachgiebiger Härte ließ die SED Rudolf Bahro zu acht Jahren Gefängnis verurteilen. Dieser hatte im Sommer 1977 in Westdeutschland sein Buch „Die Alternative" veröffentlicht, in dem er als überzeugter Marxist den „realexistierenden Sozialismus" in der DDR einer scharfen Kritik unterzog. Diejenigen, die im Lande verblieben, entfernten sich weiter und weiter von der „führenden Partei". Angesichts der Rüstungsspirale in Ost und West und der zunehmenden Umweltverschmutzung entstanden unter dem Dach der Kirche in den achtziger Jahren Umwelt- und Friedensgruppen, die zum Sammelbecken einer langsam, aber stetig wachsenden Oppositionsbewegung wurden. Bereits im August 1976 hatte die Selbstverbrennung des Pfarrers Oskar Brüsewitz ein dramatisches Schlaglicht auf die Bedrängnis geworfen, in der sich trotz äußerer Normalität viele Christen in der DDR sahen.

Die Parteiführung geriet jedoch nicht nur seitens der Intellektuellen unter Druck. Auch die umworbene Jugend, in der DDR aufgewachsen und durch die Schule der FDJ gegangen, zeigte sich alles andere als systemkonform. Ausgerechnet am Jahrestag der DDR-Gründung, am 7. Oktober, brachen 1977 in Ostberlin handgreifliche Auseinandersetzungen zwischen Jugendlichen und der Polizei aus. Mit der internationalen Anerkennung, der schrittweisen Normalisierung im deutsch-deutschen Verhältnis und den vertraglichen Reiseregelungen ließ sich die mit dem Mauerbau angestrebte Abschottung der DDR-Bevölkerung vor „westlichen Einflüssen" weniger denn je aufrechterhalten. Zwischen 1969 und 1975 verdreifachte sich die Zahl der Bundesbürger, die in die DDR kamen. Während bis Mitte der sechziger Jahre Westberliner wenigstens zu festgesetzten Zeiten im Rahmen der Passierscheinabkommen zu Verwandtenbesuchen nach Ostberlin fahren konnten, war ihnen die Grenze in den Jahren zwischen 1966 und 1972 fast völlig versperrt geblieben. Erst das Viermächte-Abkommen über Berlin von 1971 und die deutsch-deutschen Vertragsverhandlungen brachten hier den Durchbruch: 1975 wurden über 3,5 Millionen Reisen nach Ostberlin und in die DDR registriert. In umgekehrter Richtung fuhren dreißig Jahre nach Kriegsende außer den Rentnern rund 40 000 DDR-Bürger in „dringenden Familienangelegenheiten" nach Westen; ein Rinnsal nur und dennoch ein Fortschritt, gemessen an der Zeit nach dem Mauerbau. Die deutsch-deutschen Verhandlungen sollten nicht nur die Lebensverhältnisse in der DDR ein Stück weit verbessern, sondern stets auch – entgegen der Absicht der SED-Führung – die Besonderheit des deutsch-deutschen Verhältnisses und die Offenheit der deutschen Frage unterstreichen und so der Entfremdung zwischen den Landsleuten in Ost und West entgegenwirken.

Inzwischen nahmen immer mehr DDR-Bürger die von Erich Honecker 1975 unterzeichnete KSZE-Schlußakte von Helsinki

Abb. 19: S-Bahnhof Friedrichstraße, Ostberlin: Streng gesicherte Schleuse
zwischen Ost- und Westberlin

beim Wort, in der sich die DDR-Führung zur Respektierung
der Grundrechte verpflichtet hatte, zu denen auch das Recht
auf Freizügigkeit zählt. So stieg in den achtziger Jahren die
Zahl derjenigen, die einen Ausreiseantrag in der DDR stellten,
kontinuierlich an. Waren es 1984 rund 32 000 Bürger, die auf
eine Übersiedlung nach Westdeutschland warteten, sollten es
1988 über 110 000 sein. Daran konnten auch die Schikanen
seitens der Partei und ihrer Staatssicherheit nichts ändern, die
den Alltag der meisten Ausreiseantragsteller bestimmten.

5. Das letzte Jahrzehnt

Drei Jahrzehnte nach Gründung der DDR stand die Staats-
und Parteiführung vor einem unauflösbaren Dilemma. Kein
anderes Ostblockland konnte mit einem vergleichbar hohen
Lebensstandard aufwarten. Verfügte Mitte der siebziger Jahre
erst jeder vierte Haushalt über einen PKW, war es 1979 bereits
jeder dritte. Auch der Ausstattungsgrad mit hochwertigen
Konsumgütern wie Fernsehapparaten (90 Prozent), Kühl-
schränken (fast 100 Prozent) oder Waschmaschinen (80 Prozent) konnte sich mit nicht wenigen westlichen Industriestaaten messen. Das ehrgeizige Wohnungsbauprogramm zeitigte
erste Resultate. Mieten, Strom- und Wasserpreise waren nicht
minder hochsubventioniert als Grundnahrungsmittel. Die
Einkommen und Renten stiegen. Ehekredite sorgten für zusätzliche Kaufkraft. Der Staat investierte große Summen in das
Gesundheitswesen und das Bildungssystem. Staatliche und
betriebliche Kinderkrippen und -horte erleichterten den Alltag
junger Familien. Und dennoch wuchs der Unmut in der Bevölkerung. Anders als von der SED-Führung erwartet, sahen
die Menschen keine Veranlassung, die „sozialen Errungenschaften" mit politischem Wohlverhalten und Loyalität zu honorieren. Auch der gestiegene Lebensstandard konnte die feh-
lende Demokratie und die staatliche Gängelung zwischen
Oder und Elbe nicht vergessen machen. Außerdem hatten die
vollmundigen Versprechungen der Wirtschaftspläne und das
Westfernsehen längst noch höhere Erwartungen geweckt, die
angesichts der angespannten wirtschaftlichen Lage einfach
nicht zu verwirklichen waren. Allen Abgrenzungsbemühungen
der Führung zum Trotz blieb die Bundesrepublik für die
Mehrheit der Ostdeutschen die Beziehungsgesellschaft, mit der
sie die eigenen Lebensverhältnisse verglichen. Der Versuch, die
eigene Bevölkerung durch den Mauerbau und die eintönige,

von der SED kontrollierte Medienlandschaft vom westlichen Nachbarn abzuschirmen, war von Beginn an zum Scheitern verurteilt. Jeden Abend erfolgte via ARD und ZDF die kollektive Ausreise der DDR-Bevölkerung in die bunte Bilderwelt des Westens. Weder vor noch nach dem Mauerbau hatte die SED das von ihr reklamierte Informationsmonopol besessen. Ende der achtziger Jahre ergab eine unveröffentlichte Umfrage in der DDR, was damals wohl niemanden überrascht hätte: 85 von 100 Befragten gaben an, regelmäßig das Westfernsehen zu empfangen.

Wirtschaftlicher Verfall

Tatsächlich stand die DDR-Wirtschaft Anfang der achtziger Jahre am Rande des Zusammenbruchs, was weder westliche Beobachter erkannten noch die Menschen in der DDR zu überschauen vermochten. Letztere fanden seit dem Amtsantritt Honeckers zunehmend mehr Geld in der „Lohntüte", mit dem immer weniger anzufangen war. Die Grundkosten des Lebensunterhaltes fielen angesichts der staatlichen Preispolitik nicht ins Gewicht. Wollte man jedoch die in den siebziger Jahren angeschafften langlebigen technischen Konsumgüter ersetzen oder für den neugegründeten Hausstand anschaffen, fand man in den Läden vielfach nur technisch überholte Ladenhüter. Für hochwertige Konsumgüter wie PKWs oder dem aktuellen westlichen Entwicklungsstand halbwegs entsprechende Farbfernsehgeräte, Kühlschränke mit Gefrierfach oder Waschvollautomaten mußten nicht nur horrende Preise gezahlt werden. Bis zur Auslieferung hatten sich die Kunden oft viele Jahre zu gedulden. Dauerte die Lieferzeit eines Waschvollautomaten bis zu drei Jahren, blieb der Trabant mit mindestens einem Jahrzehnt Wartezeit der ungekrönte Spitzenreiter. Der Grund hierfür: Die DDR verschleuderte – sieht man von den technisch veralteten Kraftfahrzeugen ab – in ihrer Devisennot diese Waren zu Billigpreisen in den Westen. Dort waren neben den „Präsident"-Schreibmaschinen, „MZ"-Motorrädern und

„Praktika"-Spiegelreflexkameras seit den sechziger Jahren zahlreiche technische Konsumgüter, Möbel und vieles mehr – zum Teil unter anderem Markennamen – in den Versandhandelskatalogen und Kaufhäusern zu finden.

Im letzten Jahrzehnt der DDR sollte selbst die Versorgung mit den sogenannten „Waren des täglichen Bedarfs" immer größeren Schwankungen unterliegen. Die Fehlzeiten der „Werktätigen" in den Betrieben und in den Verwaltungen wurden länger und länger, weil die stillschweigend geduldete Jagd nach den knappen Gütern während der Arbeitszeit immer zeitaufwendiger und frustrierender wurde. In der Wirtschaftsbürokratie der DDR fehlte es seit den siebziger Jahren nicht an Mahnungen, die einen grundsätzlichen Kurswechsel in der staatlichen Preispolitik forderten. Ein Teil des Geldüberhangs sollte mittels realistischerer Energiekosten und Lebensmittelpreise abgeschöpft und so Entwicklungen entgegengesteuert werden, die etwa Kleintierzüchter die staatlich subventionierten Haferflocken an ihre Tiere verfüttern ließen. Doch das starrsinnige Festhalten Erich Honeckers und seines Wirtschaftsfachmanns Günter Mittag an der bisherigen Subventionspolitik resultierte zweifellos auch aus der Sorge, daß die Bevölkerung eine Abkehr von diesen „Errungenschaften" nicht mit der gleichen Selbstverständlichkeit akzeptieren würde, wie sie diese bis dahin angenommen hatte. Nur allzu ungut waren der Parteiführung die Reaktionen der Bevölkerung im Jahre 1977 in Erinnerung, als Preiserhöhungen im Textilbereich zu Hamsterkäufen und der Versuch, die hohen Importkosten für Röstkaffee durch einen minderwertigen Mischkaffee einzuschränken, zu unerwartet heftigen Eingaben bei den Behörden geführt hatten. Auch der Versuch der Wirtschaftsstrategen, mit der Einführung der Exquisit- und Delikatläden Ende der siebziger Jahre den gestiegenen Konsumwünschen der Bevölkerung durch hochpreisige Westimporte und vermeintlich hochwertigere DDR-Eigenprodukte zu begegnen, sollte mangels Devisen und eigener Produktionskapazitäten scheitern. Die Schuldenlast der DDR im Westen war 1981 auf 23 Milliarden DM angewachsen. Die Vorstellung Honeckers, kreditfinanzierte Technologieimporte aus dem Westen in der ersten Hälfte der siebziger Jahre in der zweiten Hälfte durch Exporte in Hartwährungsländer wieder ausgleichen zu können, hatte sich nicht erfüllt. Ein viel zu großer Anteil der gepumpten Milliarden war in den Import von Getreide und Futtermitteln sowie Konsumgütern geflossen bzw. mußte zur Finanzierung der Zinsen und Tilgung der Altschulden verwendet werden. Da ließ die Ankündigung der Sowjetunion im Jahre 1981, sie werde die Erdöllieferungen an die DDR von jährlich 19 auf 17 Millionen Tonnen reduzieren, in Ostberlin die Alarmglocken läuten. Das Erdöl wolle man, so hieß es aus Moskau, an das westliche Ausland verkaufen, um dringend benötigte Lebensmitteleinfuhren finanzieren zu können. Für die DDR ein schwerer Schlag, der die Wirtschaftskrise weiter verschärfen sollte. In zwei Briefen bat Honecker Breschnew, die Entscheidung zu revidieren. Doch offenbar stand den Sowjets zu diesem Zeitpunkt das Wasser bis zum Hals. Der ZK-Sekretär der KPdSU, Konstantin Russakow, reiste am 21. Oktober 1981 nach Ostberlin, um Honecker klarzumachen, daß die Sowjetunion von diesem Schritt nicht abrücken werde. Das Wortprotokoll zitiert Russakow: „Wir wissen, welche großen Schwierigkeiten wir damit Euch bereiten. Aber glaubt uns bitte, im eigenen Land haben wir die härtesten Maßnahmen getroffen. Im Verlauf des Bestehens der sozialistischen Staatengemeinschaft haben wir so oft in mancher schwierigen Situation geholfen. Jetzt bitten wir Euch um Hilfe. Wir wissen uns keinen anderen Ausweg. Genosse Breschnew sagte mir, wenn Du mit Genossen Honecker sprichst, sage ihm, daß ich geweint habe, als ich unterschrieb." Doch des Generalsekretärs angebliche Tränen ließen Honecker in dieser zugespitzten Situation kalt. Oft genug hatte die DDR in der Vergangenheit ihre wirtschaftlichen Interessen hinter die der Sowjetunion stellen müssen. Der ostdeutsche Staats- und Parteichef zeichnete ein düsteres Bild. Man befinde sich „dem revanchistischen Westen gegenüber [...], der mit fünf Fernsehkanälen und über 35 Rundfunkstationen pausenlos" auf die DDR einstürme, und gleichzeitig habe man „hinter unserem Rücken die Konterrevolution" in

Polen. In einem Monat wolle das SED-Zentralkomitee den Fünfjahrplan bis 1985 beschließen. „Was sollen wir dort erklären?" protestierte der SED-Generalsekretär. „Wenn wir die Fonds kürzen, wird die Bevölkerung sagen, ihr habt uns betrogen. Nicht nur das. Es geht ja auch um mehr. Die Planung unserer Kombinate für die nächsten Jahre ist abgeschlossen. Wenn die Kürzung eintritt, müssen wir ganze Betriebe stilllegen. [...] Ich bitte Dich, Genossen Leonid Iljitsch Breschnew offen zu fragen, ob es 2 Millionen Tonnen Erdöl wert sind, die DDR zu destabilisieren."[1] Doch alles Insistieren hatte keinen Erfolg. Als 1982 die Kreditzinsen einen Höchststand und das Vertrauen des internationalen Geldmarktes in die Zahlungskraft der Ostblockstaaten die Talsohle erreicht hatten, stand die DDR vor der Zahlungsunfähigkeit. Rettung in der Not brachte 1983 ein Milliardenkredit bundesdeutscher Banken, den der Stasi-Offizier Alexander Schalck-Golodkowski mit dem bayerischen Ministerpräsidenten Franz Josef Strauß und dem Fleischfabrikanten Josef März eingefädelt hatte. Eine weitere Finanzspritze in Milliardenhöhe, für die ebenfalls die Genehmigung der Bundesregierung nötig war, folgte 1984.

Alle Bemühungen der Parteiführung, die krisenhafte DDR-Wirtschaft wieder anzukurbeln, scheiterten. Vertragliche Verpflichtungen im Rahmen der osteuropäischen Wirtschaftsgemeinschaft, dem Rat für Gegenseitige Wirtschaftshilfe (RGW), schränkten den Handlungsspielraum der ostdeutschen Planökonomen zusätzlich ein. Die Investitionsprogramme im Bereich der Mikroelektronik oder die halbherzigen Wirtschaftsreformen im Plangefüge vermochten die Stagnation nicht zu überwinden. Weder in der Politik noch in der Wirtschaft war die SED bereit, ihre „führende Rolle" einzuschränken, um auf diese Weise Spielraum für kreative Energie, eigenständiges Denken und vor allem Handeln zu bieten.

Allein Improvisationskunst und der westliche Devisentropf vermochten die marode Planwirtschaft im letzten Jahrzehnt der DDR noch halbwegs am Laufen zu halten. Doch der Devisenstrom floß längst nicht mehr in ausreichender Form. In ihrer Not war die Partei- und Staatsführung mittlerweile dazu übergegangen, alle denkbaren Quellen für die dringend benötigten DM auszuschöpfen. Dazu zählten längst nicht nur die Zahlungen der Bundesrepublik für den Transit durch die DDR, die stagnierenden Exporte in den Westen, der Zwangsumtausch für Besucher aus dem Westen und der Versuch, die Devisenbestände der eigenen Bevölkerung über die Intershops oder den Genex-Versandhandel abzuschöpfen. Seit den sechziger Jahren zählte auch der „Verkauf" politischer Häftlinge an die Bundesrepublik zu den Einnahmequellen der DDR. Bereits seit dieser Zeit entwickelte Schalck-Golodkowskis Schattenwirtschaftsimperium „Kommerzielle Koordinierung" immer größeren Erfindungsreichtum, um den Devisenfluß aufrechtzuerhalten und auszubauen. Man enteignete Kunst- und Antiquitätenbesitzer in der DDR und versilberte deren Sammlungen ebenso im Westen wie in den letzten Jahren der DDR Blutprodukte, für die sich so mancher DDR-Bürger zur Ader lassen ließ in der Annahme, hier einen Akt der Solidarität mit den Befreiungsbewegungen der Welt zu leisten. Hinzu kamen Waffengeschäfte in alle Welt und der Import von Müll aus dem Westen, der gegen Bares auf riesigen, streng bewachten Deponien an der Grenze zu Westberlin und zum Großraum Hamburg eingelagert wurde.

Im Bann des Status quo

So mag es in der historischen Rückschau zunächst befremdlich erscheinen, daß trotz dieser scheinbar so offensichtlichen Krisenerscheinungen das Handeln aller politischen Akteure innerhalb und außerhalb der DDR am Status quo, d. h. am Bestehenden, orientiert blieb.

Dies galt zuvorderst für die SED, die mit einem „Zick-Zack-Kurs" zwischen einer „harten" und einer „weichen" Politik reagierte.[2] Das Politbüro hatte Ende der siebziger Jahre im Nachbarstaat Polen beobachten müssen, wie brüchig der Status quo sein konnte. Dort war die unabhängige Gewerkschaftsbewegung „Solidarität" zu einer mächtigen Institution herangewachsen, die die führende Rolle der polnischen Staatspartei erfolgreich in Frage stellte. Die SED-Führung hob daraufhin den visafreien Reiseverkehr auf, um das Virus der polnischen Opposition vom eigenen Land fernzuhalten. Eine Entscheidung, die offenbar bei großen Teilen der DDR-Bevölkerung aus ganz anderen Gründen auf Zustimmung stieß: Anders als von der offiziellen deutsch-polnischen Freundschaftspropaganda beschworen, hielten sich in der DDR die Sympathien für die östlichen Nachbarn in Grenzen, die, so lautete der verbreitete Vorwurf, durch ihren Einkaufstourismus die Versorgungslage in der DDR noch verschärften.

Wie in vorausgegangenen Krisensituationen (und ebenso vergeblich) versuchte die SED-Führung, die eigene Partei und die ihr untergeordneten Massenorganisationen und Blockparteien organisatorisch zu festigen und in stärkerem Maß als bisher für die anstehenden Aufgaben zu mobilisieren. Gleichzeitig intensivierte sie die politische Propagandaarbeit. Hinzu kam der weitere Ausbau des Überwachungsstaates. Mit ihren Parteitagen, ihren Aufmärschen und ihrer Propaganda demonstrierte sie bis zuletzt Zuversicht und zählte in den achtziger Jahren schließlich jeden sechsten Erwachsenen in ihren Reihen. Bei den Wahlen zur Volkskammer und zu den Kommunalparlamenten erzielten die Einheitslisten die gewohnte 99prozentige Zustimmung. Die Bevölkerung war nach außen hin durch ein Netz von Massenorganisationen und Parteien in das System mit eingebunden. Doch die bloße Mitgliedschaft in der FDJ, im FDGB und in all den anderen Verbänden, ja selbst in den Parteien bis hin zur SED, sagte schon lange nichts mehr über die politischen Auffassungen der Menschen aus. Mochte die SED-Führung auch die Massenorganisationen und Blockparteien für ihre Interessen mit mehr oder – zumeist – weniger Erfolg für die eigene Politik zu instrumentalisieren versuchen, die Mitgliedermassen bemühten sich umgekehrt nicht minder, dies zu tun. Hätte die FDJ nicht über eigene Jugendfreizeitstätten und -angebote, ein eigenes Reisebüro etc. verfügt, die Monopoljugendorganisation hätte seit den sechziger Jahren wohl kaum solche Zuwachsraten in der Mitgliedschaft verzeichnen können, ohne weitaus offeneren Druck zum Beitritt ausüben zu müssen. Ohne die Sozialversicherung und die FDGB-Ferienheime sowie rudimentäre Reste gewerkschaftlicher Interessenvertretung an der betrieblichen Basis hätte auch der FDGB wohl ein ziemliches Schattendasein geführt. Alle in der DDR zugelassenen Parteien und Verbände standen in einem Spannungsfeld zwischen SED- und Mitgliederinteressen. Beide galt es zu berücksichtigen. Im Konfliktfall obsiegte jedoch stets die „führende Partei".

Die Zugehörigkeit zum Organisationsgefüge der DDR war zugleich auch der Tribut, den viele zu zahlen bereit waren, um unbehelligt ihr Leben zu leben. Mit jeder Etappe im Bildungswesen und jeder Sprosse auf der Karriereleiter stieg der Druck zum vermehrten „gesellschaftlichen" Engagement. Am Anfang standen die Jungen Pioniere und die FDJ, in der Erwachsenenwelt die Gewerkschaft und die mitgliederstärkste Massenorganisation mit vordergründig politischem Charakter, die Gesellschaft für Deutsch-Sowjetische Freundschaft. Am Ende stand zumeist die SED. Ausweichmöglichkeiten boten hier zum Teil die anderen „Blockparteien", die bei der Besetzung von Positionen in der Verwaltung und in den Betrieben nach einem strengen, von der SED überwachten Proporz berücksichtigt wurden. Wie viele Menschen letztlich aus Opportunismus der SED beitraten oder dies aus Überzeugung taten, vermag niemand zu sagen. Auch im letzten Jahrzehnt der DDR fanden sich junge Menschen, die sich durch ihr Elternhaus, die FDJ und die Schule von der Idee des Sozialismus trotz dessen trostloser „Realexistenz" in der DDR überzeugen ließen. Doch zwischen der Bandbreite von bloßem Opportunismus und reinem Idealismus lag jene Grauzone unterschiedlicher persönlicher Motive, zu denen auch die Überzeugung zählte, daß einzig in der SED die Politik in der DDR zumindest an der Basis beeinflußt werden könne. Für alle galt, daß sie, einmal der SED beigetreten, deren Disziplin unterlagen und zu funktionieren hatten. Und so werden sich die hundertfünfzigprozentigen Dogmatiker, die ihre Mitmenschen gängelten, ebenso aus beiden Gruppen herausgebildet haben wie die unermüdlichen Aktivisten, die in den Betrieben und in den Verwaltungen „den Laden" irgendwie am Laufen hielten.

SED-Staat und Kirche

Auch die einzige nicht völlig gleichgeschaltete Institution in der DDR, die Kirche, richtete ihr Handeln am Status quo aus. Seit den siebziger Jahren hatte insbesondere die evangelische Kirche in Fragen der Friedenssicherung, der individuellen Menschenrechte und des Umweltschutzes den kritischen Dialog mit der SED begonnen. In den achtziger Jahren suchte und fand die sich formierende unabhängige Friedens- und Menschenrechtsbewegung der DDR unter dem Dach der Kirche Schutz. Die Kirchenleitungen sahen sich dabei mit Erwartungen konfrontiert, die eine ständige Überprüfung des eigenen Selbstverständnisses und Handlungsspielraumes abverlangten. „Kirche im Sozialismus" lautete seit 1971 die Ortsbestimmung des Protestantismus in der DDR: „In dieser so geprägten Gesellschaft, nicht neben ihr, nicht gegen sie", sollte kirchliches Handeln erfolgen.[3]

An der Nahtstelle der Blöcke erwuchs der evangelischen Kirche eine Mittlerfunktion zwischen Ost und West, die eine ständige Gratwanderung erforderte. Voraussetzung dafür war Vertrauensbildung in beide Richtungen. Doch Vertrauen erfordert auch Vertraulichkeit. So offenbarte sich das Geflecht der Beziehungen zwischen Staat und Kirche in der DDR erst nach 1989. Als mit der Öffnung der Archive die Stasi-Verstrickung kirchlicher Würdenträger und Funktionäre bekannt wurde, gerieten die Kirchen ins Kreuzfeuer der Kritik. Plötzlich galten sie für manche als eine von der Staatssicherheit infiltrierte und weitgehend von der SED gelenkte Institution. Angesichts einer staatlichen Kirchenpolitik, die seit Jahrzehnten zwischen Unterdrückung und Dialog pendelte, war es den Kirchen schwergefallen, ihren Handlungsspielraum zu jedem Zeitpunkt zu überschauen und zu nutzen. Schließlich blieb die Strategie der SED-Kirchenpolitik stets an der immer utopischeren Hoffnung ausgerichtet, der Wandel in der DDR-Gesellschaft würde die Kirchen langfristig „absterben" lassen. Unstrittig ist heute, daß es der Staatssicherheit an einigen Stellen gelang, die Kirchen zu unterwandern. Eine Überprüfung ergab, daß fünf Prozent der Kirchenmitarbeiter als IM der Staatssicherheit registriert waren. Viele der angeworbenen Kirchenleute waren dennoch der Überzeugung, stets im Sinne der eigenen Kirchen gehandelt zu haben. Unstrittig ist auch, daß es in jahrelanger Zusammenarbeit hinter den Kulissen zu manch – unangemessener – Vertraulichkeit zwischen den Verhandlungspartnern kam. Dennoch muß festgehalten werden, daß das bisher vorherrschende Bild der evangelischen Kirche als Widerpart staatlicher Allmacht und Förderin des deutsch-deutschen Dialogs und jenes Bild einer Kirche, die konspirativ mit SED-Führern und der Staatssicherheit verhandelte und dabei stellenweise die eigene Integrität gefährdete, zwei Seiten derselben Medaille darstellen.

Die deutsch-deutschen Beziehungen in den achtziger Jahren

Und schließlich orientierte sich auch das deutsch-deutsche Verhältnis in den achtziger Jahren bis zuletzt an der politischen Realität, die eine plötzliche Implosion des sowjetischen Imperiums kaum vorstellbar erscheinen ließ. Heute verblaßt die Erinnerung an die Zeit vor dem Epochenwandel in Osteuropa 1989 immer stärker. Dabei standen sich die beiden Machtblöcke seit den ausgehenden 70er Jahren in neuer Feindseligkeit gegenüber. Der Westen hatte die Stationierung sowjetischer Mittelstreckenraketen in Osteuropa mit dem Nato-Doppelbeschluß beantwortet. Der fortwährende Rüstungskreislauf hatte auf beiden Seiten eine vielfache atomare Overkill-Kapazität angehäuft. Bei vielen Menschen in Ost und West wuchs die Angst vor einem Atomkrieg. In Genf waren die Abrüstungsverhandlungen Anfang der achtziger Jahre in eine Sackgasse geraten. Die Amerikaner planten den Krieg im Weltraum, und Militärstrategen debattierten über die Frage, ob ein atomarer Schlagabtausch nicht doch „gewinnbar" wäre. Die Sowjetunion war 1979 in Afghanistan einmarschiert, und die polnische Führung bekämpfte die Gewerkschaftsbewegung „Solidarität" 1981 mit dem Kriegsrecht, um nur einige Eckpunkte der damaligen Situation in Erinnerung zu rufen. Angesichts des Wiederauflebens des Kalten Krieges erschien es nicht nur Bonn, sondern zunehmend auch Ostberlin als vordringliches Ziel, im Rahmen der immer engeren Handlungsspielräume Schadensbegrenzung zu leisten. Die west- und noch mehr die ostdeutsche Deutschlandpolitik war stets eine Politik unter Vorbehalt. Keine Seite genoß in dieser Frage volle Souveränität.

Die großen, grundsätzlichen Streitpunkte in der Deutschlandpolitik waren bereits in den siebziger Jahren zur Zeit der neuen sozial-liberalen Ostpolitik ausgetragen worden. Auch der Regierungswechsel im Jahre 1982 änderte nichts Wesentliches am mittlerweile parteiübergreifenden Konsens in dieser Frage. Nicht deutschlandpolitische Maximalziele standen im Mittelpunkt dieser Politik, sondern der Versuch, die Folgen der deutschen Teilung vor allem für die Bevölkerung im Osten erträglicher zu gestalten und das im Westen schwindende Gefühl nationaler Zusammengehörigkeit wachzuhalten. Auch im vierten Jahrzehnt der Teilung schien die deutsche Frage auf absehbare Zeit nicht auf der „Tagesordnung der Weltgeschichte" zu stehen. In allen politischen Lagern herrschte weitgehend Einigkeit, daß die Wiedervereinigung, wenn überhaupt, im Rahmen einer europäischen Friedensordnung verwirklicht werden könne, mit der die Spaltung Europas überwunden würde.

Für Ostberlin hätte das Parkett der deutsch-deutschen Beziehungen Anfang der achtziger Jahre kaum glatter sein können. Angesichts der neuen Eiszeit auf internationaler Ebene drohte der innerdeutsche Dialog zum Schweigen gebracht zu werden. Trotz aller ideologischen Abgrenzung nach Westen war sich die DDR-Führung jedoch sehr wohl bewußt, daß die ostdeutsche Volkswirtschaft zunehmend von der Kooperation mit den westlichen Industriestaaten – und hier vor allem mit der Bundesrepublik – abhing.

In dieser diffizilen Situation war es ausgerechnet Erich Honecker, der im Oktober 1980 unerwartet auf Konfrontationskurs ging. Vor Parteifunktionären in Gera forderte er nachdrücklich die Anerkennung einer DDR-Staatsbürgerschaft durch die Bundesrepublik, die Aufwertung der Ständigen Vertretungen in Bonn und Ostberlin zu regulären diplomatischen Botschaften, die Auflösung der Zentralen Erfassungsstelle der bundesdeutschen Landesjustizverwaltungen für kriminelle Vergehen und Straftaten der DDR-Behörden in Salzgitter sowie eine Vereinbarung über den Grenzverlauf auf der Elbe im Sinne der DDR-Interessen. Auch über die innerdeutschen Beziehungen schien sich Anfang der achtziger Jahre ein neuer „Frost" zu senken.

Die zeitgenössischen Beobachter mutmaßten sicher nicht zu Unrecht, daß die Politbürokraten die innenpolitischen Auswirkungen ihrer Deutschlandpolitik mit Sorge betrachteten. Mit der zumindest partiellen Öffnung der Grenze gelangten auch neue Ideen und damit Hoffnungen auf eine Veränderung des Systems in die DDR. Der eigentliche Anstoß für die unvermittelte Brüskierung der Bundesregierung kam jedoch aus Moskau. Mit zunehmender Skepsis überwachte man dort die regen Kontakte der DDR mit dem Westen. Bis hinauf in ihr Politbüro war die SED mit Gewährsmännern des Kremls durchsetzt. Als der Honecker-Intimus und ZK-Sekretär für Wirtschaft, Günter Mittag, am 22. April 1980 dem Politbüro über ein Treffen mit Bundeskanzler Schmidt und anderen Spitzen der Bundesrepublik am Rande der Hannover-Messe berichtete, läuteten bei den Männern Moskaus die Alarmglocken. „Wir wissen … nicht, ob das, was er dem Politbüro mitgeteilt hat, überhaupt stimmt. Wir beide haben Zweifel daran und glauben, daß der Bericht von Günter Mittag im Politbüro eine ‚extra schön aufgemachte Information' von Erich Honecker und Günter Mittag für das Politbüro und die KPdSU ist, um beide politisch zu befriedigen", petzten Werner Krolikowski und Willi Stoph nach Moskau. Selbst der schönfärberische Bericht mache deutlich, „daß Günter Mittag nicht als ein Vertreter der festgefügten sozialistischen Staatengemeinschaft und ihrer einheitlichen Außenpolitik, sondern als Teilnehmer eines deutsch-deutschen Techtelmechtels aufgetreten ist. Im Grunde genommen hat er mit Schmidt auf einem Stuhl gesessen, den Schmidt hingestellt hat, um zwischen der Sowjetunion und der DDR zu differenzieren."[4]

Mit seinen Geraer Forderungen versuchte Honecker, solche Befürchtungen zu zerstreuen. Der Parteichef wußte sehr wohl, was für ihn auf dem Spiel stand. Er selbst hatte zehn Jahre zuvor seinen einstigen Mentor Ulbricht mit dem Hinweis auf dessen unkalkulierbare Deutschlandpolitik bei Breschnew angeschwärzt und damit dessen Sturz eingeleitet.

Tatsächlich sollten die zwischenstaatlichen Kontakte in den achtziger Jahren schließlich dennoch einen ungeahnten Aufschwung erfahren. Erich Honecker und seine SED wurden zu umworbenen Gesprächspartnern. Jede westdeutsche Partei pflegte eifersüchtig „ihren Draht" zum kleineren Nachbarn. Für die CDU/CSU entwickelten Franz Josef Strauß und Alexander Schalck-Golodkowski eine schwergewichtige Männerfreundschaft. Die SPD ließ ihre Grundwertekommission mit den Parteistrategen der SED über den „Streit der Ideologien und die gemeinsame Sicherheit" diskutieren und 1987 ein so überschriebenes gemeinsames Ideologiepapier beschließen. Davon inspiriert, stellte der FDP-Vorsitzende Hans-Dietrich Genscher bei einem seiner regelmäßigen Gespräche mit dem Chef der SED-eigenen Kaderschmiede Akademie für Gesellschaftswissenschaften, Otto Reinhold, im August 1987 fest, „es wäre sehr gut, wenn eine Möglichkeit gefunden würde, auch mit Vertretern der FDP kontinuierliche Gespräche zu führen."[5] Schon einmal – im Juli 1986 – hatte der Bonner Außenminister die Frage aufgeworfen, ob man nicht „einen inoffiziellen Kanal finden" könne, „außerhalb der staatlichen und diplomatischen Verbindung, auf dem Meinungen und Positionen ausgetauscht" werden könnten.[6] Auch Petra Kelly und Gerd Bastian machten dem SED-Generalsekretär ihre Aufwartung. Doch anders als die „etablierten Parteien" besuchten die Politiker der Grünen dabei stets auch die unabhängigen Friedens- und Menschenrechtsgruppen in der DDR.

Perestroika? Nein, danke!
Die SED zeigt sich reformunfähig

Die mit dem Amtsantritt Gorbatschows im Jahre 1985 einsetzende Entkrampfung der internationalen Beziehungen bestätigte die deutsch-deutschen Entspannungsbemühungen. Aus der „Koalition der Vernunft", so hatte Bundestagspräsident Philipp Jenninger diese Kontakte 1984 charakterisiert,[7] entwickelte sich schließlich eine De-facto-Anerkennung des Honecker-Regimes, auf die der alternde „rote Zar" in Ostberlin so erpicht war. Der auf Intervention Moskaus mehrfach verschobene Besuch Erich Honeckers in Bonn auf Einladung Helmut Kohls im September 1987 „und die durchgesetzte politische und protokollarische Behandlung des Genossen Erich Honecker als Staatsoberhaupt eines anderen souveränen Staates dokumentierten vor aller Welt Unabhängigkeit und Gleichberechtigung beider deutscher Staaten, unterstrichen ihre Souveränität und den völkerrechtlichen Charakter ihrer Beziehung", wie es zweifellos zutreffend im internen Besuchsbericht für das SED-Politbüro hieß.[8] Doch während der ostdeutsche Parteiführer diese Früchte des „neuen Denkens" in der Sowjetunion gerne in Anspruch nahm, stießen „Glasnost" (Offenheit) und „Perestroika" (Umgestaltung) bei der SED-Führung auf kaum verhüllte Ablehnung. Nach der Wende aufgefundene interne Gesprächsprotokolle illustrieren das zunehmende Unvermögen der beiden Parteiführer, die Probleme des jeweils anderen zu verstehen. Aus der Sicht des 19 Jahre jüngeren Gorbatschow war eine Modernisierung der sowjetischen Parteiherrschaft eine unabdingbare Notwendigkeit. Honecker und seine Führungsmannschaft spürten dagegen, daß die aus dem Osten vordringende Reformdiskussion die eigene Macht im Lande untergraben würde. Denkverbote, in der DDR seit Jahrzehnten zu einem hohen Preis aufrechterhalten, wurden plötzlich von der östlichen Führungsmacht in Frage gestellt. Verbittert mußten die greisen Politbürokraten im Herbst 1986 zur Kenntnis nehmen, daß der prominente sowjetische Autor Jewgeni

Abb. 20: Erich Honecker bei seinem Staatsbesuch 1987 in Bonn

Jewtuschenko im Westberliner Fernsehen „von einer einheitlichen deutschen Literatur" sprach. Gegenüber Gorbatschow
etikettierte Honecker den Auftritt als „konterrevolutionär".
Nach Jahrzehnten der totalen Abhängigkeit und bedingungslosen Unterordnung mutete Honeckers Klage fast tragisch an:
„Für uns ist es wichtig, an einer und nicht an zwei Fronten
kämpfen zu müssen."[9] Die Notwendigkeit einer „Perestroika"
in der DDR wischte der Politbürokrat Kurt Hager im April
1987 in einem „Stern"-Interview mit der lapidaren Frage vom
Tisch, „ob man seine Wohnung ebenfalls neu tapezieren" müsse, wenn der Nachbar dies tue.[10] Erbittert hatte der SED-
Generalsekretär einige Monate zuvor hinter verschlossenen

Abb. 21: Der sowjetische Staats- und Parteichef Michail Gorbatschow
in Ostberlin, 1986

Türen gegiftet: „Wir haben schon zur Sowjetunion gehalten, da
lief man dort noch in Bastschuhen."[11] Stets hatte die Ostberliner Partei- und Staatsführung die Interessen der DDR denen
der Sowjetunion untergeordnet. Dies war der Preis, den die
SED über vierzig Jahre für den Machterhalt zwischen Elbe und
Oder zu zahlen bereit gewesen war, den allein die Sowjetunion
auf Dauer gewährleisten konnte. Und jetzt war es die eigene
Schutzmacht, die den Status quo in Europa und damit in der
DDR untergrub. Die Sowjetunion hatte im November des Jahres 1986 einen Wandel in den Ostblockbeziehungen signalisiert, dessen ganze Tragweite erst in der Rückschau deutlich
wurde. Auf einer Tagung der Parteiführer der Mitgliedstaaten
des Rates für Gegenseitige Wirtschaftshilfe (RGW) hatte Gorbatschow „die Selbständigkeit jeder Partei, ihr Recht auf sou-
veräne Entscheidung über die Entwicklungsprobleme ihres
Landes, ihre Verantwortung gegenüber dem eigenen Volk"

betont.[12] In Abkehr von der bis dahin gültigen Breschnew-Doktrin lag über selbständigen politischen Reformbemühungen im Ostblock fortan nicht mehr der Schatten einer möglichen militärischen Intervention der Sowjetunion. Während die Regierungen in Budapest oder Warschau die bis dahin ungekannten Handlungsspielräume für weitreichende Reformen nutzten, blieb in der DDR alles beim alten. Niemand in der engeren Führungsmannschaft in Ostberlin vermochte damals den Moskauer Kurswechsel dergestalt zu deuten, daß sowjetische Panzer fortan auch kein Garant mehr für die eigene Parteiherrschaft sein würden. Zu fest schien der Status quo. Zu dicht war das Netz der der SED ergebenen Parteien und Organisationen, der Polizei, der Staatssicherheit und der „bewaffneten Organe", über den ostdeutschen Teilstaat gelegt, als daß die Macht im Staate ernsthaft bedroht erscheinen konnte.

Vierzig Jahre nach der Parteigründung 1946 hatte der Mitgliederstand der SED mit 2,3 Millionen seinen Höchststand erreicht. Doch mit dem Bazillus „Glasnost" und „Perestroika", der über den Umweg der Westmedien noch verstärkt in der DDR zu grassieren begann, vermochte die SED-Führung weniger denn je, ihren ideologischen Vormachtanspruch aufrechtzuerhalten. In das Schwarz-Weiß-Bild der offiziellen Propaganda drängten sich neue Farbtöne. Diesmal allerdings aus der Sowjetunion kommend, von der es doch jahrzehntelang zu lernen galt. Anders als bei ideologischen Herausforderungen durch den „Klassenfeind" kamen die Parteidogmatiker in ernsthafte Erklärungsnot. Plötzlich war in den SED-Verlautbarungen vom „Sozialismus in den Farben der DDR" die Rede, beschworen die Parteipropagandisten Werte wie Geborgenheit, Ruhe und Ordnung. Doch damit ließ sich in der Bevölkerung ebensowenig Loyalität und Zustimmung erzielen wie mit dem ständigen Verweis auf die sozialen und materiellen „Errungenschaften" der DDR.

Erst die Öffnung der ostdeutschen Archive machte deutlich, daß sich damals bereits innerhalb der SED ein Erosionsprozeß abzeichnete, der eine wesentliche Voraussetzung für den friedlichen Zusammenbruch der Parteidiktatur darstellte.

Im Gefolge des XI. SED-Parteitages im April 1986 regi-
strierten die Parteikontrollinstanzen in den SED-Grundorga-
nisationen immer häufiger Forderungen nach innerparteilicher
Demokratie und einer offenen Erörterung der aktuellen wirtschaftlichen Probleme sowie Unzufriedenheit mit der eigenen
schönfärberischen Presse. Parteiführung und -apparat reagierten auf die als „Nörgelei" und „Meckerei" denunzierte Kritik
mit einer zunehmenden Zahl von Maßregelungen und Partei-
ausschlußverfahren.

Die Verharmlosung der Atomkatastrophe von Tschernobyl
und ihrer Auswirkungen durch die DDR-Medien im Frühjahr
1986 führte den Menschen – mit oder ohne Parteibuch – die
Verlogenheit der SED-Informationspolitik eindringlich vor
Augen. Nachdem die Abgrenzungspolitik gegenüber der eigenen Schutzmacht im Oktober 1987 neue Blüten trieb, als das
Politbüro stillschweigend beschloß, die „Reden sowjetischer
Genossen nur noch auszugsweise oder zusammengefaßt zu
veröffentlichen", brachte ein neuerlicher „Sputnik-Schock"
auch für viele SED-Mitglieder das Faß zum Überlaufen. Im
November 1988 ließ die SED-Führung die deutschsprachige
sowjetische Zeitschrift „Sputnik" aus der Postvertriebsliste
streichen, was einem Verbot gleichkam. Diese Zeitschrift war
den Ostberliner Gralshütern eines streng parteilichen Ge-
schichtsbildes bereits seit einiger Zeit ein Dorn im Auge gewesen. Immer wieder waren dort seit Gorbatschows Machtantritt
kritische Beiträge über den Stalinismus aus sowjetischen Publikationen nachgedruckt worden. Als Honecker daraufhin in
dieser Sache beim sowjetischen Generalsekretär intervenierte,
meinte dieser lakonisch, die angesprochenen Beiträge würden
in der DDR sicherlich „keinen Umsturz auslösen".[13] Anlaß für
das aufsehenerregende Verbot, das auch eine Reihe sowjetischer
Filme ereilte, war ein im Vormonat erschienener Beitrag über
den „Hitler-Stalin-Pakt" und dessen „geheimes" – im Westen
seit Jahrzehnten bekanntes – Zusatzabkommen, das u.a. die
Aufteilung Polens zwischen Nazideutschland und der Sowjetunion geregelt hatte. Man werde sich „durch das Gequake
wildgewordener Spießer, die die Geschichte der KPdSU und

der Sowjetunion im bürgerlichen Sinne umschreiben möchten", nicht beeindrucken lassen, ereiferte sich der Generalsekretär wenig später auf der 7. Tagung des Zentralkomitees.[14]

In der Ablehnung des Verbots der Zeitschrift „Sputnik" waren sich SED-Anhänger wie auch „Parteilose" einig, was die Staatssicherheit nicht ohne Sorge registrierte: „In der Mehrzahl der Meinungsäußerungen widerspiegelt sich nach wie vor Unverständnis bis hin zu prinzipieller Ablehnung mit dem Grundtenor, daß diese Entscheidung politisch falsch sei", konstatierte der Geheimdienst. In den Parteigruppen schwankte die Stimmung zwischen Aufruhr und Resignation. „Von einer Vielzahl z.T. langjähriger Mitglieder und Funktionäre der SED sowie befreundeter Parteien u.a. progressiv und gesellschaftlich engagierter Bürger wird diese Entscheidung zum Anlaß genommen, sich erneut kritisch zur Informationspolitik insgesamt zu äußern", hieß es in dem Bericht weiter. Insbesondere „ältere Mitglieder der Partei" würden „auf eigene Lebenserfahrungen der ersten Nachkriegsjahrzehnte" verweisen, „in denen man sich angesichts der offenen Grenze und vieler ungelöster gesellschaftlicher Probleme in weitaus stärkerem Maße als heute mit feindlichen oder falschen Positionen auseinandersetzen mußte". Mit ihrer Frage, „ob unsere Position so schwach sei, daß wir eine öffentliche Polemik über diese Probleme nicht führen können", legten die Parteiveteranen den Finger in die Wunde.[15] Es häuften sich die Eingaben an das ZK und Parteiaustritte. Doch eine parteiinterne Alternative oder gar Opposition zur überalterten Führungsriege, die als Kristallisationspunkt des parteiinternen Unmuts hätte dienen können, gab es seit den fünfziger Jahren in der SED nicht mehr. Und so gelang es dem Parteiapparat zum Jahreswechsel 1988/89 noch einmal mit unverhülltem Druck, für äußerliche Ruhe in der Partei zu sorgen.

1988/89 sollten sich die mit der Annäherung an die Bundesrepublik sowie mit dem Fortgang der sowjetischen Reformen verbundenen Befürchtungen in der SED-Führung auf drastische Weise bestätigen. Im November 1988 informierte der Leipziger Jugendforscher Walter Friedrich den als Honecker-Kronprinzen angesehenen ZK-Sekretär Egon Krenz in einer streng vertraulichen Analyse über den stetig wachsenden Einfluß der BRD in Fragen der Wirtschaft und Kultur. Die gravierenden „Mängel und Schwächen im eigenen Land (z.B. Versorgungs-, Ersatzteilprobleme, Informationspolitik, Schönfärberei, reale demokratische Mitgestaltung etc.) werden immer deutlicher wahrgenommen und immer kritischer bewertet. An der Überlegenheit des Sozialismus wird immer mehr gezweifelt. Die Nichtöffnung in Richtung der Perestroika-Strategie spitzt alles noch zu." Die Analyse gipfelte in einer an Deutlichkeit kaum zu überbietenden Vorahnung: „Die Identifikation der Bevölkerung mit unseren Zielen und Werten, mit der Politik unserer Partei, kann nur erhöht werden, wenn wir zu bedeutenden neuen Formen im Umgang (Information, Offenheit, demokratische Mitgestaltung) mit den Menschen finden. Andernfalls werden sich die Menschen in den nächsten 1–3 Jahren weiter, und zwar in einem bedrohlichen Ausmaß, von uns entfernen."[16] Die Parteiführer verfügten zu diesem Zeitpunkt jedoch weder über alternative politische Konzepte noch über materielle Ressourcen, um dem wachsenden Unmut in der Bevölkerung durch eine kurzfristige Verbesserung des Lebensstandards zu begegnen. Wohl hatte es damals auch in den Führungsetagen nicht an warnenden Stimmen gefehlt. 1988 hatte der Chef der Staatlichen Plankommission, Gerhard Schürer, im Politbüro einen einschneidenden Kurswechsel in der Wirtschaftspolitik gefordert. Angesichts der hohen Westverschuldung der DDR und einer drohenden Zahlungsunfähigkeit forderte er einen Investitionsstop für die ineffektive Mikroelektronikindustrie der DDR, ein Einfrieren des Militärhaushaltes sowie eine Abkehr von der bisherigen Subventionspolitik. Doch das wurde von Honecker und dem verantwortlichen ZK-Wirtschaftssekretär Günter Mittag kategorisch abgelehnt. Und dies, obwohl selbst Mittag im September 1988 vor Politbüromitgliedern feststellen mußte: „Wir sind an einem Punkt, wo die Sache umkippen kann."[17]

Die Opposition formiert sich

Die Bemühungen der SED-Führung, die eigene Macht mit Durchhalteparolen und Repressionen zu behaupten, griffen ins Leere.

Die tiefe politische Krise, in der sich die DDR befand, kam vor und nach den Kommunalwahlen vom Mai 1989 schlaglichtartig zutage. Jetzt traten die zahlreichen informellen Gruppen, die sich in den Jahren zuvor gebildet hatten, an die Öffentlichkeit. Allen Abschottungsbemühungen der SED zum Trotz hatten die neuen sozialen Bewegungen Anfang der achtziger Jahre auch in der DDR Einzug gehalten. Diesseits wie jenseits der Mauer thematisierten diese Gruppen die fortschreitende Umweltverschmutzung, die Ausbeutung der Dritten Welt, klagten die im Helsinki-Prozeß von der DDR anerkannten Bürgerrechte ein und forderten einen Ausstieg aus der Rüstungsspirale. Von der Staatssicherheit als „feindlich-negative Kräfte" eingestuft, bedrängt und zum Teil auch unterwandert, konnten die DDR-Gruppen freilich nur eingeschränkt, meist unter dem Dach der Kirche, tätig werden. Während die SED-Führung mit ihrer Propaganda und die Staatssicherheit im geheimen die westeuropäische Friedensbewegung für die eigene „Friedenspolitik" zu instrumentalisieren versuchte, ging sie im Innern rigoros gegen Kritiker des Wehrkundeunterrichts und der Militarisierung der DDR vor. Das Emblem der unabhängigen DDR-Friedensbewegung, „Schwerter zu Pflugscharen", wurde verboten. Die Wortmeldungen Robert Havemanns, der im Nationalsozialismus mit Erich Honecker im gleichen Zuchthaus gesessen und sich später vom Stalinisten zum demokratischen Sozialisten gewandelt hatte, ebenso wie die Wolf Biermanns oder Rudolf Bahros prägten die sich formierende Opposition nachhaltig. Auf ihr internationales Ansehen bedacht, kam für die SED-Führung offener Terror wie in den fünfziger Jahren im Kampf gegen diese „Staatsfeinde" nicht mehr in Betracht. In den achtziger Jahren bediente man sich subtilerer Methoden. Kurzzeitige Verhaftungen, manchmal un-

Abb. 22: Evangelischer Kirchentag 1987 in Ostberlin:
Die DDR-Opposition formiert sich im Umfeld der Kirche

verhohlene Observierungen schüchterten ebenso ein wie zum
Teil langjährige Haftstrafen, vereinzelte Ausbürgerungen bzw.
der Zwang zur „freiwilligen" Ausreise in den Westen, die die
Gruppenzusammenhänge schwächten. Anwerbungsversuche
durch die Staatssicherheit säten – wie sich später herausstellen
sollte, vielfach berechtigte – Zweifel an der Integrität der eigenen Mitstreiter. Aufwendige Zersetzungspläne gegen einzelne
Oppositionelle, operativ umgesetzt durch die im Umfeld pla-
zierten Inoffiziellen Mitarbeiter, betrieben Rufmord und
sorgten für psychologischen Terror und Zermürbung.

Inhaltlich konzentrierten sich die meisten informellen
Gruppen der achtziger Jahre auf Themen und Forderungen
wie Menschenrechte und Pluralismus, die unter Beibehaltung
der Zweistaatlichkeit in einen verbesserten DDR-Sozialismus
Eingang finden sollten. Die Grenzen der programmatischen
Überlegungen setzte auch hier der dauerhaft erscheinende
Status quo zweier konkurrierender Weltsysteme.

Samisdat-Schriften wie der in Kleinstauflagen von rund 1000 Exemplaren hergestellte „Grenzfall" oder die „Umweltblätter" der Mitte der achtziger Jahre gegründeten Ostberliner „Umweltbibliothek" beförderten die Vernetzung und Selbstverständigung der Gruppen, deren Schwerpunkt vor allem in der Hauptstadt der DDR lag. Ostberlin war in vielerlei Hinsicht Vorzeigestadt der DDR. Hier konzentrierte sich das intellektuelle Potential des kleinen Staates. Die Staatssicherheit mußte sich angesichts der Präsenz zahlreicher westdeutscher und ausländischer Besucher, Korrespondenten und Diplomaten in der Hauptstadt ein größeres Maß an Zurückhaltung auferlegen, als es in der Provinz nötig war. Doch auch in den Bezirksstädten der DDR formierten sich zunehmend oppositionelle Gruppen. Noch stärker als in Berlin waren diese dabei auf den stets begrenzten Schutz der Kirchen angewiesen. So wurden hier häufig zum System oppositionell eingestellte Pfarrer zu Kristallisationsfiguren der Bürgerbewegung. Trotz des Mißtrauens, das die Omnipräsenz der Staatssicherheit schürte, entwickelten sich über die ganze DDR hinweg persönliche Netzwerke, die zum Teil auch zur Opposition in Osteuropa sowie nach Westdeutschland reichten. Dort fand die sich formierende Bürgerrechtsbewegung der DDR allerdings nur im Bereich der grün-alternativen Opposition sowie im Umfeld der Kirchen Beachtung. Um so größer war die Überraschung (nicht nur im Westen), als die informellen Gruppen im Verlauf des Jahres 1989 zur Keimzelle der Opposition in der DDR wurden, die unverhofften Zulauf fand. Als Katalysatoren dieses Prozesses erwiesen sich die Besetzung der Umweltbibliothek durch die Staatssicherheit im Herbst 1987, die Verhaftungen am Rande der Liebknecht-Luxemburg-Demonstration im Januar 1988, die Relegierungen von der Carl-von-Ossietzky-Schule im September 1988 und schließlich das Sputnik-Verbot im November des gleichen Jahres. Erstmals seit der Biermann-Ausbürgerung rückte die politische Opposition in der DDR – wiederum zu einem guten Teil über den Umweg der Westmedien – in den Blickpunkt der Öffentlichkeit in beiden deutschen Staaten. Die bei diesen Anlässen steigende Zahl der ste und Eingaben, die zunehmend von breiteren Bevölke-ruppen bis hinein in die SED mitgetragen wurden, half die gesellschaftliche Isolation der informellen Gruppen zu überwinden und die Opposition auf ein breiteres Fundament zu stellen.

Ausgangspunkt einer breiten Oppositionsbewegung in der DDR wurden die Kommunalwahlen im Mai 1989. Bereits im Vorfeld des Urnengangs hatten oppositionelle Gruppen erklärt, daß sie die bis dahin üblichen Wahlfälschungen nicht mehr hinnehmen würden. Doch angesichts der zugespitzten Lage war die Parteiführung weniger denn je bereit, ein politisches Stimmungsbild durch nichtmanipulierte Wahlen zuzulassen. Zwar lag der Grad der Zustimmung zu den Einheitslisten wie auch die Wahlbeteiligung erstmals knapp unter 99 Prozent, doch auch diese Zahlen waren wie seit Jahren gefälscht. Anders als in der Vergangenheit traten nun jedoch Wahlbeobachter aus den Friedens- und Ökologiegruppen massiv an die Öffentlichkeit. Protestresolutionen, sogar kleinere Demonstrationen und Hunderte von Strafanzeigen wegen Wahlfälschung demonstrierten das wachsende Selbstvertrauen der Bürgerrechtler.

„Wir wollen raus!" – „Wir bleiben hier!"

Für das Herrschaftsgefüge der SED keine geringere Herausforderung war der damals zu verzeichnende eklatante Anstieg an Ausreiseanträgen in der DDR. Ende 1988 saßen über 110000 Menschen gleichsam auf gepackten Koffern. Als der SED-Generalsekretär am 18. Januar 1989 im „Neuen Deutschland" betonte, „die Mauer" werde „in 50 und auch in 100 Jahren noch bestehen, wenn die dazu vorhandenen Gründe noch nicht beseitigt sind", verloren immer mehr DDR-Bürger jegliche Hoffnung auf einen baldigen Wandel. Dabei hatte die DDR drei Tage zuvor auf Druck Moskaus das KSZE-Folgeabkommen unterzeichnet und sich damit verpflichtet, jedem Bürger die Ausreise aus dem und die Rückkehr in den eigenen Staat gesetzlich zu ermöglichen.

Abb. 23: Trügerische Idylle. Zwischen 1961 und 1989 kostete das DDR-Grenzregime nahezu 700 Menschenleben

„Am 5. Februar 1989, gegen 21.00 Uhr, näherten sich Chris Gueffroy und Christian Gaudian im Ost-Berliner Stadtbezirk Treptow der Grenze zu Neukölln, die an dieser Stelle der Teltowkanal bildete. Die beiden Freunde, 20 und 21 Jahre alt, stieß die stickige Enge ab, in der sie sich gefangen fühlten. Chris Gueffroy sollte im Mai 1989 zur Armee eingezogen werden, was ihm widerstrebte. Er hatte zudem einen Traum: zu reisen und Amerika zu sehen, bevor das Leben vorbei war. Von einem Freund, der seinen Wehrdienst bei den Grenztruppen in Thüringen ableistete, hatten er und Christian Gaudian Ende 1988 gehört, der Schießbefehl sei ausgesetzt; […] Von einer Gartenkralle hatten sie den Stiel entfernt und ein Seil daran gebunden. Mit diesem Wurfanker wollten sie die letzte Barriere vor dem Teltowkanal, an dieser Stelle ein Streckmetallgitterzaun, überwinden. Bei drei Grad minus krochen sie fast drei Stunden durch Schrebergärten, bevor sie gegen 23.40 Uhr die

Hinterlandmauer erreichten. Es gelang ihnen, die Mauer unentdeckt zu übersteigen. Das nächste, nur fünf Meter entfernte Hindernis war der Signalzaun. Zwar kamen sie hinüber, doch lösten sie dabei optischen Alarm aus; die Grenzsoldaten wurden auf sie aufmerksam.

Chris Gueffroy und Christian Gaudian rannten auf den Streckmetallzaun, das letzte Sperrelement, zu, als sie von einem Postenpaar unter Beschuß genommen wurden. Sie versuchten, den Schüssen zu entkommen, indem sie am Zaun entlang von den Soldaten wegliefen. Vergeblich versuchten beide abwechselnd, dem jeweils anderen mit einer Räuberleiter über den Zaun zu verhelfen. Die Flucht vor dem ersten trieb sie in die Arme eines zweiten Postenpaares, das das Feuer eröffnete. Chris Gueffroy starb innerhalb weniger Minuten. Ein Brustschuß zerriß ihm den Herzmuskel. Christian Gaudian, dessen Fuß verletzt worden war, wurde am 24. Mai 1989 durch das Stadtbezirksgericht Berlin-Pankow wegen versuchten ungesetzlichen Grenzübertritts im schweren Fall zu einer Freiheitsstrafe von drei Jahren verurteilt."[18] Chris Gueffroy war das letzte Todesopfer des DDR-Grenzregimes. Endlich zwangen internationale Proteste die SED-Führung, den stets bestrittenen Schießbefehl an der Mauer aufzuheben. Seit dem Mauerbau waren 45 Personen durch Minen und Selbstschußanlagen getötet, über 200 Menschen erschossen und viele hundert zum Teil schwer verletzt worden. Zusammen mit jenen, die beim Durchschwimmen der Grenzflüsse oder der Ostsee ertranken, andere tödliche Unfälle erlitten, sowie den 27 Grenzsoldaten, die während ihres Dienstes getötet wurden, addiert sich die Zahl der Todesopfer des DDR-Grenzregimes auf nahezu 700.

Der Versuch der Staats- und Parteiführung im ersten Halbjahr 1989, durch eine deutlich höhere Zahl an Ausreisegenehmigungen dem innenpolitischen Druck ein Ventil zu öffnen, schlug ins Gegenteil um: Die Zahl der Ausreiseanträge nahm daraufhin noch weiter zu. Hinzu kam, daß die Antragsteller mehr und mehr die Öffentlichkeit suchten und das Ausmaß der Krise für alle Bürger offenbar wurde.

Abb. 24: Abstimmung mit den Füßen:
Zehntausende DDR-Bürger flüchteten 1989 über Ungarn, Polen und
die Tschechoslowakei in den Westen

Seit Frühjahr 1989 war die SED in dieser Angelegenheit ohnehin nicht mehr Herr des Verfahrens. Als Ungarn im Mai 1989 damit begann, seine Grenzsperren zu Österreich abzubauen, suchten Hunderte staatsmüder DDR-Bürger über Budapest ihren Weg in den Westen. Ausreisewillige besetzten die dortige bundesdeutsche Botschaft. Bald sollten auch die Bonner Vertretungen in Prag und Warschau mit DDR-Bürgern überfüllt sein. Ohne mit der DDR-Regierung Rücksprache zu nehmen, öffnete Ungarn am 10./11. September seine Grenzen nach Westen. Daraufhin setzte in der DDR ein Massenexodus ein. Innerhalb weniger Wochen verließen auf diese Weise über 25 000 Menschen das Land.

Die Führungsriege reagierte mit hilflosem Starrsinn. Im August bemühte Honecker vor Erfurter Mikroelektronikern August Bebels Reim: „Den Sozialismus in seinem Lauf hält weder Ochs noch Esel auf." Den Flüchtlingen, die „durch ihr Verhalten die moralischen Werte mit Füßen getreten und sich selbst aus unserer Gesellschaft ausgegrenzt" hätten, dürfe man „keine Träne nachweinen", ließ der kranke Generalsekretär im Oktober auf dem Höhepunkt der Fluchtbewegung verlauten.[19] Schließlich wurde Anfang Oktober die Grenze nach Süden in die Tschechoslowakei geschlossen.

Falls das Politbüro im Sommer noch einmal mit dem Gedanken gespielt hatte, durch eine massenhafte Ausreisewelle die aufgeheizte Situation im Lande abzukühlen, machte ihm die allerorts stürmisch wachsende Bürgerrechtsbewegung endgültig einen Strich durch die Rechnung. Aus „Wir wollen raus!", dem Protestruf der Ausreisewilligen, wurde im Spätsommer des Jahres 1989 ein trotziges „Wir bleiben hier!". Überall im Lande formierten sich politische Gruppen, die für eine demokratische Umgestaltung der DDR eintraten: Bereits im Juli hatten sich Menschen mit dem Ziel zusammengefunden, eine sozialdemokratische Partei ins Leben zu rufen. Als im Juni die chinesische Parteiführung die Massenproteste auf dem Platz des Himmlischen Friedens blutig niederschlagen ließ, begrüßten dies die SED-Führung und die Volkskammer einstimmig. Doch auch der bedrohliche Schatten eines möglichen militärischen „Befreiungsschlages" der in die Enge getriebenen Staatspartei vermochte den gesellschaftlichen Aufbruch nicht mehr einzudämmen. Im September beantragten das „Neue Forum" und „Demokratie jetzt" ihre Zulassung. Im Oktober folgte der „Demokratische Aufbruch", um nur einige zu nennen. In Leipzig erfuhren die Montagsdemonstrationen trotz Massenfestnahmen und Schlagstockeinsatz durch die Staatsmacht einen ständigen Zulauf. Als die DDR-Führung am 7. Oktober 1989 anläßlich des vierzigsten Jubiläums der Staatsgründung zu einer letzten Massendemonstration mobilisierte, demonstrierten Bürger im ganzen Land für demokratische Reformen. Über das Westfernsehen drang nicht nur der Ruf vieler Zehntausender friedlicher Demonstranten „Wir sind das Volk!" in die Wohnzimmer in Ost und West, sondern auch das brutale Vorgehen der „Volks"-Polizei.

Gelähmte SED

Seit den traumatischen Erfahrungen des 17. Juni 1953 hatte die SED alles versucht, um einen neuerlichen „Tag X", an dem es das Volk ein weiteres Mal wagen könnte, die Macht im Staate herauszufordern, im Keim zu ersticken. Flächendeckend war das Land mit offiziellen und inoffiziellen Geheimdienstmitarbeitern überzogen worden, fast alle Oppositionsgruppen durch die Staatssicherheit infiltriert. Die Arsenale der Betriebskampfgruppen, der Volkspolizei und -armee waren hochgerüstet. Und dennoch erschien die SED-Spitze angesichts der Krise wie gelähmt. Schenkt man den späteren Rechtfertigungsversuchen ehemaliger SED-Spitzenfunktionäre Glauben, dann war in den Führungsgremien auf zentraler wie auf Bezirksebene in den achtziger Jahren die Notwendigkeit von Reformen durchaus erkannt worden. Schließlich häuften sich in dieser Zeit die Berichte der Staatssicherheit und des eigenen Apparats über die desolate wirtschaftliche und politische Situation im Lande. Dennoch wagte niemand, dem selbstherrlichen und starrsinnigen Regime Erich Honeckers, der zentrale Entscheidungen immer häufiger mit seinem Staatssicherheitsminister Mielke und dem Wirtschaftsverantwortlichen Günter Mittag im Alleingang traf, zu widersprechen. Doch es dürfte weniger die Sorge vor der allgegenwärtigen Staatssicherheit gewesen sein, die den „Kronprinzen" Honeckers, Egon Krenz, und andere Mitglieder der Parteispitze zaudern ließen. Viel stärker wogen angesichts der Vielzahl der unlösbar scheinenden Probleme die eigene Konzeptionslosigkeit und das Unvermögen, sich den Zusammenbruch des eigenen Systems vorstellen zu können.

Anders auch als bei der Ulbricht-Ablösung 1971 konnte der inzwischen selbst gealterte politische „Nachwuchs" in der zweiten Hälfte der achtziger Jahre nicht mehr auf die Unterstützung der sowjetischen Bruderpartei hoffen. 1989 war die DDR selbst im eigenen Lager weitgehend isoliert. Angesichts der eigenen wirtschaftlichen Schwierigkeiten hatte die Sowjetunion die Beziehungen zur Bundesrepublik seit Mitte der achtziger Jahre systematisch ausgebaut. Im Machtdreieck zwischen Moskau, Ostberlin und Bonn spielte die SED zunehmend die zweite Geige. Während die sowjetisch-westdeutschen Beziehungen florierten, stagnierte die deutsch-deutsche Zusammenarbeit und, was fast noch schwerer wog, der Binnenhandel. Mitte Mai leistete Gerhard Schürer vor den Wirtschaftsverantwortlichen des Politbüros den Offenbarungseid: Die Westverschuldung der DDR steige monatlich um 500 Millionen DM. Bei einer Fortsetzung dieser Politik sei die DDR 1991 zahlungsunfähig.

Von der eigenen Führung alleingelassen, hatte im Zwei-Millionen-Heer der SED-Mitglieder in den späten achtziger Jahren ein Erosionsprozeß stattgefunden, der den Stillstand des Systems perfekt machte. Mit wachsender Erbitterung reagierten 1989 auch die meisten Parteimitglieder auf die Sprachlosigkeit der eigenen Führung. Schließlich mußten sie Tag für Tag an den Werkbänken und in den Büros die sich verschlechternde Versorgungslage begründen, die Verlogenheit der Presse verteidigen und erklären, warum man von der Sowjetunion Gorbatschows nicht mehr „siegen lernen" wolle. So wurde die einst monolithisch wirkende Partei in ihrer Zerrissenheit zum Spiegelbild der Gesellschaft. Alte Kader forderten ein hartes Vorgehen gegen die politische Opposition. Vor allem jüngere Mitglieder, Intellektuelle und Künstler hofften vergeblich auf „Glasnost" und „Perestroika". Die meisten steckten ihren Kopf in den Sand und warteten auf ein Wunder.

So war die Zahl derer, die im Spätsommer 1989 eine gewaltsame „chinesische Lösung" gutgeheißen hätten, immer kleiner geworden. Auch die Sowjets zeigten – anders als 36 Jahre zuvor – keine Bereitschaft, die Staats- und Parteiführung vor dem eigenen Volk mit Panzern zu schützen. Im Gegenteil. Am Rande der Feierlichkeiten zum vierzigsten Jahrestag der DDR-Gründung schrieb Michail Gorbatschow dem SED-Politbüro ins Stammbuch: „Wer zu spät kommt, den bestraft das Leben".[20] Doch da war die Entwicklung in der DDR den Herrschenden längst aus dem Ruder gelaufen.

Von der „Wende" zum Ende

Als am Montagabend des 9. Oktober 70 000 Menschen zur Leipziger Montagsdemonstration strömten, stand die Situation auf Messers Schneide. Sicherheitskräfte hielten sich bereit, die Kundgebung gewaltsam aufzulösen. Doch setzten sich in der Leipziger SED-Bezirksleitung die besonnenen Kräfte durch. In einem von Kurt Masur, dem Kapellmeister des Leipziger Gewandhauses, initiierten und im lokalen Rundfunk verlesenen Aufruf appellierten u. a. auch drei Sekretäre der SED-Bezirksleitung für einen friedlichen Ablauf des Geschehens. Jetzt überschlugen sich die Ereignisse. Immer mehr Bürger schlossen sich den Oppositionsgruppen an und nahmen an den Kundgebungen teil.

Als am 16. Oktober schließlich über 100 000 Demonstranten in Leipzig demokratische Reformen einklagten, versuchten Teile der Parteiführung noch eine „Wende" in ihrem Sinne „einzuleiten". Egon Krenz, der Berliner SED-Bezirkschef Günter Schabowski, der FDGB-Vorsitzende Harry Tisch und Ministerpräsident Willi Stoph sowie einige weitere Mitglieder der SED-Spitze verständigten sich darauf, Erich Honecker abzusetzen. So hofften sie, das angeschlagene System vor dem völligen Zusammenbruch zu retten. Gorbatschow, der in bewährter Manier vom Mitverschwörer Tisch über die Absetzungspläne informiert wurde, erklärte das Vorhaben zur inneren Angelegenheit der SED, dem er gleichwohl „viel Glück" wünschte.[21] Erich Honecker ahnte nichts, als das Politbüro wie jeden Dienstag, so auch am 17. Oktober, zu seiner Sitzung zusammentrat. Günter Schabowski berichtete später: „Die Sitzung begann. Honecker sprach wie üblich einige einleitende Worte und wollte zur Tagesordnung übergehen, als Stoph ihn unterbrach. Stoph sagte, daß er eine Änderung der Tagesordnung vorschlagen möchte und daß man als ersten Punkt über die Absetzung des Generalsekretärs sprechen sollte. Honecker hat darauf mit einem steinernen Gesicht reagiert. Er ließ die Debatte zu, versuchte aber die Sitzung so zu leiten, daß er die

Abb. 25: Demonstrationszug am 4. November 1989 in Ostberlin

vermeintlichen Gegner von Stophs Attacke auf ihn zuerst dran nahm, obwohl sich alle zu Wort meldeten." Doch keiner der Anwesenden sollte sich auf die Seite des Generalsekretärs stellen. In der Hoffnung, die eigene Haut zu retten, übertrafen sich seine engsten Kampfgefährten in wütenden Attacken. Selbst Stasi-Chef Mielke erging sich in „Entrüstungstiraden" und schob die Verantwortung für alle „unbequemen Maßnahmen" Honecker in die Schuhe. Schabowski: „Da hat Honecker mal eine Regung gezeigt, die Mielke signalisierte, er solle die Klappe nicht so weit aufreißen. Daraufhin schrie Mielke, er würde noch mal auspacken und erzählen, da würden wir uns noch wundern."[22] Am Ende der Sitzung beschloß das Politbüro, das Zentralkomitee solle Honecker am folgenden Tag „auf eigenen Wunsch" von allen Ämtern entbinden. Dem entsprach das Akklamationsgremium erwartungsgemäß und wählte, wie am Vortag vereinbart, Egon Krenz zum neuen SED-Generalsekretär.

Sechs Tage später ließ sich der langjährige FDJ-Vorsitzende zum Vorsitzenden des Staatsrates und des Nationalen Verteidigungsrates wählen. In seiner ersten Fernsehansprache als neugewählter Parteichef versprach Krenz eine „Wende". Seine Feststellung, „daß alle Probleme in unserer Gesellschaft politisch lösbar sind", leitete das Ende der offenen Gewaltanwendung durch Polizei und Staatssicherheit ein.[23] Letztere arbeitete gleichwohl im geheimen weiter, konzentrierte sich jedoch zunehmend darauf, die eigene Existenz zu sichern. Krenz hoffte offenbar zunächst, nach einigen Korrekturen an der Parteilinie zum politischen Tagesgeschäft übergehen zu können. Doch die halbherzigen personellen Veränderungen und politischen Absichtserklärungen konnten die aufgeheizte Stimmung im Land nicht abkühlen. Die Menschen verlangten grundlegende politische Reformen. Die Ausreisewelle setzte sich fort.

Der erste Staatsbesuch führte den neugewählten Generalsekretär nach Moskau. Dort erklärten Krenz und Gorbatschow am 1. November übereinstimmend, das Thema Wiedervereinigung stehe „nicht auf der Tagesordnung". Wenige Tage später sollte sich die Dynamik der Ereignisse jedoch weiter beschleunigen. Vom Zurückweichen der auf Machterhalt taktierenden Führungsriege ermutigt, gingen immer mehr Menschen in der DDR auf die Straße. Auf der größten Massendemonstration in der Geschichte der DDR forderten am 4. November rund eine Million Bürgerinnen und Bürger auf dem Ostberliner Alexanderplatz Presse-, Reise-, Meinungs- und Versammlungsfreiheit sowie freie Wahlen.

Die neue alte Führung stand zu diesem Zeitpunkt jedoch nicht nur unter dem Druck der Straße. Wenige Wochen nach den Feierlichkeiten zum vierzigsten Jahrestag der Staatsgründung stand die DDR-Ökonomie vor dem Kollaps. Am 9. November rief der langjährige Leiter der ZK-Abteilung Planung und Finanzen, Günter Ehrensperger, unter den versammelten ZK-Mitgliedern schieres Entsetzen hervor, als er einräumte, „daß wir mindestens seit 1973 Jahr für Jahr über unsere Verhältnisse gelebt haben. [...] Und wenn wir aus dieser Situation herauskommen wollen, müssen wir 15 Jahre mindestens hart arbeiten und weniger verbrauchen, als wir produzieren."[24] Drei Tage zuvor war Alexander Schalck-Golodkowski nach Bonn geeilt, um von der Bundesregierung neue Kredite in einem Gesamtvolumen von 12 bis 13 Milliarden DM zu erbitten. Die zeigte sich gesprächsbereit, verknüpfte ein ökonomisches Entgegenkommen jedoch an politische Bedingungen: Die SED solle ihr Machtmonopol aufgeben, oppositionelle Gruppen zulassen und freie Wahlen ausschreiben. Noch schien die SED-Führung trotz aller Bedrängnis die Zügel in der DDR in der Hand zu halten.

Da überschlugen sich in der Nacht vom 9. auf den 10. November die Ereignisse. Auslöser war eine kurzfristig am Abend des 9. November anberaumte Pressekonferenz am Rande der SED-ZK-Tagung. Dort sollte Günter Schabowski die Neuregelung der Ausreisebestimmungen aus der DDR bekanntgeben. Diese war im Verlauf des Tages fieberhaft ausgearbeitet worden. Dort hieß es: „Privatreisen nach dem Ausland können ohne Vorliegen von Voraussetzungen (Reiseanlässe und Verwandtschaftsverhältnisse) beantragt werden. Die Genehmigun-

Abb. 26: Die innerdeutsche Grenze nach dem 9. November 1989

gen werden kurzfristig erteilt. Versagungsgründe werden nur in besonderen Ausnahmefällen angewandt.“[25] Für die Antragstellung war ein Reisepaß erforderlich. Über den verfügten jedoch nur rund 4 Millionen DDR-Bürger. Die anderen sollten sich einige Wochen gedulden, bis sie das begehrte Dokument von der Paß- und Meldestelle ausgehändigt bekämen. Die Verantwortlichen hofften, mit dieser Regelung den Druck von der Straße zu nehmen und einem sofortigen Massenexodus der Bevölkerung nach Westen vorzubeugen.

Auf die Frage der anwesenden Journalisten, wann denn diese Regelung in Kraft treten solle, erklärte Schabowski, der über die Details der Angelegenheit nicht informiert worden war, am Ende der Konferenz gegen 19 Uhr vor laufenden Fernsehkameras: „Sofort, unverzüglich!"[26] Durch die Berichterstattung in den Westmedien noch verstärkt, verbreitete sich die Nachricht der vermeintlichen Grenzöffnung wie ein Lauffeuer durch den Ostteil der Stadt. Immer mehr Menschen versammelten sich an den Grenzübergangsstellen nach Westberlin, um die versprochene Reisefreiheit einzufordern. Die Grenzwächter, die ihre Informationen zu diesem Zeitpunkt gleichfalls nur aus den Medien erhalten hatten, vermochten dem Ansturm nicht lange standzuhalten. Von der eigenen Führung alleingelassen und inzwischen um das eigene Leben fürchtend, kündigte der Leiter der DDR-Paßkontrolle an der Bornholmer Brücke zwischen Prenzlauer Berg und Wedding um 23.20 Uhr an: „Wir fluten jetzt!" und ließ die Schlagbäume öffnen.[27] Bald darauf waren die Dämme auch an allen anderen Grenzkontrollpunkten zu Westberlin sowie an der innerdeutschen Grenze gebrochen.

Die abrupte Grenzöffnung in der Nacht zum 10. November 1989 war weder mit der Sowjetunion abgestimmt, noch erfolgte sie etwa aus der plötzlichen Einsicht der SED-Führung, die Bevölkerung keinen Tag mehr länger einsperren zu dürfen. Sie war Ausdruck und Höhepunkt des Machtzerfalls der SED, die ihre Handlungsfähigkeit in der Folgezeit bald völlig verlieren sollte. Die Partei hatte ihre letzte Trumpfkarte für Verhandlungen mit dem Westen wie auch gegenüber der eigenen Bevölkerung verspielt. Die Bürgerbewegung der DDR, die mittlerweile weite Teile der Bevölkerung mobilisierte, hatte ihren größten Sieg errungen. Der Mauerfall markierte nicht nur das Ende der SED-Diktatur, sondern leitete auch das Ende der DDR ein.

Jetzt begann sich in der SED das Führungskarussell immer schneller zu drehen. Bis Mitte November waren fast alle ehemaligen Spitzenfunktionäre auf zentraler, Bezirks- und Kreisebene abgelöst worden. Die SED-Führung konnte der Erosion der eigenen Partei nichts mehr in den Weg stellen.

6. Der Weg zur deutschen Einheit

Am 13. November kündigten die Blockparteien in der DDR-Volkskammer der SED ihre jahrzehntelange bedingungslose Gefolgschaft auf. Einhellig forderten die Sprecher von CDU, LDPD, NDPD und DBD, den Führungsanspruch der SED aus der Verfassung zu streichen und freie Wahlen anzuberaumen. Als der damals einundachtzigjährige und sichtlich verwirrte Minister für Staatssicherheit, Erich Mielke, den Volkskammerabgeordneten vor laufenden Fernsehkameras versicherte: „Aber ich liebe euch doch alle", ging die Allmacht der Staatssicherheit im Gelächter der Abgeordneten unter.[1] Bei nur einer Gegenstimme wählte die Volkskammer den im Osten wie im Westen als Reformer geltenden Dresdner SED-Bezirkschef Hans Modrow, der kurz zuvor ins Politbüro berufen worden war, zum neuen Regierungschef.

Binnen weniger Wochen verlor die SED eine Machtposition nach der anderen. Am 1. Dezember wurde die „führende Rolle" der Partei aus der Verfassung gestrichen. Zu diesem Zeitpunkt war dem Parteiapparat die Kontrolle über die eigene Parteibasis längst entglitten. Dort herrschte angesichts der sich häufenden Enthüllungen über Machtmißbrauch, Bereicherung und Korruption heller Aufruhr. Die Austritte häuften sich. Anfang Dezember hatte die Partei bereits 600 000 ihrer rund 2,3 Millionen Mitglieder verloren. Gleichzeitig forderte auch die Basis immer lauter die Ablösung der gesamten Parteiführung. Diese erfolgte schließlich am 3. Dezember. Von den Stützen seiner Herrschaft, den Betriebskampfgruppen und der Staatssicherheit, entblößt, beschloß das ZK auf seiner letzten Tagung die Selbstauflösung der zentralen Führungsgremien. Die meisten Mitglieder der alten Führungsriege wurden aus der Partei ausgeschlossen, einige bereits in den späten Novembertagen verhaftet. Ein Arbeitsausschuß sollte für den

8./9. Dezember einen außerordentlichen Parteitag vorbereiten, der retten sollte, was noch zu retten war. Die Mehrheit der dort versammelten Delegierten stimmte gegen die Forderung, die Partei aufzulösen. Unter dem Namen „SED – Partei des Demokratischen Sozialismus" (PDS) hoffte man auf einen wie auch immer gearteten Neuanfang. Der Parteitag wählte den bis dahin weithin unbekannten Rechtsanwalt Gregor Gysi an die Spitze eines neugeschaffenen Parteivorstandes, in dem sich kaum noch Mitglieder des alten ZK befanden. Die neue alte Partei proklamierte einen diffusen „dritten Weg jenseits von stalinistischem Sozialismus und Herrschaft transnationaler Monopole".

Der Weg in die Demokratie erfolgte in der DDR ebenso rasch wie widersprüchlich. Formal hatten während der vierzigjährigen DDR-Geschichte die politischen Strukturen einer parlamentarischen Demokratie fortbestanden. Nach dem Zusammenbruch der SED-Diktatur eigneten sich die Blockparteien ebenso wie die Volksvertretungen von der Gemeinde- bis zur zentralen Ebene die ihnen bis dahin versagte Autonomie sowie die in der DDR-Verfassung verankerten Funktionen an. So entstand die merkwürdige Situation, daß die – mit wenigen Ausnahmen – gleichen Politiker und Funktionäre, die wenige Monate zuvor noch Ergebenheitsadressen an die SED-Führung gerichtet hatten, mit „gewendeten" Positionen den politischen Neuanfang in der DDR wesentlich mitbestimmen konnten. Auf diese Weise konnte auch die SED als stärkste Volkskammerfraktion noch bis zum Frühjahr 1990 der Regierung vorstehen, zumal ihre sofortige Entmachtung angesichts der schwer zu kalkulierenden Haltung der Sowjetunion kaum möglich schien.

Durch das Festhalten an den vorhandenen Strukturen war der Bürgerbewegung die unmittelbare Teilhabe an der Staatsgewalt verwehrt. Um auf die politische Entwicklung Einfluß nehmen zu können, einigte sich die Opposition am 22. November mit der SED-Führung über die Einrichtung eines zentralen „Runden Tisches" in Berlin, an dem Vertreter aller politischen Gruppen und Parteien – einschließlich der SED – Platz

Abb. 27: Berlin – Lichtenberg, Sitz des Ministeriums für
Staatssicherheit der DDR

nahmen. Bis zum Jahresende versuchten auf allen politischen
Ebenen und in zahllosen Städten und Gemeinden „Runde
Tische" das Geschäft der Parlamente und Verwaltungen zu
kontrollieren. Erst am 5. Februar 1990 sollten acht Vertreter
der außerparlamentarischen Opposition als Minister ohne Ge-
schäftsbereich in die Regierung Modrow eintreten, der bis
dahin nur Mitglieder der in der Volkskammer vertretenen
Parteien und Massenorganisationen angehört hatten. In viele
Richtungen gespalten, fiel es den Vertretern der Bürgerbewegung schwer, sich gegen den machterprobten Apparat der alten
politischen Kräfte durchzusetzen. Dennoch vermochten sie
es, den Versuch der SED zu unterlaufen, die Strukturen des
Ministeriums für Staatssicherheit im neugebildeten Amt für
Nationale Sicherheit zu erhalten. Am 4. Dezember besetzten
Demonstranten die ersten Bezirksverwaltungen des Geheim-
dienstes und leiteten so dessen Auflösung von unten ein. Erst

jetzt konnte die Aktenvernichtung, mit der die Stasi ihre Spuren zu verwischen gedachte, schrittweise eingedämmt und schließlich unterbunden werden. Die Erstürmung der Stasi-Zentrale in der Berliner Normannenstraße am späten Nachmittag des 15. Januar 1990 versetzte der Krake Staatssicherheit den Todesstoß. Nach und nach konnten die Vertreter der Bürgerkomitees, die die Auflösung der Staatssicherheit überwachten und erste Einsicht in die bis dahin streng verschlossenen Archive nehmen konnten, sowie Historiker das Ausmaß des ostdeutschen Überwachungsstaates ans Tageslicht bringen. Über 90 000 hauptamtliche Mitarbeiter hatten Ende Oktober 1989 im Dienste des Schwertes und Schildes der Partei gestanden. Davon hatten rund 11 000 dem „Wachregiment Felix Dzerzynski" angehört. Im letzten Jahr der SED-Diktatur waren über 2 200 „Offiziere im besonderen Einsatz" in sicherheitspolitisch bedeutsamen Positionen im Staatsapparat, der Volkswirtschaft oder in anderen Bereichen des gesellschaftlichen Lebens der DDR, aber auch im westlichen Ausland für den Geheimdienst tätig. Jeder 62. Einwohner, d.h. rund 174 000 Menschen, war als „inoffizieller Mitarbeiter" vom MfS geführt. Allen volkswirtschaftlichen Schwierigkeiten zum Trotz konnte die Staatssicherheit aus dem vollen schöpfen. Den bis zu den Zähnen bewaffneten „Tschekisten" standen jährlich Haushaltsmittel von 3,6 Milliarden Mark (1,3 Prozent des Staatshaushaltes) zur Verfügung. Zu den fast 2 500 offiziellen wie „konspirativen" Dienstobjekten kamen noch 18 000 vom MfS genutzte Wohnungen. Die Staatssicherheit hatte zu allen Datenbanken des Staates Zugriff. Zudem hatte das Ministerium von vier Millionen DDR-Bürgern und zwei Millionen Westdeutschen bzw. Ausländern Aktenvorgänge angelegt. 13 Hauptabteilungen und weitere 20 selbständige Abteilungen hatten alle Bereiche der Gesellschaft überwacht und jegliche tatsächliche oder vermeintliche Opposition in der DDR verfolgt und die Volkswirtschaft vor „Störeinflüssen" „abgesichert". Unter der Leitung von Markus Wolf hatte die „Hauptverwaltung Aufklärung" die Bundesrepublik Deutschland und das westliche Ausland ausgespäht. Spektakuläre Spionagefälle hatten bereits in den Jahrzehnten zuvor dem Westen eine Vorahnung vom Erfolg dieser Arbeit vermittelt. Immer wieder hatte der lange Arm der Staatssicherheit auch jenseits der Mauer in der Tagespolitik mitgemischt. Alexander Schalck-Golodkowskis geheimes Wirtschaftsimperium „Kommerzielle Koordinierung" hatte westliche Handelsembargos unterlaufen und die DDR nach Kräften mit den dringend benötigten Devisen versorgt.

Über 170 Kilometer Akten hat das Ministerium der Nachwelt hinterlassen. Und ebenso wie es der Bürgerbewegung zu verdanken ist, daß die Aktenvernichtung der Stasi 1989/90 ein Ende fand, bleibt es deren Verdienst, daß dieses Erbe heute der Forschung und Aufarbeitung der DDR-Geschichte zur Verfügung steht. Auch nach der Entmachtung der SED fehlte es nicht an Bestrebungen in West und Ost, die Archive zu schließen oder gar zu vernichten, um einen Schlußstrich unter diese Vergangenheit zu ziehen. Anfang September 1990 besetzten Bürgerrechtler die einstige Stasi-Zentrale ein zweites Mal, als die Unterhändler des Einigungsvertrages entgegen einem ausdrücklichen Volkskammerbeschluß die Unterstellung der Stasi-Akten unter das Bundesarchiv in Koblenz in den Entwurf des Vertragswerkes schrieben. Der spektakuläre Protest hatte Erfolg: Am 3. Oktober 1990 nahm die Behörde des „Sonderbeauftragten der Bundesregierung für die personenbezogenen Daten des ehemaligen Staatssicherheitsdienstes" unter der Leitung des Pfarrers Joachim Gauck ihre Arbeit auf.

Anfang 1990 wurde deutlich, daß den politischen Kräften des Herbstes 1989, von der ehemaligen Staatspartei über die Blockparteien bis hin zu den zahlreichen politischen Oppositionsgruppen, die die SED-Diktatur erfolgreich herausgefordert hatten, das Heft des Handelns zunehmend aus der Hand genommen wurde. Seit dem Mauerfall hatten Millionen DDR-Bürger die Bundesrepublik und Westberlin besucht. Angesichts der dabei gewonnenen Eindrücke verloren die Menschen zwischen Elbe und Oder rasch das Interesse an einer „anderen", reformierten DDR. Aus der Parole „Wir sind das Volk" wurde die übermächtige Losung „Wir sind ein Volk". Nach vier Jahrzehnten stand die Frage der Wiedervereinigung plötzlich auf der politischen Tagesordnung.

Nicht erst seit November 1989 richteten sich die Blicke aller politischen Akteure diesseits wie jenseits des einstmals Eisernen Vorhangs in dieser Frage vor allem nach Moskau. Die Oktoberereignisse hatten deutlich gemacht, daß die Sowjets die SED-Diktatur kein zweites Mal mit Panzern retten würden. Auch der Kreml war von der Dynamik der Ereignisse überrollt worden. Fassungslos nahm man dort die Öffnung der Mauer ohne Gegenleistung der Bundesregierung zur Kenntnis. Noch hatte die Sowjetunion in ihrem westlichsten Vorposten eine beträchtliche Zahl von Kernwaffen und rund eine halbe Million Soldaten stationiert. Angesichts des unermeßlichen Blutzolls, den der „Große Vaterländische Krieg" mehr als vier Jahrzehnte zuvor gekostet hatte, war eine Preisgabe der DDR auch eine innenpolitische Frage. Die Sowjetunion wählte eine Doppelstrategie. Während sie in der Öffentlichkeit jede Veränderung des Status quo ablehnte, propagierte sie über ihre informellen Kanäle nach Bonn und Ostberlin die Idee einer Konföderation zweier unabhängiger Staaten. Am 17. November äußerte Hans Modrow diesen Gedanken erstmals vor der Volkskammer. Nach Konsultationen Nikolai Portugalows in Bonn preschte der westdeutsche Bundeskanzler, Helmut Kohl, am 28. November mit seinem „Zehn-Punkte-Programm" vor. Die Bundesrepublik und die DDR sollten danach eine „Föderation" bilden, die nach fünf bis zehn Jahren in die Wiedervereinigung münden sollte.

Welche Hindernisse sich auftürmten, als das Undenkbare einer deutschen Vereinigung plötzlich denkbar wurde, mußte die Bundesregierung im Verlauf des Dezember 1989 erkennen. Mit Ausnahme der USA zeigten sich die einstigen Siegermächte Frankreich, Großbritannien und die Sowjetunion in ihrer ablehnenden Haltung gegenüber einer allzu plötzlichen Veränderung des Status quo in seltener Eintracht. Lediglich US-Präsident George Bush sicherte Kohl in dieser Frage völlige Rückendeckung zu. Aber auch in Deutschland wurde – westlich wie östlich der Elbe – Kritik laut. Intellektuelle in beiden

Teilen Deutschlands, große Teile der bundesdeutschen Opposition wie auch viele Vertreter der DDR-Bürgerbewegung warnten vor übereilten Schritten, forderten eine Demokratisierung der DDR aus eigener Kraft als Voraussetzung für gleichberechtigte Vereinigungsverhandlungen in der Zukunft. Doch der Jubel, mit dem die Menschen den westdeutschen Bundeskanzler am 19. und 20. Dezember 1989 in Dresden empfingen, und die immer dringlicheren Rufe nach „Deutschland, einig Vaterland" auf den Demonstrationen und Kundgebungen in Ostdeutschland sollten die Kritiker bald übertönen.

Spätestens seit seinem Besuch in Dresden stellte Helmut Kohl die Weichen der bundesrepublikanischen Politik in Richtung Wiedervereinigung. Die anhaltende Abwanderung von täglich mehreren tausend, häufig jungen, zumeist gut qualifizierten Menschen nach Westen spitzte die wirtschaftliche Lage in der DDR weiter zu. Auch im Kreml kam man Ende Januar 1990 zur Einsicht, daß die Wiedervereinigung Deutschlands unvermeidbar sei. Um das Heft des Handelns wiederzuerlangen, wollten die Sowjets selbst die Initiative zu einer Konferenz der „Sechs", d.h. der vier Siegermächte und der beiden deutschen Staaten, ergreifen und die Haltung in dieser Frage enger als bisher mit Paris und London abstimmen, wo man sich offenbar taktische Allianzen erhoffte. Bereits zu diesem Zeitpunkt erteilte Gorbatschow den Auftrag, Möglichkeiten zum Abzug der sowjetischen Truppen aus Deutschland zu prüfen.

Als der SED-PDS-Parteichef Gregor Gysi wenige Tage später, am 2. Februar, in Moskau mit Michail Gorbatschow zusammentraf, um die weiteren Beziehungen seiner kurz darauf nur noch als PDS firmierenden Partei mit der KPdSU zu beraten, nahm das Gespräch streckenweise weltfremde Züge an. Man sinnierte über gemeinsame Parteibetriebe, um das Vermögen der alten SED zu retten, plante die Fortsetzung des Austausches von Kadern der beiden Parteien und manches mehr. Erst am Ende des Gespräches blitzte ein wenig von der Realität auf, die diesen Überlegungen Hohn sprach. Auf die Feststellung Gysis, „die Losung von ‚Deutschland, einig Vaterland' komme ihm gegenwärtig nur schwer über die Lippen", hielt das Verlaufsprotokoll fest: „Michail Gorbatschow meinte scherzhaft, da werde er wohl noch ein wenig üben müssen."[2] Am Tag zuvor hatte Hans Modrow mit seinem in Berlin veröffentlichten Plan „Für Deutschland, einig Vaterland – Konzeption für einen Weg zu einem einheitlichen Deutschland" die deutsche Einheit auch als Ziel der PDS anerkannt. Doch sein Versuch, mit diesem Vorstoß nochmals als Verhandlungspartner für Bonn ins Gespräch zu kommen, sollte scheitern. Am 10. Februar erhielten der Bundeskanzler und sein Außenminister Hans-Dietrich Genscher bei einem Besuch in Moskau das Einverständnis der Sowjets zur deutschen Vereinigung. Im Gegenzug sicherte die Bundesrepublik dem angeschlagenen Riesenreich Wirtschaftshilfe in erheblicher Größenordnung zu. Dementsprechend sah Bonn von nun an keinen Anlaß mehr, der „abgewirtschafteten" Regierung Modrow mit einer Milliardenhilfe unter die Arme zu greifen. So verlief der deutsch-deutsche Gipfel am 13. und 14. Februar in Bonn ebenso frostig wie ergebnislos.

Seit dem Jahreswechsel 1989/90 hatten die SED-PDS und ihre Repräsentanten im Kalkül der meisten Akteure von Bonn bis hin nach Moskau ausgespielt. Während sich die PDS jedoch als ostdeutsche Regionalpartei bis zum heutigen Tag behaupten konnte, war die Zeit der meisten der von der SED jahrzehntelang kontrollierten und instrumentalisierten Massenorganisationen mit dem Ende der Parteidiktatur abgelaufen. So schrumpfte nicht nur der einstige Monopoljugendverband FDJ, der im Sommer 1989 noch 1,9 Millionen Jugendliche in seinen Reihen gezählt hatte, binnen kürzester Zeit zu einer winzigen Splittergruppe zusammen. Auch der Kulturbund, der Demokratische Frauenverband Deutschlands oder die Gesellschaft für Deutsch-Sowjetische Freundschaft führen seit 1990 – zum Teil unter verändertem Namen – in der vereinigten Republik ein Schattendasein. Lediglich den Verbänden, die der (west)deutschen Organisationskultur und -tradition entsprachen, gelang der Schritt in die neue Zeit. Umstrukturiert, personell erneuert, programmatisch gewandelt und an ihren

Abb. 28: Wahlkampf zur Volkskammerwahl am 18. März 1990

ursprünglichen Funktionen ausgerichtet, gingen die Einzelge-
werkschaften nach dem Zusammenbruch des FDGB in ihren
westdeutschen Pendants auf. Auch die Volkssolidarität sollte
als Wohlfahrtsverband ihre Tätigkeit im Osten Deutschlands
fortsetzen.

Bis zu den vom Mai auf den 18. März vorverlegten ersten
freien Volkskammerwahlen in der DDR verharrten die deutsch-
deutschen Verhandlungen in einem Schwebezustand. Die weiteren Schritte hin zur deutschen Vereinigung sollten einer demokratisch legitimierten Volksvertretung der DDR vorbehal-
ten bleiben. Der Wahlkampf verdeutlichte die Sogkraft des
westlichen Nachbarn. Schnell hatten sich in der DDR die politischen Konstellationen der Bonner Republik etabliert. Die
CDU förderte nach Kräften die gleichnamige einstige Blockpartei. Die FDP nahm die LDPD unter ihre Fittiche. Beide
Ostparteien hatten sich in den vorausgegangenen Monaten
programmatisch an ihren Pendants ausgerichtet und jeglichem

Sozialismus abgeschworen. Ausgestattet mit ihren alten Ressourcen und einem funktionierenden Apparat (Presse, Gebäude usw.), genossen die früheren Bündnispartner der SED gegenüber den aus der Bürgerbewegung hervorgegangenen Parteien, darunter die neugegründete Ost-SPD, einen Startvorteil, den sie zu nutzen wußten. So ging am Abend der Wahl das konservative Bündnis „Allianz für Deutschland", gebildet aus Ost-CDU, Demokratischem Aufbruch und Deutscher Sozialer Union (DSU), mit über 48 Prozent der Stimmen als Sieger aus den ersten freien Wahlen seit 1946 hervor. Die Liberalen erzielten etwas mehr als fünf Prozent. Immerhin jeder sechste Wähler stimmte für die PDS. Die SPD kam auf knapp 22 Prozent. Die anderen Wahlbündnisse und Parteien der in viele Richtungen gespaltenen Bürgerbewegung erreichten gemeinsam noch nicht einmal fünf Prozent. Offenbar hatte die Avantgarde des Herbstes 1989, von deren Mitgliedern nicht wenige damals noch glaubten, die DDR sei reformierbar, aus der Sicht der Bevölkerung ihre Schuldigkeit getan. Die Kommunalwahlen im Mai bestätigten die politischen Kräfteverhältnisse vom März weitgehend.

Angesichts der überwältigenden Aufgabenfülle bildete die „Allianz für Deutschland" zusammen mit der SPD und den Liberalen eine große Koalition. Die letzte DDR-Regierung unter Ministerpräsident Lothar de Maizière war in keiner beneidenswerten Situation. Zahllose Verfassungs- und Gesetzesänderungen mußten in kürzester Frist ausgearbeitet und umgesetzt werden. Brennende wirtschaftliche und soziale Probleme ließen die Bevölkerung immer ungeduldiger werden. Stasi-Enthüllungen erschütterten die Glaubwürdigkeit des neuen Establishment. Bereits im März trat der Vorsitzende des Demokratischen Aufbruchs, der Rechtsanwalt Wolfgang Schnur, zurück, nachdem seine Zusammenarbeit mit der Staatssicherheit bekanntgeworden war. Zum gleichen Schritt war am 2. April der Vorsitzende der DDR-SPD, Ibrahim Böhme, gezwungen. Nach der staatlichen Vereinigung sollten frühere Stasi-Verwicklungen auch die politische Karriere von Lothar de Maizière beenden. Nur schleppend gelang es, alte Strukturen und Seilschaften aus der Zeit der Diktatur in der öffentlichen Verwaltung sowie in der Wirtschaft zu zerschlagen.

Das Ergebnis der Volkskammerwahlen war zugleich ein Votum für die Vereinigung der DDR mit der Bundesrepublik. Längst waren in Westdeutschland wie auch in der DDR alle Parteien und die meisten politischen Gruppierungen auf den Einheitszug aufgesprungen. Kontrovers diskutiert wurden nur noch das Tempo der staatlichen Vereinigung und die Vorgehensweise. Das Bonner Grundgesetz bot dafür zwei Möglichkeiten. Ursprünglich war es als Provisorium bis zur Wiederherstellung der deutschen Einheit konzipiert. Es sollte gemäß seinem Artikel 146 „an dem Tage" die Gültigkeit verlieren, „an dem eine Verfassung in Kraft tritt, die von dem deutschen Volke in freier Entscheidung beschlossen worden ist."[3] Darüber hinaus ermöglichte der Artikel 23 der DDR staatsrechtlich auch den Beitritt zum Geltungsbereich des Grundgesetzes. Während die Kritiker eines zu schnellen Vereinigungsprozesses aus unterschiedlichen Gründen heraus für die Ausarbeitung einer gemeinsamen Verfassung plädierten, sollten sich bald die Stimmen mehren, die sich für einen raschen Vollzug der deutschen Vereinigung durch einen Beitritt der DDR zur Bundesrepublik aussprachen. Doch über das Prozedere der deutschen Vereinigung wurde nicht allein in der DDR entschieden. Der damalige Bundesinnenminister Wolfgang Schäuble verdeutlichte in seiner Rückschau auf die damaligen deutsch-deutschen Verhandlungen das Selbstverständnis vieler politischer Akteure in Westdeutschland:

„Es handelt sich um einen Beitritt der DDR zur Bundesrepublik, nicht um die umgekehrte Veranstaltung. Wir haben ein gutes Grundgesetz, das sich bewährt hat. Wir tun alles für Euch. Ihr seid willkommen. Wir sollten nicht kaltschnäuzig über Eure Wünsche und Interessen hinweggehen. Aber hier findet nicht die Vereinigung zweier gleicher Staaten statt. Wir fangen nicht ganz von vorn bei gleichberechtigten Ausgangspositionen an. Es gibt das Grundgesetz, und es gibt die Bundesrepublik Deutschland. Laßt uns von der Voraussetzung ausgehen, daß Ihr 40 Jahre lang von beiden ausgeschlossen wart. Jetzt habt Ihr einen Anspruch auf Teilnahme, und wir nehmen darauf Rücksicht."[4]

Für eine rasche staatliche Vereinigung wurden sowohl außen- wie innenpolitische Gründe ins Feld geführt. Nach wie vor gab es in London, Paris und Rom Vorbehalte gegenüber dem deutschen Einigungsprozeß. Dort geisterte das Gespenst der neuen mitteleuropäischen Großmacht Deutschland umher, die den europäischen Integrationsprozeß möglicherweise dominieren würde. Gleichzeitig ließen die Krisenerscheinungen in der Sowjetunion deren künftigen Kurs immer unkalkulierbarer werden. Doch Eile schien nicht nur aus außenpolitischen Gründen geboten. Während im Westen die Einheitseuphorie bereits am Abklingen war, skandierten im Osten Deutschlands die Demonstranten zunehmend ungeduldiger: „Kommt die D-Mark nicht nach hier, kommen wir zu ihr". Die ungebremste Westwanderung verschärfte längst nicht mehr nur die Wirtschaftskrise in der DDR, sondern belastete zunehmend auch die westdeutsche Ökonomie. Eine Währungs-, Wirtschafts- und Sozialunion sollte hier Abhilfe schaffen. Bereits am 18. Mai konnten der Bonner Finanzminister Theo Waigel und sein Ostberliner Kollege Walter Romberg den unter großem Zeitdruck ausgearbeiteten Vertrag unterzeichnen. Entgegen der Empfehlung des Zentralbankrates, der ein Umtauschverhältnis der DDR-Mark in DM im Verhältnis von 2:1 vorsah, sollten die Sparguthaben bis zu einer bestimmten Höhe ebenso wie die Löhne, Renten etc. schließlich aufgrund heftiger Proteste in Ostdeutschland im Verhältnis 1:1 umgestellt werden.

Als am 1. Juli 1990 die Wirtschafts- und Sozialunion in Kraft trat, mit der die D-Mark im Osten Einzug hielt, waren auch auf internationaler Ebene die Weichen für die Wiedervereinigung gestellt. Im Vorfeld sowie während der „Zwei-Plus-Vier"-Verhandlungen war es den beiden deutschen Regierungen seit Februar gelungen, die Vorbehalte der ehemaligen Siegermächte gegen die deutsche Vereinigung zu überwinden. Aus Paris und London kam dabei die Bedingung, daß ein vereintes Deutschland die bestehenden Grenzen in Europa anerkennen müsse. Der Bundestag und die Volkskammer kamen dieser

Forderung am 21. Juni 1990 mit Entschließungen nach, die die „Unverletzlichkeit" der polnischen Westgrenze, also der in Westdeutschland jahrzehntelang umstrittenen Oder-Neiße-Linie, sowie die Achtung der Souveränität und der territorialen Integrität des östlichen Nachbarn uneingeschränkt zusicherten. Letzter strittiger Punkt war die Frage der Zugehörigkeit des vereinigten Deutschlands zur NATO. Hier kollidierten die Sicherheitsinteressen der ehemaligen Siegermächte. Während der Westen die feste Einbindung der künftigen Großmacht Deutschland in das westliche Bündnissystem für unabdingbar erachtete, optierte die Sowjetunion angesichts der Auflösung der Warschauer Pakt-Strukturen zunächst für eine Blockfreiheit Deutschlands. Nach der Zusage der NATO, die sowjetischen Sicherheitsinteressen bei der Neuformulierung ihrer Strategie sowie ihrer Strukturen zu berücksichtigen, erhielt Bundeskanzler Kohl bei einem Vier-Augen-Gespräch mit Michail Gorbatschow am 15. Juli 1990 im Kaukasus dessen Zustimmung zur NATO-Mitgliedschaft Deutschlands sowie die Zusicherung, daß die Sowjetunion der DDR nach dem Abschluß der „Zwei-Plus-Vier"-Gespräche die volle Souveränität gewähren würde. Neben Modalitäten über den Abzug der sowjetischen Truppen aus Ostdeutschland wurde in Gesprächen in Moskau die Reduzierung der Bundeswehr auf eine Personalstärke von 370 000 Mann sowie der Verzicht Deutschlands auf die Herstellung, den Besitz von und die Verfügung über ABC-Waffen festgelegt. Das sowjetische Zugeständnis dürfte nicht nur der Einsicht in die neuen machtpolitischen Verhältnisse in Osteuropa geschuldet gewesen sein, die eine Aufrechterhaltung der Warschauer Pakt-Strukturen gegen den Willen der osteuropäischen Staaten nur noch mit Gewalt ermöglicht hätten. Die Sowjetunion benötigte damals dringend umfassende finanzielle und wirtschaftliche Hilfe, die allein die Bundesrepublik in beträchtlichem Umfang zu geben bereit war.

Jetzt ging alles rasend schnell. Am 23. August 1990 beschloß die Volkskammer mit überwältigender Mehrheit den Beitritt zur Bundesrepublik Deutschland nach Artikel 23 des Grundgesetzes zum 3. Oktober. Der Entscheidung waren heftige Kontroversen vorausgegangen, die zum Ende der großen Koalition geführt hatten. Die Beitrittsprozedur sollte ein Einigungsvertrag regeln, der am 31. August von Bundesinnenminister Wolfgang Schäuble und DDR-Staatssekretär Günther Krause unterzeichnet wurde. Das in nur acht Wochen ausgearbeitete, 45 Artikel umfassende Vertragswerk regelte Änderungen im Grundgesetz, Fragen der Rechtsangleichung in Ostdeutschland, der öffentlichen Verwaltung in Ostdeutschland sowie des ostdeutschen Staatsvermögens bzw. der öffentlichen Schuldenlast sowie u. a. Aspekte der Bereiche Arbeit, Soziales, Frauen, Kultur. Strittige Verfassungsfragen wie etwa die Forderung nach einer grundlegenden Verfassungsdiskussion und -reform, die Frage der künftigen Hauptstadt und des Regierungssitzes des vereinten Deutschlands oder einer einheitlichen Regelung des Schwangerschaftsabbruches wurden vertagt. Gegen den Widerstand der westdeutschen Länder erreichten die ostdeutschen Verhandlungsführer die schrittweise Aufnahme der in dieser Zeit neu konstituierten Bundesländer in den Länderfinanzausgleich. Zudem gelang es ihnen, das vom Westen geforderte Prinzip „Rückgabe vor Entschädigung", das die Enteignungen nach 1949 betraf, mit einem Investitionsvorrang einzuschränken. Im Vorfeld des Einigungsvertrages hatte die Volkskammer bereits am 17. Juni das Treuhandgesetz verabschiedet. Die daraufhin eingerichtete Behörde, die der Aufsicht des Ministerpräsidenten unterstellt war, hatte den Auftrag, die in Staatshand befindlichen Betriebe, Grundstücke und Immobilien so rasch wie möglich in private Hand zu überführen.

Ein Zusatzprotokoll vom 6. September präzisierte einige strittige Fragen des Vertrages. Schließlich regelte am 20. September eine „Vereinbarung" den weiteren Umgang mit den Stasi-Unterlagen. Am 20. September passierte der Staatsvertrag die beiden deutschen Parlamente mit großer Mehrheit. Im Westen votierten lediglich 50 der 492 Parlamentarier, im Osten 81 von 380 Volksvertretern gegen den Einigungsvertrag oder enthielten sich der Stimme.

Abb. 29: Pariser Platz, 2. Oktober 1990 –
DDR-Devotionalienhandel am Vorabend der Wiedervereinigung

Ende September waren die Vorbereitungen zum Beitritt der
DDR zur Bundesrepublik Deutschland abgeschlossen. Nachdem sich die DDR-Liberalen Mitte August mit der westdeutschen FDP vereinigt hatten, folgten Ende September die Sozialdemokraten und am 1. Oktober schließlich auch die Christdemokraten ihrem Beispiel.

Am 3. Oktober 1990 um 0.00 Uhr, nur vier Tage vor ihrem
41. Jahrestag, hörte die DDR auf, als Staat zu existieren. Kaum
ein Jahr war vergangen, seitdem das Volk in der DDR die
vierzigjährige Diktatur der SED zu Fall gebracht hatte. Viele

Ostdeutsche sollten die Auswirkungen des rasanten Umbruchs für die eigene Lebenswelt erst nach der staatlichen Vereinigung in aller Konsequenz erfahren. Bereits die Einführung der DM am 1. Juli 1990 hatte der ostdeutschen Mangelwirtschaft ein Ende gesetzt. Leere Regale und Versorgungsschwierigkeiten gehörten der Vergangenheit an. Doch gleichzeitig wurden Millionen Arbeitnehmerinnen und Arbeitnehmer sowie deren Angehörige mit Arbeitslosigkeit oder sozialer Deklassierung konfrontiert. Sei es, weil ihre Betriebe den Übergang zur Marktwirtschaft nicht bewältigen konnten, in einigen Fällen auf Betreiben der westdeutschen Konkurrenz wohl auch nicht sollten, oder weil sie vor 1989 als Funktionäre zu den Stützen des DDR-Systems in Politik, Verwaltung oder Wirtschaft gezählt hatten.

Für viele Menschen eröffnete der Umbruch in der DDR auf der anderen Seite bis dahin verwehrte Möglichkeiten zur – nicht nur beruflichen – Selbstentfaltung, die sie zu nutzen wußten. Alle Bürgerinnen und Bürger der neuen Bundesländer waren in den Genuß jener Prinzipien gekommen, für die im Herbst 1989 so viele auf die Straße gegangen waren: Freiheit, Demokratie und Rechtsstaatlichkeit. Doch die Erfahrung, daß der Gehalt dieser Prinzipien in der politischen Wirklichkeit vom politischen und gesellschaftlichen Engagement möglichst vieler abhängig ist, war für viele im Osten neu. In ganz Deutschland machte sich im Verlauf der neunziger Jahre Katzenjammer breit. Im Westen weigerten sich viele, die deutsche Vereinigung als Chance zu einem gemeinsamen Neuanfang zu begreifen. Für sie bestimmte der westdeutsche Status quo von vor 1989 das politische Denken. Diesen galt es – um die allzu kostspieligen neuen Bundesländer erweitert – um jeden Preis aufrechtzuerhalten. Im Osten verbreitete sich das Gefühl, Deutsche „zweiter Klasse" zu sein, deren politisches Gewicht dem von Bittstellern gleicht. Dort wurde die Treuhand zum Symbol für einen wirtschaftlichen Transformationsprozeß, in dem westliche Unternehmen bei der Privatisierung der ostdeutschen Wirtschaft Gewinne erzielten, während die Bürger dessen Kosten zu tragen hatten. Mit der Einführung der

Marktwirtschaft im Osten ging im Westen ein Wandel des Zeitgeists einher, der das soziale Element dieser Wirtschaftsform zunehmend als überholt erscheinen ließ.

Am Ende des Jahrzehnts haben die Deutschen die vielfach beschworene innere Einheit nach wie vor nicht erreicht. In den Köpfen der Menschen lebt die Erinnerung an das, was war, wohl noch lange fort, im Osten wie im Westen. Um die Zukunft zu gestalten, bedarf es dieser Erinnerung, die frei von neuen oder alten Legenden sein sollte.

Anhang

1. Anmerkungen

1. Der Weg in die Diktatur

1 Dokumente des geteilten Deutschland. Quellentexte zur Rechtslage des Deutschen Reiches, der Bundesrepublik Deutschland und der Deutschen Demokratischen Republik. Mit einer Einführung herausgegeben von Ingo von Münch. 2. Auflage, Stuttgart 1976, S. 20.

2 Ebenda, S. 35.

3 Diese sowie die nachfolgenden Zitate aus den Gründungsdokumenten der Parteien sind dem Sammelband von Hermann Weber (Hrsg.) entnommen: Parteiensystem zwischen Demokratie und Volksdemokratie. Dokumente und Materialien zum Funktionswandel der Parteien und Massenorganisationen in der SBZ/DDR. 1945–1949. Köln 1982.

4 Siegfried Suckut: Blockpolitik in der SBZ/DDR 1945–1949. Die Sitzungsprotokolle des zentralen Einheitsfront-Ausschusses. Quellenedition. Köln 1986, S. 64.

5 Hermann Weber: Geschichte der DDR. 2. Auflage, München 1986, S. 81 f.

6 Weber (Hrsg.): Parteiensystem zwischen Demokratie und Volksdemokratie, S. 26 f.

7 Wolfgang Leonhard: Die Revolution entläßt ihre Kinder. Köln 1992 [1. Auflage 1955], S. 440.

8 Alle Zitate nach: „Nach Hitler kommen wir". Dokumente zur Programmatik der Moskauer KPD-Führung 1944/45 für Nachkriegsdeutschland. Hrsg. von Peter Erler, Horst Laude und Manfred Wilke. Berlin 1994, S. 278, 285 f.

9 Zitiert nach Christoph Kleßmann: Die doppelte Staatsgründung. Deutsche Geschichte 1945–1955. 4., ergänzte Auflage, Bonn 1986, S. 379.

10 Zitiert nach ebenda, S. 438 f.

11 Ebenda, S. 178.

12 Wilhelm Pieck – Aufzeichnungen zur Deutschlandpolitik 1945–1953. Hrsg. von Rolf Badstübner und Wilfried Loth. Berlin 1994, S. 127 ff.

13 Zitiert nach Siegfried Suckut: Christlich-Demokratische Union Deutschlands (CDU). In: SBZ-Handbuch. Hrsg. von Martin Broszat und Hermann Weber. München 1990, S. 525.

14 Zitiert nach Wilfried Loth: Stalins ungeliebtes Kind. Berlin 1994, S. 99.

15 Milovan Djilas: Gespräche mit Stalin. Frankfurt am Main 1962, S. 195.

16 So Rolf Badstübner im Kopfregest zu der von ihm gemeinsam mit Wilfried Loth edierten Rede Tjulpanows, aus der die nachfolgenden Zitate stammen; Wilhelm Pieck – Aufzeichnungen zur Deutschlandpolitik, S. 216 f.

17 Helga A. Welsh: Revolutionärer Wandel auf Befehl? Entnazifizierungs- und Personalpolitik in Thüringen und Sachsen (1945–1948). München 1989, S. 189 f.

18 Victor Klemperer: Und so ist alles schwankend. Tagebücher Juni bis Dezember 1945. 2. Auflage, Berlin 1996, S. 186 f. Zitiert nach Matthias Judt (Hrsg.): DDR-Geschichte in Dokumenten. Bonn 1998, S. 50 f.

19 Stand der Organisation am 31. Dezember 1946; Stiftung Archiv der Parteien und Massenorganisationen der DDR im Bundesarchiv (SAPMO, BArch. – DY 30: IV 2/5/1367, Bl. 50.

20 Loth: Stalins ungeliebtes Kind, S. 129.

21 Beschluß des Zentralsekretariats vom 3. Juli 1948. In: Dokumente der Sozialistischen Einheitspartei Deutschlands. Bd. 2, S. 81 f.

22 Entscheidungen der SED. Aus den Stenographischen Niederschriften der 10. bis 15. Tagung des Parteivorstandes der SED. Hrsg. von Thomas Friedrich, Christa Hübner, Herbert Mayer und Kerstin Wolf. Berlin 1995, S. 380.

23 Andreas Malycha: Partei von Stalins Gnaden? Die Entwicklung der SED zur Partei neuen Typs in den Jahren 1946 bis 1950. Berlin 1996, S. 301.

24 Manifest des II. Parteitages der Sozialistischen Einheitspartei Deutschlands an das deutsche Volk, abgedruckt in: Protokoll der Verhandlungen des 2. Parteitages der Sozialistischen Einheitspartei Deutschlands. 20. bis 24. September 1947 in der Staatsoper zu Berlin. Berlin 1947, S. 515.

25 Entschließung zur politischen Lage, abgedruckt ebenda., S. 539.

26 Vgl. SMAD-Befehl Nr. 234, betr. Maßnahmen zur Steigerung der Arbeitsproduktivität und zur weiteren Verbesserung der materiellen Lage der Arbeiter und Angestellten und im Verkehrswesen, abgedruckt in: Jahrbuch Arbeit und Sozialfürsorge 1947/48. Hrsg. von der Hauptverwaltung Arbeit und Sozialfürsorge der Deutschen Wirtschaftskommission für die sowjetische Besatzungszone. Berlin 1948, S. 365 ff.

27 Alle Zitate aus Carola Stern: Porträt einer bolschewistischen Partei. Entwicklung, Funktion und Situation der SED. Köln 1957, S. 83.

28 Vgl. „Von Verschmelzung bis Likörgeld. Das politische Fundament der geplanten ostdeutschen Regierung". In: „Die Neue Zeitung" vom 6. Januar 1949 sowie weitere Artikel am 15. Januar und am 3. Februar 1949.

29 Wilhelm Pieck – Aufzeichnungen zur Deutschlandpolitik, S. 259 ff.

30 Siegfried Suckut: Die Entscheidung zur Gründung der DDR. Die Protokolle des SED-Parteivorstandes am 4. und 9. Oktober 1949. In: Vierteljahrshefte für Zeitgeschichte, 1/1991, S. 161.

31 Protokoll der Zentralen Parteikontrollkommission mit den Landesparteikontrollkommissionen vom 6./7. April 1949; SAPMO, BArch. – DY 30: IV 2/4/435, Bl. 82.
32 Dokumente zur Geschichte der Freien Deutschen Jugend. Erster Band. Berlin (Ost) 1960, S. 268.

2. Die DDR in den fünfziger Jahren

1 Judt (Hrsg.): DDR-Geschichte in Dokumenten, Bonn 1998, S. 77.
2 Weber: Geschichte der DDR, S. 187.
3 Zitiert nach ebenda, S. 197.
4 Zitiert nach Hermann Weber: Kleine Geschichte der DDR. 2., erweiterte Auflage, Köln 1988, S. 53.
5 Junge Welt vom 6. Juni 1950.
6 Vgl. Ulrich Mählert und Gerd-Rüdiger Stephan: „Blaue Hemden – Rote Fahnen". Die Geschichte der Freien Deutschen Jugend. Leverkusen 1996, S. 80.
7 Wilhelm Pieck – Aufzeichnungen zur Deutschlandpolitik, S. 396 f.
8 Alle Zitate aus Ulrich Mählert: „Die Partei hat immer recht!" Parteisäuberungen als Kaderpolitik in der SED (1948–1953). In: Hermann Weber und Ulrich Mählert (Hrsg.): Terror. Stalinistische Parteisäuberungen 1936–1953. Paderborn 1998, S. 424.
9 Protokoll der II. Parteikonferenz der Sozialistischen Einheitspartei Deutschlands. Berlin (Ost) 1952, S. 58.
10 Dieses und die weiteren Zitate Hermann Materns bei Mählert: „Die Partei hat immer recht!", S. 425.
11 Hermann Weber: Schauprozeßvorbereitungen in der DDR. In: ders. u. Mählert (Hrsg.): Terror, S. 484.
12 Zitiert nach Mählert: „Die Partei hat immer recht!", S. 425 f.
13 Ebenda, S. 428.
14 Die DDR vor dem Mauerbau. Dokumente zur Geschichte des anderen deutschen Staates 1949–1961. Hrsg. von Dierk Hoffmann, Karl-Heinz Schmidt und Peter Skyba. München 1993, S. 152 ff.
15 Ebenda, S. 158 ff.
16 Zitiert nach Ilko-Sascha Kowalczuk/Armin Mitter: „Die Arbeiter sind zwar geschlagen worden, aber sie sind nicht besiegt!" Die Arbeiterschaft während der Krise 1952/53. In: Ilko-Sascha Kowalczuk, Armin Mitter und Stefan Wolle (Hrsg.): Der Tag X – 17. Juni 1953. Die „Innere Staatsgründung" der DDR als Ergebnis der Krise 1952/54. Berlin 1995, S. 49.
17 Zitiert nach Gerhard Beier: Wir wollen freie Menschen sein. Der 17. Juni 1953: Bauleute gingen voran. Frankfurt am Main 1993, S. 57.
18 Beier: Wir wollen freie Menschen sein, S. 15. Alle weiteren Zitate ebenda, S. 44.

19 Ilko-Sascha Kowalczuk: „Wir werden siegen, weil uns der große Stalin führt!". Die SED zwischen Zwangsvereinigung und IV. Parteitag. In: ders., Mitter und Wolle (Hrsg.): Der Tag X, S. 171.

20 Armin Mitter und Stefan Wolle: Untergang auf Raten. Unbekannte Kapitel der DDR-Geschichte. München 1993, S. 153.

21 Vgl. Weber: Geschichte der DDR, S. 249.

22 Erich Loest: Durch die Erde ein Riß. Ein Lebenslauf. Hamburg 1981, S. 213f.

23 Vgl. Armin Mitter: Der „Tag X" und die „Innere Staatsgründung" der DDR. In: Kowalczuk, Mitter und Wolle (Hrsg.): Der Tag X, S. 24.

24 Mitter und Wolle: Untergang auf Raten, S. 154.

25 Günter Schabowski: Selbstblendung. Über den Realitätsverlust der Funktionärselite. In: Kursbuch, Februar 1993, Heft 111, S. 112ff.

26 Beide Zitate nach Hermann Weber: Geschichte der DDR, S. 278f.

27 Zitiert nach Weber: Geschichte der DDR, S. 290.

28 Judt (Hrsg.): DDR-Geschichte in Dokumenten, S. 54f.

29 Dokumente zur Geschichte der FDJ. Band 4. Berlin (Ost) 1963, S. 368.

30 Matthias Brings: „Bierologen, Hottbubis und unsere Ordnungsgruppen". In: Junge Generation, Heft 10/1959, zitiert nach Heinz Kersten: Jugend als Planfaktor. Das VI. Parlament der FDJ in Rostock. In: SBZ-Archiv, 10. Jg. (1959) 13, S. 196f.

31 Bericht der Strafverfolgungsorgane über die Kriminalität, behandelt im Politbüro am 21. 4. 1959. In: Die DDR vor dem Mauerbau, S. 330ff.

32 Die DDR vor dem Mauerbau, S. 322.

33 Handelskonferenz der SED Berlin 1959. Berlin (Ost) 1959, S. 105. (7)

34 Zitiert nach Christoph Kleßmann: Zwei Staaten, eine Nation. Deutsche Geschichte 1955–1970. 2. Auflage, Bonn 1997, S. 555.

35 Die DDR vor dem Mauerbau, S. 389ff.

36 Neues Deutschland vom 16. Juni 1961.

3. Konsolidierung im Mauerschatten: Die sechziger Jahre

37 Jochen Staadt: Die geheime Westpolitik der SED 1960–1970. Von der gesamtdeutschen Orientierung zur sozialistischen Nation. Berlin 1993, S. 53.

38 Alle folgenden Zitate nach Ulrich Mählert: Walter Ulbricht über die Aufgaben der FDJ im August 1961. In: Deutschland Archiv, 27. Jg. (1994) 8, S. 890f.

39 Zitiert nach Hermann Weber: Geschichte der DDR. München 1986, S. 330f.

40 Dokumente der Sozialistischen Einheitspartei Deutschlands. Band 9. Berlin (Ost) 1965, S. 679ff.

41 Die SED. Geschichte – Organisation – Politik. Ein Handbuch. Hrsg. von Andreas Herbst, Gerd-Rüdiger Stephan und Jürgen Winkler. Berlin 1997, S. 678ff.

42 Oskar Anweiler: Polytechnische Bildung. In: Lexikon des DDR-Sozialismus. Das Staats- und Gesellschaftssystem der Deutschen Demokratischen Republik. Hrsg. von Rainer Eppelmann, Horst Möller, Günter Nooke und Dorothee Wilms. Paderborn 1996, S. 475.

43 Dieses und alle weiteren Zitate nach Kleßmann: Zwei Staaten, eine Nation, S. 565 f.

44 Im zitierten Original ist von MDN, Mark der Deutschen Notenbank, die Rede.

4. Die Ära Honecker: Die siebziger Jahre

1 Juri W. Bassistow: Die DDR – ein Blick aus Wünsdorf. In: Jahrbuch für Historische Kommunismusforschung 1994. Berlin 1994, S. 222.

2 Die SED. Geschichte – Organisation – Politik, S. 722 f.

3 Peter Przybylski: Tatort Politbüro. Die Akte Honecker. Berlin 1991, S. 281 ff.

4 Ebenda, S. 301 f.

5 Dokumente zur Geschichte der SED. Band 3: 1971–1986. Berlin (Ost) 1986, S. 24.

6 Vgl. Stefan Wolle: Die heile Welt der Diktatur. Alltag und Herrschaft in der DDR 1971–1989. Bonn 1998.

7 Stichwort „Militarisierung der Gesellschaft" in: Lexikon des DDR-Sozialismus, S. 414 ff.

8 Zitiert nach Hermann Weber: Geschichte der DDR, S. 373.

9 Zitiert nach Timothy Garton Ash: Im Namen Europas. Deutschland und der geteilte Kontinent. München, Wien 1993, S. 279.

10 Zitiert nach Hermann Weber: Kleine Geschichte der DDR, S. 151.

11 Dokumente des geteilten Deutschland. Band II: seit 1968. Quellentexte zur Rechtslage des Deutschen Reiches, der Bundesrepublik Deutschland und der Deutschen Demokratischen Republik. Mit einer Einführung herausgegeben von Ingo von Münch unter Mitarbeit von Ondolf Rojahn. Stuttgart 1974, S. 303.

12 Frankfurter Rundschau vom 23. November 1976. Zitiert nach Judt (Hrsg.): DDR-Geschichte in Dokumenten, S. 329.

5. Das letzte Jahrzehnt

1 Die SED. Geschichte – Organisation – Politik, S. 752 ff.

2 Weber: Geschichte der DDR, S. 458, 506.

3 Zitiert nach Reinhard Henkys: Die Kirchen im SED-Staat zwischen Anpassung und Widerstand. In: Jürgen Weber (Hrsg.): Der SED-Staat:. Neues über eine vergangene Diktatur. München 1994, S.

4 Detlef Nakath und Gerd-Rüdiger Stephan (Hrsg.): Von Hubertusstock nach Bonn. Eine dokumentierte Geschichte der deutsch-deutschen Beziehungen auf höchster Ebene 1980–1987. Berlin 1995, S. 49.

5 Ebenda, S. 332.
6 Ebenda, S. 270.
7 Zitiert nach: „Die Koalition der Vernunft". Deutschlandpolitik in den 80er Jahren. Von Heinrich Potthoff. München 1995, S. 24.
8 Die SED. Geschichte – Organisation – Politik, S. 792.
9 Daniel Küchenmeister (Hrsg.): Honecker – Gorbatschow. Vieraugengespräche. Berlin 1993, S. 160 f.
10 Neues Deutschland vom 10. April 1987.
11 Die SED. Geschichte – Organisation – Politik, S. 783.
12 Zitiert nach Küchenmeister (Hrsg.): Honecker – Gorbatschow, S. 15.
13 Ebenda, S. 203.
14 Die SED. Geschichte – Organisation – Politik, S. 803.
15 Alle Zitate ebenda, S. 801 f.
16 Gerd-Rüdiger Stephan (Hrsg.): „Vorwärts immer, rückwärts nimmer!" Interne Dokumente zum Zerfall von SED und DDR 1988/89. Berlin 1994, S. 43, 53.
17 Zitiert nach Hans-Hermann Hertle und Gerd-Rüdiger Stephan (Hrsg.): Das Ende der SED. Die letzten Tage des Zentralkomitees. Mit einem Vorwort von Peter Steinbach. Berlin 1997, S. 37.
18 Hans-Hermann Hertle: Chronik des Mauerfalls. Die dramatischen Ereignisse um den 9. November 1989. Berlin 1996, S. 37 f.
19 Neues Deutschland vom 2. Oktober 1989.
20 Küchenmeister (Hrsg.): Honecker – Gorbatschow, S. 256.
21 Zitiert nach Hertle und Stephan (Hrsg.): Das Ende der SED, S. 51.
22 Alle Zitate Günter Schabowski. Das Politbüro. Ende eines Mythos. Eine Befragung. Hrsg. von Frank Sieren und Ludwig Koehne. Reinbek bei Hamburg 1990, S. 104 ff.
23 Zitiert nach Hertle und Stephan (Hrsg.): Das Ende der SED, S. 58.
24 Ebenda , S. 354.
25 Hertle: Chronik des Mauerfalls, S. 131.
26 Ebenda, S. 7.
27 Ebenda, S. 166.

6. Der Weg zur deutschen Einheit

1 Hannes Bahrmann und Christoph Links: Wir sind das Volk. Die DDR zwischen 7. Oktober und 17. Dezember 1989. Eine Chronik. Berlin, Weimar 1990, S. 103.
2 Detlef Nakath, Gero Neugebauer und Gerd-Rüdiger Stephan (Hrsg.): „Im Kreml brennt noch Licht". Die Spitzenkontakte zwischen SED/ PDS und KPdSU 1989–1991. Berlin 1998, S. 157.
3 Alle deutschen Verfassungen. Hrsg. und mit einer Einführung von Professor Dr. Hans-Ulrich Evers. 2. Auflage, München 1985.
4 Wolfgang Schäuble: Der Vertrag. Wie ich über die deutsche Einheit verhandelte. München 1993, S. 131.

2. Literaturübersicht.
Quellen und Forschung zur Geschichte der DDR

Wer sich eingehender mit der Geschichte des anderen deutschen Nach-kriegsstaates beschäftigen möchte, dem steht eine große Zahl an Über-blicksdarstellungen, Dokumentationen, Handbüchern sowie Detailstudien zur Verfügung. Der nachfolgende Literaturbericht dient als Orientierungs-hilfe durch die kaum überschaubare Forschung. Im ersten Teil werden die wichtigsten Gesamtdarstellungen und -dokumentationen aufgeführt und kurz kommentiert. Der zweite Teil stellt wichtige Handbücher und Lexika zur Geschichte der DDR und der deutschen Teilung vor. Vertiefende Dar-stellungen zu einzelnen Perioden der DDR-Geschichte werden in Ab-schnitt drei vorgestellt. Im vierten Teil wurde der Versuch unternommen, aus der Flut der Publikationen möglichst aktuelle Überblicksdarstellungen zu einzelnen Politikbereichen und den wichtigsten Institutionen der DDR systematisch aufzulisten. Im fünften und letzten Abschnitt werden Insti-tutionen und Internetressourcen zum Thema vorgestellt.

I. Gesamtdarstellungen und -dokumentationen

Zunächst muß auf die bereits erschienenen Gesamtdarstellungen zur DDR-Geschichte verwiesen werden, auf denen die vorliegende „Kleine Geschichte der DDR" ganz wesentlich aufbaut. Pionier und Nestor der hi-storischen DDR-Forschung ist der Mannheimer Kommunismusforscher Hermann Weber. Nach ersten Monographien in den späten sechziger und Mitte der siebziger Jahre legte er 1985 die bis dahin umfassendste und mittlerweile mehrfach aktualisierte Darstellung der DDR-Geschichte vor.

Hermann Weber: Geschichte der DDR. München 1985 (2. Aufl. 1986; ak-tual. u. erw. Neuausg. 1999; davon 2. Aufl. 2000).

Während Hermann Weber den Prozeß der Machterringung und -siche-rung durch die SED in den Mitttelpunkt seiner Darstellung rückte, setzte Dietrich Staritz den Schwerpunkt auf sozioökonomische Prozesse und Strukturen sowie auf Steuerungsprobleme in der SED-Diktatur.

Dietrich Staritz: Geschichte der DDR. Frankfurt a. M. 1996 (Erstausgabe 1985; 2. Aufl. 1986; 3. Aufl. 1990 unter dem Titel: Geschichte der DDR 1949–1985).

In Zusammenarbeit mit der Bayerischen Landeszentrale für politische Bildung erarbeitete der Berliner Politikwissenschaftler Klaus Schroeder gemeinsam mit Steffen Alisch eine voluminöse Darstellung des SED-Staates. In drei Abschnitten skizzieren die Autoren die politisch-histo-rische Entwicklung der SBZ/DDR, Strukturen der DDR-Gesellschaft so-

wie Determinanten und Entwicklungslinien der ostdeutschen Nachkriegsgeschichte.

Klaus Schroeder unter Mitarbeit von *Steffen Alisch:* Der SED-Staat. Geschichte und Strukturen der DDR. München 1998.

1992 veröffentlichte die Sozialwissenschaftlerin Sigrid Meuschel eine
Studie, die wichtige Erkenntnisse über Kontinuität und Wandel der Legi-
timationsstrategien der SED vermittelt.

Sigrid Meuschel: Legitimation und Parteiherrschaft. Zum Paradox von Stabilität und Revolution in der DDR 1945–1989. Frankfurt am Main 1992.

Im weitesten Sinne eine Überblicksdarstellung ist Armin Mitters und
Stefan Wolles „Untergang auf Raten", in dem die beiden Autoren vier aus-
gewählte Zäsuren der DDR-Geschichte nachzeichnen: den 17. Juni 1953,
das Krisenjahr 1956, die Zeit nach dem Mauerbau 1961 und die Auswirkungen des Prager Frühlings 1968 und dessen Niederschlagung durch sowjetische Truppen auf die DDR.

Armin Mitter und *Stefan Wolle:* Untergang auf Raten. Unbekannte Kapitel
   der DDR-Geschichte. München 1993.

Eine – allerdings schwer erschließbare – Fundgrube zur DDR-Geschichte ist die in insgesamt 32 Bänden erschienene Dokumentation der Arbeit
der beiden Enquete-Kommissionen des Deutschen Bundestages, die sich
zwischen 1992 und 1998 mit der Geschichte und den Folgen der Diktatur
in der SBZ und DDR auseinandergesetzt haben. Der vollständige Text beider Editionen ist bei der Nomos-Verlagsgesellschaft Baden-Baden auch als
CD-ROM erschienen (o.J.).

Materialien der Enquete-Kommission „Aufarbeitung von Geschichte und
   Folgen der SED-Diktatur in Deutschland" (12. Wahlperiode des Deutschen Bundestages). Hrsg. vom Deutschen Bundestag. Neun Bände in
   18 Teilbänden. Baden-Baden/Frankfurt a. M. 1995.

Materialien der Enquete-Kommission „Überwindung der Folgen der SED-
   Diktatur im Prozeß der deutschen Einheit" (13. Wahlperiode des Deutschen Bundestages) Hrsg. vom Deutschen Bundestag. Acht Bände in
   14 Teilbänden. Baden-Baden/Frankfurt a. M. 1999.

Die zeithistorische Forschung beschreibt die deutsche Nachkriegsentwicklung in der Regel als zwei getrennte Geschichten. Meist wird nur bei
offensichtlichen Schnittpunkten – wie etwa der Deutschlandpolitik – auf
die Interdependenz zwischen den beiden deutschen Staaten eingegangen.
Den ersten umfassenden Versuch, die Vorgeschichte und Entwicklung der
Bundesrepublik Deutschland sowie der DDR zwischen 1945 und 1970 ge-
genüberzustellen, unternahm Christoph Kleßmann. Einen Schritt weiter
ging Hermann Glaser, dessen Kulturgeschichte seit 1945 deutsch-deutsche
Parallelen und Unterschiede auch in der Darstellungsform eng miteinander
verknüpft. Dem Anspruch, *eine Geschichte* des geteilten Deutschlands

vorgelegt zu haben, wird bislang am ehesten Peter Bender gerecht, der die Handlungsspielräume der in das jeweilige Bündnissystem eingebundenen deutschen Regierungen auslotete. Zu verweisen ist hier auch auf Heinrich August Winklers Nachkriegsgeschichte Deutschlands. Eine Chronik der deutschen Nachkriegsgeschichte von Hans Georg Lehmann sowie eine Reihe von Dokumentenbänden ergänzen die hier genannten Werke.

Christoph Kleßmann: Die doppelte Staatsgründung. Deutsche Geschichte 1945–1955. 5., überarbeitete und erweiterte Auflage, Göttingen 1991.

Ders.: Zwei Staaten, eine Nation. Deutsche Geschichte 1955–1970. 2., überarbeitete und erweiterte Auflage, Bonn 1997.

Hermann Glaser: Deutsche Kultur 1945–2000. München/Wien 1997 (erg. Neuaufl. Bundeszentrale für politische Bildung. Bonn 2000).

Peter Bender: Episode oder Epoche? Zur Geschichte des geteilten Deutschlands. München 1996.

Heinrich August Winkler: Der lange Weg nach Westen. Bd 2: Deutsche Geschichte vom „Dritten Reich" bis zur Wiedervereinigung. 5., durchges. Aufl. München 2002.

Hans Georg Lehmann: Deutschland-Chronik 1945–2000. 2., überarb. und erw. Aufl., Bonn 2000.

Hermann Weber: DDR. Dokumente zur Geschichte der Deutschen Demokratischen Republik 1945–1985. 3. Auflage, München 1987.

Matthias Judt (Hrsg.): DDR-Geschichte in Dokumenten. Berlin 1998.

Christoph Kleßmann und *Georg Wagner* (Hrsg.): Das gespaltene Land. Leben in Deutschland 1945–1990. Texte und Dokumente. München 1993.

II. Forschungsüberblicke, Handbücher

Die Grundprobleme und Tendenzen der Forschung zur DDR-Geschichte vor und nach der deutschen Vereinigung skizziert Hermann Weber. Seine über 2000 Titel umfassende, systematisch gegliederte Bibliographie gibt einen zuverlässigen Überblick über den Forschungsstand bis 1999.

Hermann Weber: Die DDR 1945–1990. 3., überarb. u. erw. Aufl., München 2000 (= Oldenbourg Grundriß der Geschichte).

Einen systematischen Zugriff auf die Erträge der DDR-Forschung seit 1990 bietet ein 2003 erschienener Sammelband mit mehr als 40 Forschungsstandsberichten, die mit einer umfassenden Bibliographie verknüpft sind.

Bilanz und Perspektiven der DDR-Forschung. Hrsg. von *Rainer Eppelmann, Bernd Faulenbach, Ulrich Mählert.* Paderborn 2003.

Einen schnellen Zugriff auf einzelne Aspekte der DDR-Geschichte bieten eine Reihe von Nachschlagewerken. Dabei dokumentiert insbesondere das zuletzt 1985 in dritter Auflage erschienene DDR-Handbuch die bemerkenswerte Forschungsleistung der westdeutschen DDR-Forschung vor

Öffnung der Archive. Zusammen mit zwei Neuerscheinungen aus den neunziger Jahren, die sich durch ihre unterschiedlichen Blickwinkel bestens ergänzen, stehen der Wissenschaft, der politischen Bildung und den Medien drei unverzichtbare Handbücher zur Verfügung, die durch ein umfassendes biographisches Lexikon vorzüglich ergänzt werden. Den Prozeß der deutschen Einheit und ihrer Vorgeschichte dokumentiert ein 1996 erschienenes Handbuch von Werner Weidenfeld und Karl-Rudolf Korte.

DDR-Handbuch. Wissenschaftliche Leitung: *Hartmut Zimmermann* unter Mitarbeit von *Horst Ulrich* und *Michael Fehlauer*. Band 1 A–L / Band 2 M–Z. Hrsg. vom Bundesministerium für innerdeutsche Beziehungen. 3., überarbeitete und erweiterte Auflage, Köln 1985.

Andreas Herbst, Winfried Ranke und *Jürgen Winkler:* So funktionierte die DDR. Band 1 und 2: Lexikon der Organisationen und Institutionen. Band 3: Lexikon der Funktionäre. Reinbek bei Hamburg 1994.

Rainer Eppelmann, Horst Möller, Günter Nooke und *Dorothee Wilms* (Hrsg.): Lexikon des DDR-Sozialismus. Das Staats- und Gesellschaftssystem der Deutschen Demokratischen Republik. Paderborn 1996.

Handbuch zur deutschen Einheit. 1949 – 1989 – 1999. Hrsg. von *Werner Weidenfeld, Karl-Rudolf Korte.* Aktualis. Neuausgabe. Frankfurt a. M./ New York 1999.

Wer war wer in der DDR? Ein biographisches Lexikon. Hrsg. von *Helmut Müller-Enbergs, Jan Wielgohs, Dieter Hoffmann.* Überarb. und erw. Neuausg., Berlin 2000 (2., durchges. und aktualisierte Aufl. 2001).

III. Vertiefende Darstellungen und Dokumentationen zu einzelnen Zeitabschnitten der SBZ/DDR-Geschichte

Die Erforschung einzelner Perioden der DDR-Geschichte weist Disproportionen auf. Breiten Raum nimmt die Zeit der sowjetischen Besatzungsherrschaft und des Auf- und Ausbaus der SED-Diktatur bis Mitte der fünfziger Jahre sowie deren Ende 1988/89 ein. Demgegenüber finden die sechziger und die siebziger Jahre geringere Aufmerksamkeit.

Einen quellengesättigten Überblick über die Geschichte der sowjetischen Besatzungszeit auf der Grundlage neuer Archivfunde bieten die Monographien von Dietrich Staritz und Norman M. Naimark. Letzterer konnte sich zum Teil auf sowjetische Archivalien stützen.

Dietrich Staritz: Die Gründung der DDR. Von der sowjetischen Besatzungsherrschaft zum sozialistischen Staat. 3., überarbeitete und erweiterte Auflage, München 1995.

Norman M. Naimark: Die Russen in Deutschland. Die sowjetische Besatzungszone 1945 bis 1949. Berlin 1997.

Nach wie vor unverzichtbar ist das 1990 vom Arbeitsbereich Geschichte und Politk der DDR an der Universität Mannheim und dem Institut für Zeitgeschichte München gemeinsam erarbeitete SBZ-Handbuch.

SBZ-Handbuch. Staatliche Verwaltungen, Parteien, gesellschaftliche Organisationen und ihre Führungskräfte in der Sowjetischen Besatzungszone Deutschlands 1945–1949. Hrsg. von *Martin Broszat* und *Hermann Weber*. München 1990.

Zur Vorgeschichte der DDR sind zahlreiche Dokumentenbände erschienen. Die Nachkriegsplanungen der KPD-Führung im Moskauer Exil wurden von Peter Erler, Horst Laude und Manfred Wilke dokumentiert. Noch ohne Zugang zu ostdeutschen Archivalien konnte Hermann Weber 1982 wesentliche Quellen zur Transformation des Parteiensystems sowie der gesellschaftlichen Organisationen herausgeben. Für die Erforschung der SBZ/DDR-Geschichte bis 1953 ist die Veröffentlichung der handschriftlichen Notizen Wilhelm Piecks zur sowjetischen Deutschlandpolitik durch Rolf Badstübner und Wilfried Loth unverzichtbar. Der erste Band des von Ilse Spittmann und Gisela Helwig herausgegebenen DDR-Lesebuchs, das die Zeit von 1945–1949 abdeckt, ist für die Wissenschaft und die politische Bildungsarbeit gleichermaßen hilfreich.

„Nach Hitler kommen wir". Dokumente zur Programmatik der Moskauer KPD-Führung 1944/45 für Nachkriegsdeutschland. Hrsg. von *Peter Erler, Horst Laude* und *Manfred Wilke*. Berlin 1994.
Hermann Weber (Hrsg.): Parteiensystem zwischen Demokratie und Volksdemokratie. Dokumente und Materialien zum Funktionswandel der Parteien und Massenorganisationen in der SBZ/DDR. 1945–1949. Köln 1982.
Wilhelm Pieck – Aufzeichnungen zur Deutschlandpolitik 1945–1953. Hrsg. von Rolf Badstübner und Wilfried Loth. Berlin 1994.
Ilse Spittmann, Gisela Helwig (Hrsg.): DDR-Lesebuch. Von der SBZ zur DDR, 1945–1949. Köln 1989.

Für das lange erste Jahrzehnt der DDR, das von 1949 bis zum Mauerbau reichte, hat Dierk Hoffmann eine exzellente Überblicksdarstellung vorgelegt, die auch die Entwicklung der sechziger Jahre einschließt. Eine reich illustrierte und lesenswerte Geschichte der DDR der fünfziger Jahre publizierte Ilko-Sascha Kowalczuk in der Reihe „Zeitbilder" der Bundeszentrale für politische Bildung. Insgesamt ist dieser Zeitabschnitt der DDR-Geschichte durch Studien zu einzelnen Fragestellungen gut dokumentiert. Dies gilt im Besonderen für den 17. Juni 1953, der mittlerweile zu den am besten erforschten Tagen in der deutschen Geschichte zählen dürfte. Aus Anlass des 50. Jahrestages des Volksaufstandes in der DDR erschien eine Vielzahl von Publikationen zu diesem Thema. An dieser Stelle sei schließlich noch auf zwei Studien zur Kollektivierung der Landwirtschaft in den fünfziger Jahren sowie zur Berlinkrise verwiesen.

Dierk Hoffmann: Die DDR unter Ulbricht. Gewaltsame Neuordnung und gescheiterte Modernisierung. Zürich 2003.

Ilko-Sascha Kowalczuk: Das bewegte Jahrzehnt. Geschichte der DDR von 1949 bis 1961. Bonn 2003.

Ilko-Sascha Kowalczuk: 17.6.1953: Volksaufstand in der DDR. Ursachen – Abläufe – Folgen. Bremen 2003.

Ulrich Mählert (Hrsg.): Der 17. Juni 1953. Ein Aufstand für Einheit, Recht und Freiheit. Bonn 2003.

Arnd Bauerkämper: Ländliche Gesellschaft in der kommunistischen Diktatur. Zwangsmodernisierung und Tradition in Brandenburg 1945–1963. Köln/Weimar/Wien 2002.

Michael Lemke: Die Berlinkrise 1958–1963. Interessen und Handlungsspielräume der SED im Ost-West-Konflikt. Berlin 1995.

Einer politischen Geschichte der sechziger Jahre kommt Monika Kaisers Analyse der Willensbildungs- und Entscheidungsprozesse der SED-Führung am Beispiel der Wirtschafts-, Jugend- sowie der Außen- und Deutschlandpolitik zwischen 1962 und 1972 am nächsten. Die ökonomischen Reformbestrebungen in den sechziger Jahren und deren baldiges Scheitern wurden von André Steiner präzise und ausführlich beschrieben.

Monika Kaiser: Machtwechsel von Ulbricht zu Honecker. Funktionsmechanismen der SED-Diktatur in Konfliktsituationen 1962 bis 1972. Berlin 1997.

André Steiner: Die DDR-Wirtschaftsreform der sechziger Jahre. Konflikt zwischen Effizienz- und Machtkalkül. Berlin 1999.

Überblicksdarstellungen über die politische Geschichte der Ära Honecker und die schleichende Erosion der DDR in den achtziger Jahren fehlen bislang fast völlig. Einen ersten Versuch, die Alltags- und Herrschaftsgeschichte der DDR der siebziger und achtziger Jahre zu erzählen, unternahm Stefan Wolle. Gestützt auf Archivrecherchen sowie eigenes Erleben, ist sein Buch vor allem auch für die politische Bildungsarbeit eine Fundgrube.

Stefan Wolle: Die heile Welt der Diktatur. Alltag und Herrschaft in der DDR 1971–1989. Berlin 1998.

Demgegenüber sind die achtziger Jahre der DDR durch Quellenveröffentlichungen verhältnismäßig gut dokumentiert.

Daniel Küchenmeister unter Mitarbeit von *Gerd-Rüdiger Stephan* (Hrsg.): Honecker – Gorbatschow. Vieraugengespräche. Berlin 1993.

Detlef Nakath und *Gerd-Rüdiger Stephan* (Hrsg.): Von Hubertusstock nach Bonn. Eine dokumentierte Geschichte der deutsch-deutschen Beziehungen auf höchster Ebene 1980–1987. Berlin 1995.

Detlef Nakath und *Gerd-Rüdiger Stephan* (Hrsg.): Countdown zur deutschen Einheit. Eine dokumentierte Geschichte der deutsch-deutschen Beziehungen 1987–1990. Berlin 1996.

Gerd-Rüdiger Stephan (Hrsg.): „Vorwärts immer, rückwärts nimmer!" Interne Dokumente zum Zerfall von SED und DDR 1988/89. Berlin 1994.
Armin Mitter und *Stefan Wolle* (Hrsg.): „Ich liebe Euch doch alle!" Befehle und Lageberichte des MfS. Januar – November 1989. Berlin 1990.

IV. Überblicksdarstellungen zu einzelnen Politikfeldern und Institutionen der DDR

Deutsche Frage und Deutschlandpolitik

Gerhard Wettig: Bereitschaft zu Einheit in Freiheit? Die sowjetische Deutschlandpolitik 1945 bis 1955. München 1999.
Michael Lemke: Einheit oder Sozialismus? Die Deutschlandpolitik der SED 1949–1961. Köln/Weimar/Wien 2001.
Heinrich Potthoff: Bonn und Ost-Berlin 1969–1982. Dialog auf höchster Ebene und vertrauliche Kanäle. Darstellung und Dokumente. Berlin 1997.
Ders.: Im Schatten der Mauer. Deutschlandpolitik 1961–1990. Berlin 1999.
Karl-Rudolf Korte: Deutschlandpolitik in Helmut Kohls Kanzlerschaft. Regierungsstil und Entscheidungen 1982–1989. Stuttgart 1998.

SED

Die SED. Geschichte – Organisation – Politik. Ein Handbuch. Hrsg. v. *Andreas Herbst, Gerd-Rüdiger Stephan, Jürgen Winkler*. Berlin 1997.
Andreas Malycha: Die SED. Geschichte ihrer Stalinisierung 1946–1953. Paderborn 2000.
Beatrix Bouvier: Ausgeschaltet! Sozialdemokraten in der Sowjetischen Besatzungszone und in der DDR 1945–1953. Bonn 1996.
Manfred Wilke (Hrsg.): Die Anatomie der Parteizentrale. Die KPD/SED auf dem Weg zur Macht. Berlin 1998.
Heike Amos: Politik und Organisation der SED-Zentrale 1949–1963. Struktur und Arbeitsweise von Politbüro, Sekretariat, Zentralkomitee und ZK-Apparat. Münster 2003.
Thomas Klein: „Für die Einheit und Reinheit der Partei". Die innerparteilichen Kontrollorgane der SED in der Ära Ulbricht. Köln 2002.
Heinz Mestrup: Die SED. Ideologischer Anspruch, Herrschaftspraxis und Konflikte im Bezirk Erfurt 1971–1989. Rudolstadt 2000.

Blockparteien und Massenorganisationen

Die Parteien und Organisationen der DDR. Ein Handbuch. Hrsg. v. *Gerd-Rüdiger Stephan, Andreas Herbst, Christine Krauss, Daniel Küchenmeister, Detlef Nakath*. Berlin 2002.
Siegfried Suckut: Parteien in der SBZ/DDR 1945–1952. Bonn 2000.

Ralf Thomas Baus: Die Christlich-Demokratische Union Deutschlands in der Sowjetisch Besetzten Zone 1945 bis 1948. Gründung – Programm – Politik. Düsseldorf 2001.

Theresia Bauer: Blockpartei und Agrarrevolution von oben. Die Demokratische Bauernpartei Deutschlands 1948–1963. München 2003.

Detlev Brunner: Sozialdemokraten im FDGB. Von der Gewerkschaft zur Massenorganisation. 1945 bis in die frühen 1950er Jahre. Essen 2000.

Peter Skyba: Vom Hoffnungsträger zum Sicherheitsrisiko. Jugend in der DDR und Jugendpolitik der SED 1949–1961. Köln/Weimar/Wien 2000.

Ulrich Mählert und Gerd-Rüdiger Stephan: Blaue Hemden – Rote Fahnen. Die Geschichte der Freien Deutschen Jugend. Opladen 1996.

Wirtschaft und Sozialpolitik

André Steiner: Von Plan zu Plan. Eine Wirtschaftsgeschichte der DDR. Stuttgart 2003.

Peter Hübner: Konsens, Konflikt und Kompromiß. Soziale Arbeiterinteressen und Sozialpolitik in der SBZ/DDR 1945–1970. Berlin 1995.

Theo Pirker, Rainer M. Lepsius, Rainer Weinert und Hans-Hermann Hertle: Der Plan als Befehl und Fiktion. Wirtschaftsführung in der DDR. Gespräche und Analysen. Opladen 1995.

Eberhard Kuhrt in Verbindung mit Hannsjörg F. Buck und Gunter Holzweißig (Hrsg.): Die Endzeit der DDR-Wirtschaft. Analysen zur Wirtschafts-, Sozial- und Umweltpolitik. Opladen 1999.

Annette Kaminsky: Wohlstand, Schönheit, Glück. Kleine Konsumgeschichte der DDR. München 2001.

Kultur, Medien, Bildung, Wissenschaft

Manfred Jäger: Kultur und Politik in der DDR 1945–1990. Köln 1994.

Wolfgang Emmerich: Kleine Literaturgeschichte der DDR. Hamburg 1981 (2. Aufl. 1989; Erw. Neuausg. Leipzig 1996, Berlin 2000).

Monika Flacke (Hrsg.): Auftragskunst der DDR 1949–1990. München 1995.

Gunter Holzweißig: Die schärfste Waffe der Partei. Eine Mediengeschichte der DDR. Köln/Weimar/Wien 2002.

Ministerium für Bildung, Jugend und Sport des Landes Brandenburg (Hrsg.): Geschichte, Struktur und Funktionsweise der DDR-Volksbildung. 4 Bände. Berlin 1997.

Sonja Häder und Heinz-Elmar Tenorth (Hrsg.): Bildungsgeschichte einer Diktatur. Bildung und Erziehung in SBZ und DDR im historisch-gesellschaftlichen Kontext. Weinheim 1997.

Peer Pasternack: Hochschule & Wissenschaft in SBZ/DDR/Ostdeutschland 1945–1995. Annotierte Bibliographie für den Erscheinungszeitraum 1990–1998. Weinheim 1999.

Ilko-Sascha Kowalczuk: Geist im Dienste der Macht. Hochschulpolitik in der SBZ/DDR 1945–1961. Berlin 2003.

Frauen, Jugend, Sport

Ungleiche Schwestern? Frauen in Ost- und Westdeutschland. [Katalog zur gleichnamigen Ausstellung] Hrsg. von der Stiftung *Haus der Geschichte der Bundesrepublik Deutschland.* Bonn 1997.

Gisela Helwig und Hildegard Maria Nickel (Hrsg.): Frauen in Deutschland 1945–1992. Bonn/Berlin 1993.

Peter Förster: Junge Ostdeutsche auf der Suche nach der Freiheit. Eine Längsschnittstudie zum politischen Mentalitätswandel bei jungen Ostdeutschen vor und nach der Wende. Opladen 2002.

Marc-Dietrich Ohse: Jugend nach dem Mauerbau. Anpassung, Protest und Eigensinn (DDR 1961–1974). Berlin 2003.

Giselher Spitzer /Harald Braun: Der geteilte deutsche Sport. Köln 1997.

Hans-Joachim Teichler (Hrsg.): Sport in der DDR. Eigensinn, Konflikte, Trends. Köln 2003.

Staatssicherheit, Polizei, Militär

Jens Gieseke: Mielke-Konzern. Die Geschichte der Stasi 1945–1990. Stuttgart/München 2001.

Sandra Pingel-Schliemann: Zersetzen – Strategie einer Diktatur. Berlin 2002.

Georg Herbstritt und Helmut Müller-Enbergs (Hrsg.): Das Gesicht dem Westen zu ... DDR-Spionage gegen die Bundesrepublik Deutschland. Bremen 2003.

Thomas Lindenberger: Volkspolizei. Herrschaftspraxis und öffentliche Sicherheit im SED-Staat 1952–1968. Köln/Weimar/Wien 2003.

Im Dienste der Partei. Handbuch der bewaffneten Organe der DDR. Hrsg. von *Torsten Diedrich, Hans Ehlert, Rüdiger Wenzke* im Auftrag des MGFA. 2. Aufl., Berlin 1998.

Ilko-Sascha Kowalczuk und Stefan Wolle: Roter Stern über Deutschland. Sowjetische Truppen in der DDR. Berlin 2001.

Politische Justiz und Haft

Mironenko Sergej, Lutz Niethammer und Alexander von Plato (Hrsg.): Sowjetische Speziallager in Deutschland 1945 bis 1950. Zwei Bände, Berlin 1998.

Bundesministerium für Justiz (Hrsg.): Im Namen des Volkes? Über die Justiz im Staat der SED. 3 Bände. 2. Aufl., Leipzig 1996.

Hermann Wentker: Justiz in der SBZ/DDR 1945–1953. Transformation und Rolle ihrer zentralen Institutionen. München 2001.

Falko Werkentin: Politische Strafjustiz in der Ära Ulbricht. Vom bekennenden Terror zur verdeckten Repression. 2. Aufl., Berlin 1997.

Johannes Raschka: Justizpolitik im SED-Staat. Anpassung und Wandel des Strafrechts während der Amtszeit Honeckers. Köln/Weimar/Berlin 2000.

Klaus-Dieter Müller und Annegret Stephan (Hrsg.): Die Vergangenheit lässt uns nicht los. Haftbedingungen politischer Gefangener in der SBZ/DDR und deren gesundheitliche Folgen. Berlin 1998.

Opposition

Ehrhart Neubert: Geschichte und Opposition in der DDR. 1949–1989. Berlin 1997, 2. überarb. Auflage, Berlin 2000.

Lexikon Opposition und Widerstand in der SED-Diktatur. Hrsg. von *Hans-Joachim Veen, Peter Eisenfeld, Hans Michael Kloth, Hubertus Knabe, Peter Maser, Ehrhart Neubert, Manfred Wilke*. Berlin 2000.

Klaus-Dietmar Henke / Peter Steinbach / Johannes Tuchel (Hrsg.): Widerstand und Opposition in der DDR. Köln/Weimar/Wien 1999.

Karl Wilhelm Fricke / Peter Steinbach / Johannes Tuchel (Hrsg.): Opposition und Widerstand in der DDR. Politische Lebensbilder. München 2002.

Detlef Pollack: Politischer Protest. Politisch alternative Gruppen in der DDR. Opladen 2000.

Kirche

Peter Maser: Die Kirchen in der DDR. Bonn 2002.

Detlef Pollack: Kirche in der Organisationsgesellschaft. Zum Wandel der gesellschaftlichen Lage der evangelischen Kirchen in der DDR. Stuttgart/Berlin/Köln 1994.

Martin Georg Goerner: Die Kirche als Problem der SED. Strukturen kommunistischer Herrschaftsausübung gegenüber der evangelischen Kirche 1945 bis 1958. Berlin 1997.

Bernd Schäfer: Staat und katholische Kirche in der DDR. Köln/Weimar/Wien 1998.

Mauer und innerdeutsche Grenze

Rolf Steininger: Der Mauerbau. Die Westmächte und Adenauer in der Berlinkrise 1958–1963. München 2001.

Hope M. Harrison: Driving the Soviets up the Wall. Soviet-East German Relations, 1953–1961. Princeton 2003.

Bernd Eisenfeld und Roger Engelmann: 13. August 1961: Mauerbau. Fluchtbewegung und Machtsicherung. Bremen 2001.

Roman Grafe: Die Grenze durch Deutschland. Eine Chronik von 1945 bis 1990. Berlin 2002.

Bodo Müller: Faszination Freiheit. Die spektakulärsten Fluchtgeschichten. Berlin 2000.

Thomas Flemming und Hagen Koch: Die Berliner Mauer. Geschichte eines politischen Bauwerks. Berlin 1999.

Bernd Lindner: Die demokratische Revolution in der DDR 1989/90. Bonn 1998.

Walter Süß: Staatssicherheit am Ende. Warum es den Mächtigen 1989 nicht gelang, eine Revolution zu verhindern. Berlin 1999.

Karsten Timmer: Vom Aufbruch zum Umbruch. Die Bürgerbewegung in der DDR 1989. Göttingen 2000.

Hannes Bahrmann und Christoph Links: Chronik der Wende. 2 Bände. Berlin 1994 und 1996.

Hans-Hermann Hertle: Chronik des Mauerfalls. Die dramatischen Ereignisse um den 9. November 1989. Berlin 1996.

Staatliche Vereinigung

Rafael Biermann: Zwischen Kreml und Kanzleramt. Wie Moskau mit der deutschen Einheit rang. Paderborn 1997.

Dieter Grosser: Das Wagnis der Währungs-, Wirtschafts- und Sozialunion. Politische Zwänge im Konflikt mit ökonomischen Regeln. Stuttgart 1998. (= Geschichte der deutschen Einheit Bd. 2).

Werner Weidenfeld: Außenpolitik für die deutsche Einheit. Die Entscheidungsjahre 1989/90. Stuttgart 1998.

Deutsche Einheit. Sonderedition aus den Akten des Bundeskanzleramtes 1989/90. Bearbeitet von *Hanns Jürgen Küsters und Daniel Hoffmann*. München 1998.

Eckhard Jesse (Hrsg.): Eine Revolution und ihre Folgen. 14 Bürgerrechtler ziehen Bilanz. Berlin 2000.

V. Die DDR im Internet – Ein Wegweiser durch die „Aufarbeitungslandschaft"

Mehr als 250 Archive und Bibliotheken, rund 130 wissenschaftliche Einrichtungen, über 70 zeitgeschichtliche Vereinigungen, knapp 50 Institutionen der politischen Bildungsarbeit, 65 Museen und Gedenkstätten und 20 Fachzeitschriften beschäftigen sich innerhalb und außerhalb Deutschlands im weitesten Sinne mit der DDR-Geschichte oder stellen wichtige Materialien, Bücher, Dokumente oder Daten zum Thema bereit. Einen Überblick über diese Institutionenlandschaft bietet das

Vademekum DDR-Forschung. Ein Leitfaden zu Archiven, Forschungsinstituten, Bibliotheken, Einrichtungen der politischen Bildung, Vereinen, Museen und Gedenkstätten. Eine Publikation der Stiftung zur Aufarbeitung der SED-Diktatur. Hrsg. v. Ulrich Mählert. Berlin 2002, in dem unter www.stiftung-aufarbeitung.de auch online recherchiert werden kann. Im Weiteren sollen die wichtigsten Institutionen vorgestellt werden, soweit diese über Internetangebote verfügen, die weitere Recherchen zum Thema DDR-Geschichte ermöglichen.

Eine „Schnittstelle" zwischen Wissenschaft, politischer Bildung, Medien und Politik im Bereich der Auseinandersetzung mit der Geschichte der deutschen Teilung und der zweiten Diktatur in Deutschland stellt die 1998 vom Deutschen Bundestag gegründete Stiftung zur Aufarbeitung der SED-Diktatur dar. Die Stiftung Aufarbeitung fördert die unterschiedlichsten Projekte zum Thema, sie tritt mit eigenen Veranstaltungen und Publikationen an die Öffentlichkeit und verfügt über eine Spezialbibliothek sowie ein Archiv. Auf ihrer Homepage finden sich zahlreiche Materialien, Studien und Datenbanken sowie weiterführende Verweise ins Internet.

www.stiftung-aufarbeitung.de

Die Homepage der Bundeszentrale für politische Bildung informiert über aktuelle Veranstaltungen zum Thema, verfügt über zwei ausgezeichnete Online-Dokumentationen zur Geschichte der Mauer sowie zum Volksaufstand am 17. Juni 1953. Darüber hinaus können dort eine Vielzahl von Publikationen zum Thema DDR-Geschichte gegen ein geringes Entgelt bestellt oder kostenlos auf den eigenen PC herunter geladen werden.

www.bpb.de

Ähnliches gilt für die Landeszentralen für politische Bildung, die insbesondere in Ostdeutschland der deutschen Nachkriegsgeschichte große Aufmerksamkeit schenken. Den Weg zu den Internetauftritten der Landeszentralen weist deren gemeinsam mit der Bundeszentrale unterhaltenes Informationsportal

www.politische-bildung.de

Die Bundesbeauftragte für die Unterlagen des Staatssicherheitsdienstes der ehemaligen DDR, kurz BStU, verwahrt 170 Kilometer Akten des MfS, in die nicht nur Wissenschaftler und Journalisten – auf Antrag – Einsicht nehmen können, sondern auch Menschen, die vor 1989 von diesem Geheimdienst bespitzelt oder verfolgt worden sind. Darüber hinaus verfügt die BStU über die Abteilung Bildung und Forschung, die mit wissenschaftlichen Publikationen, Sachbüchern, Ausstellungen und Veranstaltungen über die Arbeit des MfS informiert. Die Homepage der BStU erläutert das Prozedere der Akteneinsicht und bietet zahlreiche Informationsangebote zum Thema.

www.bstu.de

Als eigenständige Einrichtungen wurden in vier neuen Bundesländern (Ausnahme Brandenburg) sowie in Berlin „Landesbeauftragte für die Stasi-Unterlagen" eingerichtet, die Bürger und Behörden bei Fragen der Akteneinsicht beraten sowie mit eigenen Angeboten der politischen Bildungsarbeit präsent sind. Stellvertretend sei hier auf den Link zur Behörde in Sachsen-Anhalt verwiesen, über deren Homepage auch die anderen Landesbeauftragten aufzufinden sind.

www.landesbeauftragte.de

Wer sich über die archivalischen Hinterlassenschaften der DDR, der SED sowie der von ihr angeleiteten Parteien und Organisationen informieren möchte, wird auf der Homepage des Bundesarchivs fündig. Dort steht eine kontinuierlich wachsende Zahl an elektronischen Findbüchern zur Verfügung, die die Vorbereitung eines Archivbesuches erleichtern. Ein „Linkkatalog" weist den Weg zu den Landesarchiven, die in Ostdeutschland die Aktenbestände der Landes- und Bezirksebene verwahren. Für die Archivalien der DDR gelten für die Wissenschaft – anders als im Archivwesen sonst üblich – in der Regel keine Sperrfristen.

www.bundesarchiv.de

Die Archive der Robert-Havemann-Gesellschaft in Berlin seien an dieser Stelle beispielhaft für jene zivilgesellschaftlichen Initiativen genannt, die seit Beginn der neunziger Jahre Dokumente und Materialien der Opposition in der DDR sammeln und sich im Bereich der politischen Bildungsarbeit engagieren. Die Homepage der Havemann-Gesellschaft informiert über vergleichbare Einrichtungen in Berlin und in den neuen Bundesländern.

www.havemann-gesellschaft.de

Seit 1990 wurde und wird die untergegangene DDR intensiv erforscht. Mehr als 1200 Forschungsprojekte konnten seitdem registriert werden, deren Ergebnisse ganze Bibliotheken füllen. Wer sich über Vergangenes und „Aktuelles aus der DDR-Forschung" informieren möchte, der kann den gleichnamigen Newsletter, der seit 1994 dreimal jährlich in der Zeitschrift „Deutschland Archiv" erscheint, auf der Homepage der Stiftung Aufarbeitung – www.stiftung-aufarbeitung.de – einsehen. Die Zeitschrift selbst, die im Zweimonatsabstand erscheint, ist für jeden unentbehrlich, der sich für die Geschichte der deutschen Teilung und die DDR interessiert.

Wer Literatur zum Thema recherchieren möchte, der wird bundesweit in vielen Universitätsbibliotheken fündig. Die Bibliothek zur Geschichte der DDR des Bonner Hauses der Geschichte ist die erste Anlaufstelle für Interessenten aus den westdeutschen Bundesländern. Die wohl am besten sortierte Bibliothek zum Thema ist die Bibliothek der Stiftung Archiv der Parteien und Massenorganisationen der ehemaligen DDR, kurz SAPMO, im Berliner Dienstsitz des Bundesarchivs, die zugleich die Möglichkeit zur Onlinerecherche bietet.

http://www.bundesarchiv.de/bib-sapmo/index.htm

Akademische DDR-Forschung wird bundesweit an vielen Universitäten betrieben. Einen genaueren Überblick verschafft auch hier das bereits erwähnte Vademekum DDR-Forschung. Seit 1990 wurde in den ostdeutschen Bundesländern und in Berlin eine Reihe von Forschungszentren eingerichtet, die sich ausschließlich oder im größeren Umfang mit der zweiten

Diktatur in Deutschland beschäftigen. An erster Stelle sei hier das Zentrum für Zeithistorische Forschung genannt, dessen Homepage für alle am Thema Interessierten eine Fundgrube darstellt (www.zzf-pdm.de). Der Forschungsverbund SED-Staat an der Freien Universität Berlin (www. fu-berlin.de/fsed), die Berliner Außenstelle des Instituts für Zeitgeschichte München (www.ifz-muenchen.de/aussenstelle_berlin/index.html), die Abteilung Bildung und Forschung bei der BStU (www.bstu.de), das Dresdener Hannah-Arendt-Institut für Totalitarismusforschung (www. tu-dresden.de/hait/) und das Militärgeschichtliche Forschungsamt in Potsdam (www.mgfa-potsdam.de) spiegeln die Bandbreite der Institutionen und Interessen am Thema wider.

Die Publikation *Orte des Erinnerns. Gedenkzeichen, Gedenkstätten und Museen zur Diktatur in SBZ und DDR. Hrsg. von Annette Kaminsky, bearbeitet von Ruth Gleinig, im Auftrag der Stiftung zur Aufarbeitung der SED-Diktatur und der Bundeszentrale für politische Bildung. Leipzig 2004* beschreibt mehr als 350 Orte, an denen im öffentlichen Raum an die Geschichte von Opposition und Repression in der DDR sowie insbesondere an die deutsche Teilung erinnert werden. Eine Linksammlung zu vielen der dort genannten Gedenkstätten und Museen findet sich unter www.stiftung-aufarbeitung.de. Wer dieser Erinnerungslandschaft einen ersten virtuellen Besuch abstatten möchte, der findet im Bonner Haus der Geschichte (www.hdg.de) die deutsche Zeitgeschichte nach 1945 musealisiert. Dessen Zeitgeschichtliches Forum in Leipzig (www.hdg.de/zfl) informiert über Opposition, Widerstand und Zivilcourage in der DDR. Die Arbeit der Stasi ist Thema in der Berliner Forschungs- und Gedenkstätte Normannenstraße (www.normanne.de), dem einstigen Dienstsitz von Erich Mielke, und im Leipziger „Museum in der Runden Ecke" (www. runde-ecke-leipzig.de), der vormaligen MfS-Bezirkszentrale. Wer mehr über das Thema politische Haft in der SBZ/DDR erfahren möchte, sollte die Gedenkstätte Berlin-Hohenschönhausen (www.stiftung-hsh.de) besuchen. Das Dokumentationszentrum Alltagskultur der DDR in Eisenhüttenstadt (www.alltagskultur-ddr.de) bietet einen anderen Zugriff auf die Geschichte des anderen deutschen Halbstaates. Das Dokumentationszentrum Berliner Mauer, in der Bernauer Straße in Berlin, sei hier stellvertretend für die vielen Museen und Gedenkstätten genannt, die sich mit der deutschen Teilung und dem DDR-Grenzregime beschäftigen (www. berliner-mauer-dokumentationszentrum.de).

Eine Orientierung durch die wissenschaftlichen Internetressourcen zur deutschen Zeitgeschichte und dabei insbesondere zur DDR-Geschichte bieten die Webportale

www.zeitgeschichte-online.de
http://hsozkult.geschichte.hu-berlin.de
www.clio-online.de

Einen Überblick – nicht nur – über die große Zahl von privaten Websites zum Thema DDR (mit zum Teil kuriosen Themen und Sichtweisen) bieten die Seiten

www.ddr-im-www.de und www.ddr-suche.de

3. Bildnachweis

Abb. 1: Bundesarchiv Koblenz, S 75 799
Abb. 2: Landesbildstelle Berlin
Abb. 3: Archiv Stiftung Gedenkstätten Buchenwald und Mittelban-Dora
Abb. 4: Landesbildstelle Berlin
Abb. 5: Landesbildstelle Berlin
Abb. 6: Bundesarchiv Berlin
Abb. 7: Landesbildstelle Berlin
Abb. 8: Landesbildstelle Berlin
Abb. 9: Gedenkstätte Bautzen; Foto: Jürgen Matschie
Abb. 10: Stiftung Aufarbeitung
Abb. 11: Landesbildstelle Berlin
Abb. 12: Landesbildstelle Berlin
Abb. 13: Landesbildstelle Berlin
Abb. 14: Bundesarchiv Koblenz, G 1105/30/1
Abb. 15: Bundesarchiv Koblenz, K 0616/1/102N
Abb. 16: Bundesarchiv Koblenz, M 07030/751
Abb. 17: Bundesarchiv Koblenz, N 0625/347
Abb. 18: Bundesbildstelle, Fotograf: Lothar Schaack
Abb. 19: Landesbildstelle Berlin
Abb. 20: Bundesarchiv Koblenz, 1987/0907/19
Abb. 21: Landesbildstelle Berlin
Abb. 22: Matthias-Domaschk-Archiv, Fotograf: Krueger
Abb. 23: Landesbildstelle Berlin
Abb. 24: Bundesarchiv Koblenz, 97/1/33
Abb. 25: Bundesarchiv Koblenz, 1989/1104/30N
Abb. 26: Bundesarchiv Koblenz, 1989/1114/19N
Abb. 27: Landesbildstelle Berlin
Abb. 28: Bundesarchiv Koblenz, 1990/0214/26
Abb. 29: Bundesbildstelle, Fotograf: Klaus Lehnartz

4. Namenregister